国家社会科学基金青年项目"工业化后期阶段中国对外直接投资
化对策研究"（项目编号：19CJY049）
中央高校基本科研业务费用专项"数字经济背景下'人机分工'
响研究"（项目编号：2662022JGYJY02）

经济管理学术文库·经济类

对外直接投资对
中国制造业高质量发展的影响研究
——基于服务化与金融化的双重视角

Study on the Effect of Outward Foreign Direct Investment on
Chinese Manufacturing
High–Quality Development from Dual Perspectives of
Servatization and Financialization

聂　飞／著

经济管理出版社
ECONOMY & MANAGEMENT PUBLISHING HOUSE

图书在版编目（CIP）数据

对外直接投资对中国制造业高质量发展的影响研究：基于服务化与金融化的双重视角 / 聂飞著 . —北京：经济管理出版社，2022.12

ISBN 978-7-5096-8867-0

Ⅰ.①对… Ⅱ.①聂… Ⅲ.①对外投资—直接投资—影响—制造工业—产业发展—研究—中国 Ⅳ.① F426.4

中国版本图书馆 CIP 数据核字（2022）第 248848 号

组稿编辑：曹　靖
责任编辑：郭　飞
责任印制：许　艳
责任校对：王淑卿

出版发行：经济管理出版社
　　　　　（北京市海淀区北蜂窝 8 号中雅大厦 A 座 11 层　　100038）
网　　址：www.E-mp.com.cn
电　　话：（010）51915602
印　　刷：唐山玺诚印务有限公司
经　　销：新华书店
开　　本：710 mm×1000 mm/16
印　　张：14.5
字　　数：261 千字
版　　次：2023 年 4 月第 1 版　　2023 年 4 月第 1 次印刷
书　　号：ISBN 978-7-5096-8867-0
定　　价：88.00 元

序

近年来，中国已成为国际直接投资的重要主体，对外直接投资通过对外产业转移和汇率波动对国内制造业结构升级的影响日益显著。在后工业化阶段，中国产业结构变动呈现服务化与金融化两种新的趋势，中国制造业转型面临着服务融合式发展与"脱实向虚"的两难选择，在此背景下如何探寻制造业高质量发展路径成为突出的理论和实际问题。从对外直接投资对制造业高质量发展影响开展研究不失为一个非常有意义的新视角。本书从对外产业转移和汇率波动双重视角剖析了对外直接投资影响制造业高质量发展的作用机理，并对中国经济增长和全球价值链升级的传导力进行了系统性研究，形成了有价值的学术成果。

本书介绍了后工业化时代中国制造业服务化与金融化的两种趋势，提出中国制造业高质量发展的内在诉求，在此基础上将对外直接投资引入到制造业高质量发展的框架内层层递进进行拓展分析，分别形成了对外直接投资对制造业高质量发展的影响研究和对外直接投资的高质量发展经济效应研究两大主体内容。在分析每个主体内容时，均围绕制造业服务化与金融化两个基本点展开，结合理论文献梳理和相关概念阐释，对作用机制进行系统总结并形成理论假说，构建实证模型进行计量分析，得出定量结果。

本书以经典的国际直接投资理论为基础，逐渐加入对外产业转移、汇率波动等因素进行拓展分析，突破了现有文献中关于对外直接投资的制造业高质量发展效应分析框架缺失的局限性。与基于封闭经济条件下来阐述制造业高质量发展的影响因素相比，在开放经济条件下分析对外直接投资的制造业高质量发展效应更加全面和深入。研究观点对于提出制造业高质量发展的"中国方案"具有很强的参考价值。

本书以理论分析和实证检验相结合，清晰揭示了跨国资本流动下的中国制造业高质量发展的底层逻辑和基本事实。全书概念阐释清晰，逻辑连贯，数据资料翔实，理论特别是应用价值突出，体现了作者开放的研究视野、扎实的研究基础和较高的科研能力。在本书即将付梓之际，特此作序。

刘海云

华中科技大学经济学院教授

2023 年 3 月于喻家山

前　言

在新的历史阶段，中国产业结构变动呈现出新的特征。第一，表现为传统的生产型制造业向服务型制造业的过渡，有别于前者，服务型制造业不再简单地属于工业的一部分，而是与信息技术等生产性服务业有机融合，产业结构呈现制造业服务化特征。第二，表现为部分制造业资本的撤退转而流向金融业、房地产业等服务业，局部地区甚至出现了频繁的制造业企业撤资和倒闭现象，产业"空心化"问题开始浮出水面，随之出现的问题是企业"脱实向虚"和制造业金融化。事实上，制造业高质量发展一直是工业经济领域的前沿问题，目前已经有大量研究对美国、日本等发达国家的制造业高质量发展现象进行了探讨。在"一带一路"倡议背景下，中国正试图通过加快"走出去"实现制造业过剩产能输出，对外直接投资（Outward Foreign Direct Investment，OFDI）规模增长迅速，目前已经成为全球第二大资本流出国。OFDI 作为对外产业转移的载体并会作用于母国承接国际产业转移，在边际产业转移理论、国际生产折中理论等经典国际直接投资理论中得到了充分论证；基于均衡汇率理论的观点，OFDI 是一国资本项目的削减项，将会造成人民币贬值，随着人民币汇率形成机制改革的加速推进，人民币汇率弹性有所增强，对国内制造业发展的反馈机制日益健全。在开放经济下，OFDI 无疑是影响中国国内制造业高质量发展的重要因素。同时，OFDI 规模扩张引致的制造业高质量发展与国内经济增长、全球价值链（Global Value Chains，GVCs）之间的协同关系值得关注。在此背景下，本书研究当前 OFDI 对中国制造业高质量发展的影响效应及优化对策具有重大的理论和现实意义。

本书对相关文献进行系统梳理时发现，现有研究大多未对制造业服务化和金融化两类制造业转型结果进行区分，需要对独具中国国情的制造业高质量发展现象进行解释。目前，关于中国 OFDI 和制造业高质量发展的研究最大限制是缺乏统一的分析框架，诸多理论和实践问题仍亟须探讨。其中，现有关于 OFDI 与制造业服务化的研究还是比较侧重于产业结构进行间接研究，对"走出去"如何影响制造业服务化的直接研究很少；关于 OFDI 与制造业金融化，虽然有几篇文献涉及两者直接关系，但从理论机制层面进行的探讨仍较为缺乏。跨国资本流动作为对外产业转移和汇率波动的主要动力，在诸多文献中均得到了证实；而在经济全球化飞速发展的今天，制造业高质量发展的发展俨然已经无法摆脱对外开放因素，对于 OFDI 影响制造业高质量发展的对外产业转移传导机制和汇率波动传导机制需要加以厘清。当然，关于制造业高质量发展的经济效应研究文献较为繁多，但大多是在资本流动静默下的探讨，缺乏对 OFDI 动因的关注。在理论层面，对外产业转移理论、均衡汇率理论、内生经济增长理论和全球价值链理论均不断发展，但它们在相互融合方面仍显不足。其中，经典国际直接投资理论大多未能将国际产业转移和汇率波动作为母国 OFDI 的必然结果，而国际产业转移理论和均衡汇率理论在提及产业转移和汇率波动的动因时，开放经济条件下企业 OFDI 活动并未作为主要因素之一考虑在内，更未具体到制造业高质量发展的影响效应问题。内生经济增长理论和 GVCs 理论也未曾将 OFDI 引起的制造业高质量发展作为单独的影响因素加以讨论，使目前在研究 OFDI 的制造业高质量发展经济效应研究屈指可数。基于现有文献和理论分析所存在的不足，本书为了全面研究 OFDI 的制造业高质量发展效应，一方面从统计数据层面诠释中国 OFDI 与制造业高质量发展的潜在关系，着重强调了对外产业转移、汇率波动的"媒介"作用，进而展开 OFDI 对制造业高质量发展的影响机制分析；另一方面从统计数据层面阐述中国经济增长、GVCs 的演变趋势及其与 OFDI、制造业高质量发展的内在逻辑关联，进而展开 OFDI 的制造业高质量发展经济效应分析，并综合运用到微观企业数据和跨国面板数据进行实证分析。

本书在回顾和整理相关理论基础上，首次提出 OFDI 对中国制造业高质量发展的影响效应及优化对策的一体化分析框架；通过统计数据分析中国 OFDI、制造业高质量发展、经济增长和 GVCs 发展现状；选取合适数据对 OFDI 如何影响制造业高质量发展的直接效应和间接效应，以及对经济增长、GVCs 的影响路径进行系统实证检验。重要观点如下：

第一，从汇率波动和对外产业转移双重视角分析了 OFDI 影响制造业金融化的理论机制，利用 2007~2014 年 Wind 数据库、WIOD 数据库、中国海关数据库和《境外投资企业（机构）名录》进行手工匹配生成一套合并微观数据进行实证检验发现：制造业企业 OFDI 对其金融化总体上具有抑制作用。其中，高龄的国有制造业企业 OFDI 对其金融化的抑制作用更明显，同时低增速和低金融深化地区的制造业企业 OFDI 能够显著抑制其金融化。制造业企业 OFDI 对其金融化的影响具有"天花板"效应。制造业企业 OFDI 通过汇率传导机制对其金融化的影响尚不明显，制造业企业研究开发型 OFDI 通过对外产业转移传导机制对其金融化的抑制作用则已经显现。

第二，从汇率波动和对外产业转移双重视角分析了 OFDI 影响制造业服务化的理论机制，利用 2003~2014 年《中国对外直接投资统计公报》《中国贸易外经统计年鉴》《中国统计年鉴》、WIOD 数据库、WDI 数据库、CEP Ⅱ数据库和 WGI 数据库整理得到的一套跨国面板数据进行实证检验发现：OFDI 对中国制造业服务化产生正向促进作用。一方面，OFDI 通过汇率波动产生的进口成本传递效应和进口渗透传递效应对中国制造业服务化的推动作用较为明显。其中，OFDI 通过汇率波动产生的进口成本传递效应、出口价格传递效应和进口渗透传递效应对中国制造业国内服务化具有显著的正向促进作用，对中国制造业国外服务化则具有显著的负向抑制作用。"顺梯度"OFDI 通过汇率波动产生的进口成本传递效应和进口渗透传递效应对中国制造业服务化的推动作用较为明显。另一方面，OFDI 通过对外产业转移推动了制造业服务化，进而提升制造业国内服务化水平，而对制造业国外服务化的影响则不确定。其中，中国对属于 OECD 的发达国家和签署 BIT 的双边经济联系紧密国家 OFDI 加速了对外产业转移，对其制造业服务化的推动作用更加理想。OFDI 通过对外产业转移对全制造行业服务化水平均具有显著推动作用，尤其对资本密集型制造业服务化推动作用最强。

第三，从制造业高质量发展视角分析了制造业企业 OFDI 对经济增长的影响机制，利用 2007~2014 年微观企业数据进行实证检验发现：OFDI 虽然显著推动了制造业企业产出规模上升，对中国经济增长规模具有显著的促进作用，但对制造业企业产出效率的影响不明显，尚未发挥对中国经济增长质量的促进作用。在进行平行趋势和动态效应检验、安慰剂检验、考虑样本选择性偏差和双重固定效应回归之后，该结论仍稳健成立。异质性分析结果表明，资本密集型制造业企业对 OECD 国家和"一带一路"沿线国家的当地生产型、商贸服务型 OFDI 均对国内经济增长规模增长产生了良性刺激作用。进一步地，制造业服务化在 OFDI 对中国经济增长规模的影响中起到了局部正向传导作用;结合经济增长基本面的相关观测指标分析发现,OFDI 的制造业服务化经济增长规模效应主要源于就业促进效应和投资促进效应。

第四,从制造业高质量发展视角分析了制造业企业 OFDI 对 GVCs 分工地位的影响机制,利用 2007~2014 年微观企业数据进行实证检验发现:OFDI 显著促进了制造业企业 GVCs 分工地位的提升,平均提升幅度达 3.17%。具体来看,制造业金融化和服务化两类转型策略分别发挥着负向和正向的传导作用。异质性分析结果表明,技术密集型制造业企业对 OECD 非成员国、"一带一路"沿线国家以及存在较低政治风险的经济体当地生产型 OFDI 能够显著推动其 GVCs 分工地位的提升。另外,随着 OFDI 次数的不断增加,OFDI 对制造业企业 GVCs 分工地位的提升效果越强。

本书的学术价值体现为两点:一方面,本书研究为 OFDI 的制造业高质量发展效应提供理论支撑。本书将 OFDI 作为初始冲击因素,主要从汇率波动、对外产业转移两个层面分析 OFDI 对制造业服务化和金融化的影响机制,以回应学术界对 OFDI 对制造业高质量发展影响问题存在的不足。本书还能够反映 OFDI 对制造业高质量发展的影响所带来的经济效应异质性。上述工作能够为后续相关研究提供理论层面的支撑,具有一定的学术价值。另一方面,本书研究能为 OFDI 的制造业高质量发展效应提供经验证据。如何将 OFDI 从诸多影响因素中分离出来,以及是否通过汇率波动、对外产业转移传导机制对母国制造业高质量发展产生独立作用? 不同于已有宏观层面的总量研究,本书将采用手工收集的微观企业面板数据,以尽可能控制其他相关因素,识别 OFDI 通过双重传导机制对中国制造业高质量发展的影响效应,并进一步探寻验证 OFDI 通过制造业高质量发展对中国经济增长和 GVCs 分工地位的影响效应。

本书的应用价值表现为:第一,全面揭示 OFDI 对制造业高质量发展的影响机理,避免对 OFDI 与国内制造业高质量发展关系的误判,从而为接下来中国采取行之有效的"走出去"举措来实现国内制造业高质量发展提供指引方向。第二,客观反映 OFDI 对制造业高质量发展过程影响对经济增长和 GVCs 分工地位的作用,全面权衡 OFDI 对制造业转型效果影响的利与弊,为中国在面对 OFDI 引致的制造业服务化和金融化转型冲击时,推动经济可持续增长和 GVCs 分工地位攀升指引方向。从经济社会影响来看,有利于构建中国制造业企业"走出去"与国内制造业高质量发展的良性互促关系,以及加快 OFDI 通过制造业高质量发展形成对中国经济增长和全球价值链升级的传导力。

目前，OFDI 对制造业高质量发展效应的影响研究尚未形成体系，OFDI 与制造业高质量发展关系的研究还比较匮乏且研究问题有待进一步推进。由于数据和理论模型的限制，本书暂未从微观层面分析 OFDI 的"集约边际"对制造业高质量发展的影响效应问题，暂未从微观层面分析中国通过 OFDI 进行国际产能合作及其国内制造业高质量发展的关系，以及暂未从理论模型的角度提出制造业高质量发展影响企业参与 GVCs 位置的内在框架等，这是值得进一步努力的方向。

目 录

1 绪 论 ··· 1

  1.1 研究背景 ·· 1

  1.2 文献综述 ·· 9

  1.3 研究思路、方法和创新点 ·· 17

  1.4 研究内容与结构安排 ·· 20

2 理论基础与分析框架 ·· 23

  2.1 国际直接投资理论 ·· 23

  2.2 国际产业转移理论 ·· 28

  2.3 均衡汇率理论 ·· 29

  2.4 内生经济增长理论 ·· 30

  2.5 全球价值链理论 ·· 32

  2.6 当前 OFDI 对中国制造业高质量发展影响效应一体化分析框架 ····· 33

3 发展现状 ··· 36

  3.1 中国 OFDI 发展现状 ··· 36

  3.2 中国制造业高质量发展现状 ·· 53

  3.3 中国经济增长与制造业全球价值链的发展现状 ···················· 58

  3.4 小结 ··· 64

4 OFDI 对制造业金融化的影响效应及实证研究 ····························· 67

  4.1 问题提出 ·· 67

  4.2 机制分析 ·· 70

4.3 研究设计 ·· 74

4.4 实证结果分析 ·· 75

4.5 机制检验 ·· 83

4.6 小结 ·· 89

5 OFDI 对制造业服务化的影响效应及实证研究 ·············· 90

5.1 问题提出 ·· 90

5.2 机制分析 ·· 93

5.3 研究设计 ·· 98

5.4 实证结果分析 ·· 113

5.5 小结 ·· 139

6 OFDI 对制造业高质量发展经济增长的影响效应及实证研究 ········ 141

6.1 问题提出 ·· 141

6.2 机制分析 ·· 144

6.3 研究设计 ·· 145

6.4 实证结果分析 ·· 150

6.5 机制检验 ·· 159

6.6 小结 ·· 161

7 OFDI 对制造业高质量发展 GVCs 的影响效应及实证研究 ·········· 163

7.1 问题提出 ·· 163

7.2 机制分析 ·· 165

7.3 研究设计 ·· 167

7.4 实证结果分析 ·· 170

7.5 机制检验 ·· 182

7.6 小结 ·· 184

8 结论、对策与展望 ·· 186

8.1 研究结论 ·· 186

8.2 优化对策 ·· 189

8.3　研究展望 ··· 191

参考文献 ··· 193

附录 1　项目在研期间已发表的论文目录 ·························· 214

附录 2　上市公司与 WIOD 数据库行业信息对应代码 ·············· 215

1 绪 论

1.1 研究背景

制造业服务化是一国工业化发展到特定阶段的产物。美国著名经济学家钱纳里的工业化阶段理论曾指出，根据人均国民生产总值可将不发达经济到成熟工业经济的变化划分为初期产业、中期产业和后期产业三个阶段，从任何一个发展阶段向更高阶段的跃进都是由产业结构升级驱动的。在前两个阶段，制造业生产仍以劳动密集型和资本密集型部门为主；当进入工业化后期阶段之后，面临工资、利率和租金等生产要素成本上升的约束，传统制造业发展难以为继，将会迎来结构转型升级的重大变革，此时工业产出份额已经达到了最高点，更高生产率的新兴制造业将占据主导，第三产业开始分化，知识密集型产业从服务业中分离出来，与制造业紧密融合实现服务型制造。钱纳里的工业化阶段理论在西方发达国家的工业化历程中得到了充分验证，美国、日本等在 20 世纪 80 年代实际上已经完整地完成了工业化之路，依托信息技术的第三次科技革命创新成果，沿着价值链去发掘客户深层次的服务需求，在服务型制造业发展上颇有建树，涌现了沃尔玛、通用、飞利浦、IBM、三菱汽车等知名服务型制造企业。借助于经济全球化的浪潮，以美国、日本为首的西方发达国家将国内淘汰的劳动密集型和资本密集型制造业转移至发展中国家，导致这些国家制造业份额的下降（胡立君等，2013），金融、证券和房地产等资本市场的繁荣随之成为弥补产业转移空缺的最佳选择，在逐利动机驱使下，非金融企业参与金融市场投资已成司空见惯的现象，非金融企业金融化引发的虚拟经济过度繁荣也加剧了发达国家金融市场的潜在风险。基于西方发达国家的经验，处于特定阶段的制造业转型存在制造业服务化和金融化利弊两个层面的丰富内涵，在国家间经贸往来日益频繁的今天，基于开放视角探讨中国制造业高质量发展的形成机理与影响尤为必要[①]。

相较于发达国家，虽然中国工业化起步较晚，但是发展后劲强劲。近代中国工业化基本处于凋敝状态，中国共产党领导的新民主主义革命和社会主义革命的胜利开辟了中国历史的新篇章。中华人民共和国成立初期，长期战乱已使国民经济凋敝，工业基础几乎为零。1953 年，中国实施了第一个五年计划，其间完成了国防兵器、航空航天、冶金机械、化工能源等 921 个大中型项目，工农业总产值平均每年递增 11.9%。随后的 20 世纪 50~70 年代，尽管中国经历了各种挑战，但是国内工业化发展却稳步向前，实现了大规模的工业化原始积累，建立了独立且完整的工业体系和国民经济体系。1978 年，中国共产党第十一届三中全会召开，正式将中国工业化带入了"快车道"。自改革开放以来，中国经济体制经历了由计划经济到有计划的商品经济再到社会主义市场经济的转变，工业市场化和国际化进程随之加快，工业增长成就举世瞩目，建立了门类齐全的现代工业体系，跃升为世界第一制造大国。2017 年，中国工业增加值接近 28 万亿元，按可比价计算，比 1978 年增长 53 倍，年均增长 10.8%。"渐进式"改革的推动使大量农村剩余劳动力的"人口红利"得以释放，配合外资进入带来的国外先进生产要素（技术、资金等），中国形成了以加工制造业为支柱的出口导向型经济，成为"世界工厂"，其制造业已经成为全球价值链中不可或缺的一环。

随着国内生产要素禀赋格局的变化以及国际政治经济形势的恶化，近年来中国工业化发展面临着前所未有的挑战。长期劳动密集型加工制造业的迅猛发展造成中国工业化的"低端锁定"，这一后果随着农村剩余劳动力的递减而显现。2013 年，中国已经迈过刘易斯拐点，人口红利期基本结束，出现了劳动力短缺、工资成本上升的现象。为寻求更加廉价的生产基地，部分外资企业选择从华撤资而增加对劳动力成本更低的印度、越南等国家的投资。围绕加工制造业而兴起的产业园区、工厂和工人的科技水平普遍较低，在缺少外资企业的先进技术支持情况下，中国唯有依靠自主创新来形成具有独立知识产权的科技成果，实现高科技产业对劳动密集型加工制造业的"腾笼换鸟"

---

① 根据西方发达国家制造业结构演变的一般规律可知，制造业服务化和金融化总是相伴而生，企业既可通过服务化转型来提高产品供给的附加值，也可通过金融市场投资来获取高额回报。虽然两种转型策略均为实现企业利润最大化，但却会带来不同的制造业发展走向。因此，本书在研究制造业高质量发展的 OFDI 驱动因素时，有必要考虑制造业转型的两种不同结果以及由此产生的经济效应。

才是出路。不过，研发周期长是高科技产业发展的基本规律，完全实现产业结构升级需要一定时间，而劳动力成本上升已经成为中国工业化的不可逆事实，在传统加工制造业持续走向衰弱和新兴产业尚未完全成长壮大的情况下，逐渐引发了学者对潜在制造业断层的担忧，并涌现了大量关于中国产业空心化问题的讨论（吴海民，2012；黄群慧等，2017）。2008年，全球金融风暴将世界经济拖入低谷，国际贸易规模大幅度削减，中国加工制造业企业出口订单和销售额急转直下。世界经济形势恶化也令美国等发达国家贸易政策趋于保守，贸易保护主义暗流涌动，带来了新一轮"逆全球化"浪潮。

国内外因素的双重制约加速了中国工业化由高速增长阶段向高质量发展阶段的"换挡"，也催生了新形势下供给侧结构性改革。党的十九大报告指出，必须坚持质量第一、效率优先，以供给侧结构性改革为主线，推动经济发展质量变革、效率变革、动力变革，提高全要素生产率。制造业作为中国立国之本、兴国之器、强国之基，供给侧结构性改革的关键内容在于如何推动中国制造业发展方式转型，实现增长率和质量双上升，而服务型制造业是工业化进程中制造业与服务业融合发展形成的一种新型产业形态，相较于加工制造业兼具高附加值和高效率的巨大优势。2016年，工业和信息化部联合国家发展和改革委员会、中国工程院共同发布的《发展服务型制造专项行动指南》提到，要通过市场主导和政府引导相结合来推动制造业加速向服务化转型①。中国制造业服务化主要基于创新驱动发展模式，不再拘泥于单一生产职能，更加关注产品制造与研发设计、信息技术、市场战略等生产性服务业的有机融合，通过扩大服务要素支出形成具有自身特色的差异化产品，满足顾客多元化需求，呈现产业链由"制造+组装"为中心向"制造+服务"为中心的转变（Baines和Lightfoot，2013）。制造业服务化是工业化发展到高级阶段的产物，通过服务要素增加所实现的价值增值，实际上彰显了中国正由传统低附加值的制造大国迈向高附加值的制造强国的全球价值链升级过程（刘斌等，2016）。

随着加工制造业面临的困难，中国经济也出现了"脱实向虚"的苗头，备受各界关注。面临实体经济不振，部分转型困难的实体企业选择抽离主营业务资金来用于金融业、房地产业的投资，最终沦为"僵尸"企业，过多实

---

① 资料来源：http://www.gov.cn/xinwen/2016-07/28/content_5095553.htm。

体资金涌入资本市场造成了严重的资本错配，引发了资本市场的过度繁荣和严重"泡沫化"问题。Wind 资讯统计数据显示，2018 年，我国上市公司购买理财规模达 16700 亿元，共有 1023 家上市公司发布了 8014 条购买理财产品公告，涉及金额达 5340 亿元。事实上，受到金融自由化浪潮的影响，自 20 世纪 90 年代以来，诸多发展中国开始放松金融监管、外资流入与利率的管制，由于这类国家工业基础屡弱，实体经济发展反受拖累。现有研究对于发展中国家制造业企业过度金融投资行为的经济效应评价大多颇为负面。国内学者习惯援引"金融化"一词形容我国非金融企业的金融投资行为，重点解析了过度金融化的经济后果。例如，张成思和张步昙（2016）指出经济过度金融化显著降低了企业的实业投资率，并弱化了货币政策提振实体经济的效果。彭俞超等（2018）通过构建一个包含市场、公司和经理人的三期博弈模型，研究发现企业过度金融投资会增加股价崩盘的风险。黄贤环和王瑶（2019）通过考察沪深非金融和房地产类上市公司数据，研究发现过度金融化对企业全要素生产率具有抑制作用。李秋梅和梁权熙（2020）认为，具有信息劣势的追随企业倾向于模仿具有信息优势的领导企业的过度金融化行为，增加了企业面临的系统性风险和总体风险。

正值中国工业化进程进入新的阶段，学术界已经对该阶段中国经济增长新动力（赵昌文等，2015）、城市规模影响服务业人力资本外部性（梁文泉和陆铭，2016）、劳动力收入份额的"羹匙曲线"（郭继强等，2018）、城镇高质量发展路径（汪增洋和张学良，2019）等问题进行了详细研究。以制造业服务化和金融化为核心的制造业转型现象已演变为工业经济领域亟待研究的前沿问题。要素成本提升、市场需求变化和不合理的经济政策是影响中国制造业转型的一般性因素。其中，要素成本提升是决定制造业规模的关键因素，劳动力等要素禀赋优势丧失则会引致"去工业化"问题（曾繁华和李坚，2000；孙晓华等，2009；胡立君等，2013）；还有学者将国际资本流动下的汇率波动作为影响制造业转型的价格传导因素（Yoshitomi，1996；王秋石和王一新，2014；刘英等，2016）。市场需求变化是影响制造业转型的另一个因素。消费无热点、消费结构断层均会引起制造业资本流失，最终将造成制造业转型的不良后果（Copeland，1991；孙晓华等，2009）；投机性消费过热也会对制造业消费形成挤出效应进而影响制造业转型的结果（黄贤环等，2018；刘伟和曹瑜强，2018）。不合理的经济政策干预会对实体经济形成冲击，也会造成制造业转型结果的差异。例如，财政、货币等宏观经济错误导向会引发虚拟经济对制造业等实体经济的"侵蚀"，产业政策不当将会导致资源配置的扭曲，而金融政策的有偏性和监管力度不够则会造成制造业融资困难和投机性资本规模过大（江飞涛和李晓萍，2010；王勋和 Johansson，2013；吕炜等，2014；谢家智等，2014；刘凯和陈秀英，2015；吴意云和朱希伟，2015）。在中国制造业转型如火如荼的同时，其对外开放水平也在持续提升。尤其是"一带一路"倡议等重大区域一体化战略的实施，中国通过对外直接投资（Outward Foreign Direct Investment，OFDI）进行产业资本输出进程加快，目前已经成为全球第二大资本输出国。从美国、日本等发达国家的制造业转型历史经验不难看出，OFDI 能够改变母国产业分工格局，那么，在开放经济条件下，OFDI 已然成为影响中国制造业高质量发展不可忽视的因素。

OFDI 作为"二战"之后各国参与国际分工的新方式，一直以来都是各界重点关注的问题之一。基于发达国家企业的跨国经营实践，OFDI 逐渐发展成为一个独立而富有内涵的概念①。中国企业 OFDI 始于 20 世纪末，与美国、日本等世界主要发达国家相比，具有起步晚、规模小的特点。自 2000 年"走出去"战略提出并实施以来，中国 OFDI 规模呈现稳步上升的趋势，日益成为中国参与国际经济合作的重要渠道。商务部《OFDI 统计公报》数据显示，截至 2013 年，中国 OFDI 流量和存量分别达 1078.4 亿美元和 6604.8 亿美元，分列全球第 3 位和第 11 位；此外，中国企业"进军"国际市场的广度和深度都有所增强，2013 年，中国 1.53 万家境内投资者在国外共设立 OFDI 企业 2.54 万家，分布于全球 184 个国家和地区，年末境外企业资产总额已达 3 万亿美元。中国在承接国际加工制造产业并迅速成长为世界工业大国的过程中，OFDI 的

---

① 关于 OFDI 的概念，不同机构出于不同的侧重点和研究目的，在定义上也会存在差异。权威机构大多基于投资者获取长期利益、资金跨区域转移、对投资企业的控制力和长期经营这四个维度对 OFDI 进行定义。如国际货币基金组织（International Monetary Fund，IMF）将 OFDI 定义为：投资者在所在国家以外的国家（经济区域）所经营的企业中拥有持续利益的投资，主要目的在于对该企业的经营管理拥有有效的发言权。经济合作与发展组织（Organization for Economic Co-operation and Development，OECD）则将 OFDI 定义为：某一个经济体系中的常驻实体被另一个经济体系的常驻企业控制的投资，这反映了企业与国外实体间的长期关系。此外，联合国贸发会议在参考 IMF 和 OECD 关于 OFDI 的习惯用法基础上，也提出了类似定义。中国商务部《2013 年度中国对外直接投资统计公报》也对 OFDI 概念进行了专门界定，即 OFDI 是指企业、团体（境内投资者）在国外及港澳台地区以现金、实物和无形资产等方式投资，并以控制国（境）外企业的经营管理权为核心的经济活动。

定位与功能也发生着潜移默化的变化。由于中国资本账户开放较晚和企业所有制改革进展缓慢等历史原因，早期中国 OFDI 规模较小，且仅作为企业对外贸易的补充形式。然而，中国经济在经历了改革开放 40 多年来的高速增长后，生产要素配置不合理所造成的产业发展结构性矛盾以及技术瓶颈所带来的可持续性发展问题已然使中国经济迈入了迫切转型的历史"拐点"。与此同时，国际经济形势的风云变幻也对中国出口贸易导向的外向型经济发展模式提出了新的挑战。2008 年国际金融危机以来，全球经济增长趋缓，尤其是美国、日本等主要发达经济体经济复苏缓慢，外需缩减对中国经济增长产生了新一轮冲击，随着各国贸易壁垒的相继出现，频繁的贸易摩擦使中国出口贸易结构面临窘境。因此，继续拓宽中国企业的 OFDI 规模和领域，不仅有利于规避国际贸易壁垒以保持既有国际市场份额，而且对于缓解和解决国内经济发展过程中的资源错配和技术瓶颈等现实问题尤为必要。

2015 年，中国实际使用外资金额 1356 亿美元，同期中国 OFDI 流量超过实际使用外资金额 100.7 亿美元，首次成为资本净输出国，中国由过去"引进来"向目前"走出去"的转变，预示着中国正在由承接国际产业转移的主体转变为对外产业转移的主体。关于产业转移概念，西方学者多从发达国家的产业转移实践对其进行定义，如日本经济学家 Kojima（1978）认为产业转移即为一国将比较劣势产业转移至具有相对潜在比较优势的其他国家的过程，新经济地理学家 Krugman（1991）基于集聚力和扩散力的相互作用对产业转移进行解释，并将产业转移视为扩散力占优的表现。国内学者也从不同视角对产业转移概念进行了定义，如陈建军（2002）认为产业转移是指由于资源供给或产品需求条件发生变化后某些产业某一个国家转移到另一个国家的经济过程，魏后凯（2003）基于企业区位选择的角度，认为产业转移既是企业经营范围空间扩张的过程，也是企业生产区位在选择的过程。迄今为止，全球共发生了四次大规模的产业转移浪潮。其中，伴随着第一次国际产业转移，美国取代英国成为世界头号工业强国，而"二战"后日本和联邦德国则利用第二次国际产业转移的机遇，经济加快复苏并迅速跻身于世界经济强国之列，中国香港、新加坡、韩国和中国台湾通过实施出口促进战略，承接来自于美国、日本等国劳动密集型行业，经济增长效果明显，成为亚洲新兴经济体，中国则在第四次国际产业转移浪潮中承接了美国、日本等发达国家与新兴经济体的加工制造业①。在当前阶段，中国通过承接国际加工制造业转移所形成的、过分依赖产品组装、简单零部件生产等的代工环节，也导致了制造业发展过程中附加值过低和创新能力不足等弊端，与"三期叠加"②的经济新常态发展背景下结构调整的要求格格不入，自然成为当前中国对外产业转移的主体。截至 2016 年，中国制造业 OFDI 流量净额已达 310.6 亿美元，是 2003 年 6.2 亿美元的近 50 倍，保持了 35.1% 的复合年增长率。

近年来，资本净流出也成为中国国际收支结构转型的驱动力，人民币汇率也相应出现了贬值趋势。以 2001 年中国加入 WTO 为标志，中国经济腾飞，目前经济规模稳居世界第二位，国际收支环境发生了明显变化。外资企业的大量入驻以及出口贸易规模增长使长期以来中国国际收支呈现经常账户和资本与金融账户"双顺差"的局面。国家外汇管理局的统计数据显示，2001~2017 年，中国国际收支总规模从 6121 亿美元增长到 59755 亿美元，国际收支总顺差从 522 亿美元增长到 3134 亿美元，其中，经常账户顺差从 174 亿美元增长到 1649 亿美元，而资本与金融账户顺差从 348 亿美元增长到 1485 亿美元。然而，近年来受到加工制造业出口贸易削减和外商撤资的冲击，中国国际收支增速出现了明显放缓的趋势，结构性转型在即。2014 年，中国国际收支在达到了 6.1 万亿美元的最高点之后开始下降，国际收支结构也由"双顺差"状态转变为目前"一顺一逆"状态。尽管目前中国经常账户得益于出口贸易市场的复苏仍维持在顺差状态，但是资本加速外流使其资本与金融账户出现了前所未有的波动。2012~2017 年，中国资本与金融账户只有 2 年出现顺差，其余 4 年均保持着逆差状态，而逆差额一度达最高值为 2015 年的 4341 亿美元。中国 OFDI 快速增长作为国际收支结构转型的重要力量之一，外汇储备余额明显减少也带来了人民币加速贬值。2017 年，中国外汇储备跌破 3 万亿美元，较 2014 年 4 万亿美元的峰值下降 1 万亿美元；2017 年，人民币对美元汇率约为 7 元 / 美元，而在 2014 年该汇率约为 6 元 / 美元。由于人民币汇率形成机制改革的持续加速推进，人民币汇率弹性有所增强，对国内制造业发展的反馈机制日益健全。

在对外资本输出和国内制造业转型加快的背景下，需要基于对外产业转

---

① 关于国际产业转移的具体事实参考黄范章（2003）、宋泓（2013）的研究。

② "三期叠加"是指增长速度换挡期、结构调整阵痛期和前期刺激政策消化期。

移和汇率波动视角研究 OFDI 的制造业高质量发展效应。由于战略取向的差异，中国 OFDI 动机也在不断发生变化，而动机差异将直接表现在 OFDI 方式上，并决定着国内制造业转型结果。因此，在研究 OFDI 和制造业高质量发展关系问题方面，有必要将投资动机因素纳入考虑范畴。相较于美国以海外市场扩张为主要动机和日本以生产效率提升为主要动机的投资模式，中国企业 OFDI 动机则显得更加多样化。出于新形势下开放战略的需要，中国企业正改变过去以获取海外廉价资源和引进技术为主要动机的单一模式，拓宽销售渠道和寻求生产效率成为中国企业 OFDI 的新动力。截至 2013 年，中国对亚洲、欧洲和北美洲国家的投资存量主要集中于租赁和商务服务业、金融业和制造业等市场依赖度和技术成熟度要求较高的行业，而对非洲、拉丁美洲和大洋洲国家的投资存量则主要集中于采矿业等资源丰度要求较高的行业。因此，异质性动机的存在使中国 OFDI 的制造业高质量发展效应的具体发生机制更为复杂，迫切需要对其进行分类探讨和在数据上进行实证检验。若中国 OFDI 能够作用于国内制造业高质量发展，那么在此基础上是否会进一步影响经济增长和全球价值链分工地位？以及是否存在异质性的促进作用——例如主要投资动机、重点产业、目标国家类型等差异？

在理论研究方面，目前关于 OFDI 和制造业高质量发展关系的研究仍然缺乏统一的分析框架。虽然早期学者已经从不同侧面对跨国公司国际投资行为的动力源进行了探讨，并形成包括发达国家 OFDI 理论、发展中国家 OFDI 理论和新兴 OFDI 理论在内的国际直接投资理论。然而，这些经典理论的共同缺陷在于，对投资动机的考虑大多基于某国经验事实，缺乏一定的普适性；传统定性研究范式下的理论假设，缺乏系统论证。即便是已经完整经历了制造业转型的欧美等西方发达国家，从理论层面探讨 OFDI 的制造业高质量发展效应的研究也较为少见。况且，在各国生产分工相对封闭的历史背景下，大多数经典国际投资理论并未能将产业转移和汇率波动作为 OFDI 的必然结果；尽管既有国际产业转移和均衡汇率理论对产业转移和汇率波动的动因进行了系统的论证，只是这些理论研究也未能将开放经济条件下的 OFDI 因素作为影响国际产业转移和汇率波动的重点外部因素。鉴于此，本书系统构建当前阶段 OFDI 对中国制造业高质量发展的影响效应的一体化分析框架，实证检验中国 OFDI 通过对外产业转移和汇率波动引致的制造业转型结果、经济效应和优化方案。

本书的学术价值在于以下两个方面：一方面，本书研究为 OFDI 对制造业高质量发展的影响效应提供理论支撑。本书将 OFDI 作为初始冲击因素，主要基于汇率波动、对外产业转移两个视角分析 OFDI 对制造业服务化和金融化的影响机制，以回应学术界对 OFDI 对制造业高质量发展影响问题存在的争议。同时，本书能够反映 OFDI 的制造业高质量发展过程所带来的经济效应异质性。上述工作能够为后续相关研究提供理论层面的支撑，具有一定的学术价值。另一方面，本书研究能为 OFDI 的制造业高质量发展效应提供经验证据。如何将 OFDI 从诸多因素中分离出来，以及是否通过汇率波动、对外产业转移传导机制对母国制造业高质量发展产生独立作用？不同于已有宏观层面的总量研究，本书将采用手工搜集的微观企业面板数据，尽可能控制其他相关因素，识别 OFDI 通过双重传导机制对中国制造业高质量发展的影响效应，并进一步探寻验证 OFDI 通过制造业高质量发展对中国经济增长和全球价值链分工地位的影响效应。

　　当前，中国制造业转型进程方兴未艾，加上中国借助于"一带一路"倡议作为载体积极有为地推进经济全球化，OFDI 将长期成为中国参与全球价值链分工的主要方式。在对外资本输出和国内制造业转型进程加快的同时，如何最大限度地优化 OFDI 对制造业高质量发展的影响效应成为摆在中国经济学者面前一道十分重要的经济命题。本书的应用价值在于以下两个方面：一方面，全面揭示 OFDI 对制造业高质量发展的影响机理，避免对 OFDI 与国内制造业高质量发展关系的误判，从而为接下来中国采取行之有效的"走出去"举措实现国内制造业的良性发展提供指引方向。另一方面，客观反映 OFDI 对制造业高质量发展的影响对经济增长和全球价值链分工地位的作用，权衡OFDI 的制造业转型经济效应的利与弊，为接下来中国在面对 OFDI 引致的制造业转型冲击时，为推动经济可持续增长和全球价值链分工地位攀升指引方向。

1.2　文献综述

1.2.1　制造业高质量发展的核心内涵

　　发达国家的制造业转型现象最早由 Bluestone 等（1982）提出，将其界定为资本、劳动力等生产要素快速、广泛且系统地从制造业向服务业转移，从而导致制造业的产出、就业相对减少的过程。后续研究主要基于制造业转型的不同结果对制造业高质量发展的概念进行了界定，并区分了制造业服务化和金融化两种类型（Singh，1997）。一方面，有学者认为制造业服务化是制造业与服务业融合发展过程，是制造业高质量发展的积极表现。制造业服务化一词最早由 Vandermerwe 和 Rada（1988）提出，即制造业服务化是指一国通过大力发展生产性服务业，从工业经济转向服务型经济，从而推动经济增长、吸纳就业、减少受商业周期性影响。Lay（2014）认为制造业服务化是指一国的产业结构快速地从第二产业为主向第三产业主导转型，即第二产业的相关指标，主要是生产份额、就业份额等的数值不断降低，而第三产业的相应指标数值不断上升，使一国的产业结构、就业结构、投资结构等转向"轻型化"方向发展的现象。Wang 等（2016）和 Kowalkowski 等（2017）对制造业服务化的内涵作了进一步阐述，认为制造业服务化基于顾客参与式的服务要素供给，能最终实现价值链中各利益相关者的价值增值。另一方面，制造业企业作为非金融企业的构成主体，其日益扩大的金融活动已经成为有目共睹的全球现象，有学者将非金融企业金融化作为制造业高质量发展受阻的负面表现。Epstein（2005）将制造业金融化定义为一国的投资、产业结构人为地向服务业倾斜，特别是向金融业倾斜以及将一些生产环节向海外转移，从而导致以制造业为代表的实体经济衰弱的现象。Christopherson（2015）认为制造业金融化是一种工业基础呈现系统性衰退的现象，反映于制造业产值缩减、就业下降、投资萎缩。另外有些观点认为，非金融企业金融化意指发达经济体已经完成了金融化的结构性转变，存在金融市场指数扩张、金融部门自主性增强、金融工具形式爆炸式增加、金融机构和金融经营对经济运行的重要性提升等诸多表现（Sawyer，2013；Davis 和 Kim，2015）；对于发展中国家，"金融化"则通常与频繁爆发的基于传统金融工具的主权债务和金融危机联系紧密（Becker 等，2010）。

1.2.2 OFDI 与制造业高质量发展关系的研究综述

学术界对制造业服务化问题的探讨由来已久，在已有研究中，OFDI 因素已经成为关键分支之一。简而言之，现有研究主要从以下几个方面探讨了制造业服务化的影响因素：第一，从产业政策布局、国内价值链升级探寻制造业与生产性服务业融合路径（Tan 等，2019）；第二，考察服务贸易开放、生产性服务进口贸易与服务贸易出口净技术复杂度对制造业服务化的影响（邰鹿峰和徐洁香，2017；邹国伟等，2018）；第三，基于跨国投资视角探析制造业服务化的决定因素（李树祯和张峰，2020）。此外，关注组织设计与战略管理（Eloranta 和 Turunen，2016；Sklyar 等，2019）、企业文化（Lexutt，2020）、供应者—消费者一体化关系（Story 等，2017）、企业家精神（林风霞，2019）、技术创新与数字化（Opresnik 和 Taisch，2015；Paiola 和 Gebauer，2020）、市场响应（冯文娜等，2020）等因素的作用。Mathews（2006）从全球化背景下资源观出发最早提出了"LLL 分析框架"（Linkage-Leverage-Learning，LLL），该理论框架认为，作为后来者的发展中国家通过外部资源联系、杠杆效应和干中学进行国际直接投资，可以获得新的竞争优势并促进制造业服务化。根据 Dunning 和 Lundan（2008）的定义，以 OFDI 为主体的资本流出存在多重动机，包括资源寻求、战略资产寻求、技术寻求和市场寻求等，能够弥补母国产业分工过程中的稀缺资源瓶颈和提高生产效率（Lee，2010），能提高母国在海外的市场份额进而提高经营利润并将母国产业分工中的低端生产工序或环节转移至海外进而实现资源整合以及国内产业结构升级（叶娇和赵云鹏，2016），还有利于拓宽母国的先进技术来源渠道，通过逆向技术溢出提高产业分工的附加值（Cozza 等，2015），均有利于母国制造业服务化。也有学者认为国际直接投资对母国或东道国的制造业服务化无益，反而会削弱制造业的分工基础，导致制造业"空心化"。如 Cowling 和 Tomlinson（2011）在对日本机械部门进行案例研究的基础上，提出较高的海外投资回报率削弱了国内核心产业的基础地位，致使日本制造业国际竞争力下降和制造业空心化出现。Williams 等（1990）针对英国不断加强国内制造业保护并呈现低技术化的现实背景分析认为，大型跨国公司的海外经济活动和业务的扩大是造成国内制造业空心化的重要因素。国内已经有实证文献对上述观点进行了论证（黄永春等，2013；桑百川等，2016；刘鹏，2017；王文和孙早，2017）。还有一些反驳结论。Tejima（2000）根据日本对亚洲供应商和装配商的投资行为案例分析发现，OFDI 提高了零部件和装配之间的效率，反而有利于增强日本制造业的国际竞争力。Ramstetter（2002）探讨了日本海外分支机构活动和母公司出口行为之间的关系，并未发现两者呈现显著的负向关系。部分国内学者的实证研究则并未发现 OFDI 会对中国制造业空心化产生显著影响（石柳和张捷，2013；刘海云和喻蕾，2014；杨亚平和吴祝红，2016）。

制造业企业金融化是制造业高质量发展问题的另一重要内容，现有研究对此成因进行了详细讨论，OFDI 便是其中的影响因素之一。Orhangazi（2008）在委托—代理的薪酬激励理论下将金融化归咎于制造业企业管理层会选择减少收益率较低的生产投资而将更多资本用于收益率较高的金融投资。早期的相关研究主要集中于国外，更多的是从国家、产业层面加以讨论（Assa，2012；Lin 和 Tomaskovic-Devey，2013；Alvarez，2015）。随着近年来中国经济出现了明显的金融化趋势，开始有学者探讨金融化的动因。张慕濒和孙亚琼（2014）的实证研究表明，中国企业金融化行为主要受到金融"供给侧"驱动而非来自企业"需求面"的影响。何德旭和王朝阳（2017）认为中国金融业的高增长是传统宏观调控手段与新常态特征不匹配、金融创新与金融监管不协调以及股市波动和房价上涨等诸多矛盾的集中体现。刘伟和曹瑜强（2018）进一步从机构投资者短视视角考察了企业金融资产持有的驱动因素，发现机构投资者对实体企业持有金融资产有着正向影响，且主要表现在短期机构投资者中。还有学者探讨了资产长期短缺（杨胜刚和阳旸，2018）、实体税负（徐超等，2019）、利率市场化改革（杨筝等，2019）等因素对制造业金融化的影响。基于中国非金融企业海外投资热潮的现实背景，安磊和沈悦（2020）采用中国上市企业 2007~2016 年的海外并购数据和财务数据，研究发现 OFDI 对实体企业金融资产持有具有明显的抑制作用，且表现出一定的滞后性和持续性。周伯乐等（2020）考察了"一带一路"倡议背景下中国制造业企业国际产能合作的作用，研究发现"走出去"通过缓解制造业企业融资约束和提升制造业企业实体利润率的双重路径，来降低其金融化水平。

1.2.3　OFDI 与对外产业转移关系的研究综述

国外研究的普遍观点是，OFDI 的区位选择主要决定了对外产业转移的基本特征。Caves（1971）研究发现东道国市场结构和产品差异化程度将影响跨国公司将优势资本化的程度，为了与国内企业竞争，跨国公司更倾向于通过垂直化将公司的特定优势内部化，影响对外产业转移模式。Davidson（1980）指出 OFDI 的区位选择与东道国文化特征、经济特征紧密相关，并结合美国对英国和加拿大投资事实分析，指出投资国与东道国文化的相似性决定了 OFDI 的产业转移强度和两国间产业结构的相似性。Aharoni 和 Hirsch（1996）考察了东道国一般要素投入和企业专有知识的组合方式对 OFDI 区位选择的影响，当东道国企业具有较高比例的专利研发投入时，投资国拥有专利等高级生产要素的跨国公司更易于进入，实现投资国的知识密集型产业转出。Bos 等（2013）则认为投资国会根据其产业生命周期阶段而作出相应的 OFDI 区位选择，所采取的对外产业转移类型也会有所不同。包括企业规模（Kim 等，2017）、技术差距与创新（Glass 和 Saggi，2002）、跨国交易合约的不完全性（Antràs 等，2009）、垂直专业化的重组效应（Macher 等，2007）、国际 R&D 溢出效应（Zhu 和 Jeon，2007）、优惠贸易协定（Hayakawa 等，2014）、产业内外资企业数量及投资金额（Huang 和 Wang，2013）等在内的因素目前已经成为国外学者实证检验 OFDI 所引致的对外产业转移效应关注的重点对象。

国内对于 OFDI 的对外产业转移效应的研究起步较晚，这与我国开放型经济发展的阶段性特点有关。一方面，国内学者主要从投资动机的角度检验 OFDI 区位选择及其对外产业转移策略。王玉宝（2008）对美国、欧盟、日本及亚洲新兴经济体 OFDI 的发展历程进行了总结，认为中国应该优先发展传统与特色制造业、资源开发业、高新技术产业和服务业的 OFDI，根据其差异化动机和东道国经济优势而进行相应的对外产业转移。王永钦等（2014）研究认为，中国 OFDI 应选择要素禀赋较为丰富的国家或地区，并积极推动资源开发行业、劳动密集型制造业向东道国转移，释放高级要素和满足高层次制造业发展，从而实现国内产业结构升级。徐雪和谢玉鹏（2008）认为，传统以要素搜寻为主要动机的 OFDI 已经无法适应当前我国经济发展形势，通过开展对发达国家或地区以技术搜寻为主要动机的 OFDI 实现"逆向技术溢出"，有助于加速我国产业结构优化进程和提升我国企业在全球价值链中的竞争地位。另一方面，国内学者从国内产业结构升级的角度间接论证了 OFDI 的对外产业转移效应问题。冯春晓（2009）研究发现，OFDI 会从企业内部结构调整、产业内部结构调整和产业之间的结构转移三个层次对投资国产业结构产生影响。杜凯和周勤（2010）认为，OFDI 在本质上体现了投资国从"比较优势"到"竞争优势"的国际产业转移发展规律，由于 OFDI 能够较好地绕过东道国设置的"贸易壁垒"，节约生产费用和开辟国际市场被视为 OFDI 的对外产业转移效应发生的直接原因。欧阳峣和刘智勇（2010）的研究则从发展中国家人力资本综合优势的角度探讨了 OFDI 与投资国产业结构的适应性问题，指出对外产业转移对于优化两者关系具有重要意义。李梅和柳士昌（2012）进一步分析认为，OFDI 的"逆向技术溢出"效应是诱发投资国的产业结构升级的主因，进而会引发投资国更明显的对外产业转移。潘素昆和袁然（2014）则认为对外产业转移与 OFDI 动机密切相关，如果 OFDI 更倾向于资源寻求型，那么 OFDI 会促进投资国要素资源结构优化，从而构成了投资国边际产业向外转移最直接的动因。

1.2.4 OFDI 与汇率波动关系的研究综述

汇率波动的完全价格传递理论基础是"一价定律"，以及后来产生的"购买力平价理论"（Theory of Purchasing Power Parity，PPP），即用本国货币表示的外国货币的价格就是汇率，决定于两种货币的购买力比例；由于购买力实际上是一般物价水平的倒数，一个百分比的汇率波动将会引起相关价格水平相同百分比的变化。早期购买力平价理论仅将两国货币相对购买力作为均衡汇率实现的决定性条件而备受批判。Swan（1968）率先运用宏观经济均衡分析方法演绎和描述均衡实际汇率的形成过程认为，实际汇率由国内充分就业与经常账户国际收支平衡共同决定。在此基础上，Williamson（1983）提出的基本因素均衡汇率理论认为，均衡汇率的决定过程应受到内部均衡条件和外部均衡条件的同时约束，前者主要体现于充分就业与低通胀率的共同作用，而后者则体现于经常账户决定的潜在合意的资本净流动。最终由 Edwards（1989）提出的均衡实际汇率理论进一步将外部均衡条件拓展为资本账户余额、经常账户余额与货币存量变动均保持稳定，而国际储备变动表现为资本账户余额和经常账户余额的共同作用。对此观点，后续研究多从经验层面予以证实。Ghosh 和 Reitz（2012）选取欠发达国家作为研究样本，研究发现跨国资本流动会对其汇率产生明显冲击。何蓉（2006）认为外汇市场供过于求和资本项目顺差是导致人民币升值的主要原因。吴丽华和傅广敏（2014）基于 TVP—SV—VAR 模型的实证结果表明，人民币汇率与短期资本流动存在较为明显的互动关系，汇率升值不仅会吸引资本流入，而且资本流入也会相应造成人民币升值。朱孟楠和刘林（2010）运用 VAR 模型研究发现，短期国际资本流入是造成外汇储备增长的主要因素，对人民币汇率具有明显的拉升作用。宿玉海等（2018）构建 SVAR 模型研究发现，短期资本流动冲击国内金融市场，不利于汇率稳定与人民币国际化建设。

1.2.5 制造业高质量发展经济效应的研究综述

产业空心化作为制造业转型失败的集中体现，在现有研究中关于其经济后果也有诸多探讨。例如，胡立君等（2013）认为产业空心化是造成美国、日本等发达国家实体经济增速放缓的主要原因。范小云和孙大超（2013）研究发现产业空心化对一国经济增长率、失业率乃至出口贸易产生负面冲击效应。王秋石和王一新（2014）分别分析了总量产业空心化和结构性产业空心化的经济影响。还有学者认为产业空心化带来的直接后果便是国民经济结构的失衡，制造业自身比较优势将无法实现动态演进而陷入断层状态（伍戈和殷斯霞，2015）。产业空心化还会导致制造业等实体经济内企业将资本更多地转移至资本市场，形成投机性副业对生产性主业的替代（刘英和吴军，2015）。王展祥和魏琳（2012）则系统总结了中国区域产业空心化对产业升级的阻碍效应，主要表现为三次产业结构失衡和主导产业低级化、要素配置结构失衡和产业低端锁定等。

制造业高质量发展是杜绝产业空心化的必由之路，对于当前中国制造业转型中的服务化和金融化两类经济现象，现有研究分别讨论了两者对全球价值链分工地位的影响。一方面，制造业服务化对于全球价值链的积极作用在现有研究中得到了广泛证实。例如，刘斌等（2016）最早关注了制造业投入服务化与价值链升级之间的关系，研究发现制造业投入服务化不仅提高了中国企业价值链的参与程度，而且显著提升了其在价值链体系中的分工地位。单元媛和郭雯青（2019）基于增加值视角测算分析发现，服务含量比例在制造业出口中的提高对分工地位有显著的正向作用。杜新建（2019）基于数理推导和理论推演证实了制造业服务化能够推动全球价值链升级，并主要通过技术创新效应、规模经济效应、差异化竞争效应等机制实现。凌丹等（2021）研究发现，制造业出口中服务增加值投入的不同来源对全球价值链升级的影响没有明显差别，而制造业服务化显著提升了中国下游主导型产业的全球价值链地位。部分研究认为制造业企业产出中的收益分配也与其所处的全球价值链分工地位有关，制造业出口中服务增加值投入的不同来源对全球价值链升级的影响没有明显差别，中国制造业生产过程中的国内服务业增加值的攀升对于提升制造业附加值大有裨益（彭支伟和张伯伟，2017；戴翔和李洲，2017）。另一方面，关于制造业金融化与全球价值链分工地位之间的关系，现有研究结论则颇为负面。黄贤环和王瑶（2019）通过考察沪深非金融和房地产类上市公司数据，研究发现过度金融化对企业全要素生产率具有显著抑制作用；段军山和庄旭东（2021）认为企业金融投资行为通过资源挤占机制对技术创新投入和技术创新产出均存在显著负效应，不利于分工地位提升。还有研究从金融化对企业经营绩效的冲击间接论证。谢富胜和匡晓璐（2020）研究发现，制造业企业扩大金融活动抑制了企业经营利润率；翟光宇等（2021）研究发现，制造业企业金融化挤出了实物资本投资；巩娜（2021）则区分了制造业企业的金融投资期限结构特征，研究发现企业长期金融资产对于公司绩效会产生更强的负向影响。

1.2.6　国内外研究评述

通过对国内外相关文献进行系统梳理后发现：

第一，在制造业高质量发展的核心概念方面，现有研究大多未对制造业服务化和金融化两类制造业转型结果进行区分，造成在研究过程中对制造业高质量发展的基本属性判断存在不一致性，对于那些聚焦制造业发展模式转型升级的研究，制造业高质量发展体现了制造业服务化的积极象征，而对于那些聚焦资本逃逸主营业务而流向资本市场的研究，制造业高质量发展则受制于制造业企业金融化的资本配置扭曲，并会产生一系列经济后果，被视为应严格加以规避的恶性现象。况且，在世界范围内，由于不同国家间的产业基础存在差异，制造业高质量发展还存在较大的国别异质性，这就需要甄别中国正在经历的制造业转型是否异于美国、日本等发达经济体的制造业转型，究竟是制造业服务化还是制造业金融化占主导。这意味着发达经济体的历史经验绝不能单纯地遵循"拿来主义"原则，需要结合中国的基本国情予以对待，这种对制造业高质量发展概念的区分性研究对中国采取更精准的政策措施至关重要。

第二，在OFDI与制造业高质量发展关系研究方面，虽然国内外学者围绕制造业高质量发展的动因进行了一系列探讨，但并未有研究将OFDI和制造业服务化、制造业金融化两类制造业转型结果置于同一分析框架内，导致研究结论比较凌乱。关于OFDI与制造业服务化，现有研究还是比较侧重于产业结构进行间接研究，真正意义上对"走出去"如何影响制造业服务化的直接研究很少。关于OFDI与制造业金融化，虽然有几篇文献涉及两者直接关系，但从理论机制层面进行的探讨仍较为缺乏。为此，构建一个分析框架，涵盖OFDI 影响制造业服务化和金融化的某些共同传导机制，对系统阐述 OFDI 对制造业高质量发展的影响十分必要。

第三，在 OFDI 与产业转移、汇率波动关系研究方面，作为 OFDI 的两种必然结果，已有研究已从理论层面和实证层面强调了对外产业转移和人民币汇率波动的问题。这些研究的不足之处在于，这些研究并未进一步考虑 OFDI 的对外产业转移和汇率波动对母国产业发展的影响。制造业高质量发展问题属于产业发展问题，在经济全球化的今天，制造业高质量发展无法脱离开放因素。然而遗憾的是，诸多关于 OFDI 与对外产业转移、汇率波动关系的研究，均未能将研究边界拓展到母国制造业高质量发展问题，对于 OFDI 影响制造业高质量发展的对外产业转移传导机制和汇率波动传导机制，需要加以厘清。

第四，在制造业高质量发展经济效应研究方面，已有研究重点关注了制造业高质量发展对经济增长、全球价值链的影响，但这些研究基本是在资本流动静默下的探讨，缺乏对 OFDI 因素的关注。思考中国制造业高质量发展所产生的影响，以及从政策层面探寻优化制造业高质量发展的经济效应，离不开对诸多可能性引致因素的分析，OFDI 作为关键因素自然是重点。总之，OFDI 对制造业高质量发展影响的经济效应仍是有待开启的"黑箱"，现有文献关于 OFDI 的制造业高质量发展经济效应的理论与实证研究较为薄弱，立足于开放经济条件下进行 OFDI 的制造业高质量发展经济效应理论分析并提供经验证据仍待加强。

1.3　研究思路、方法和创新点

1.3.1　研究思路

首先，本书在系统整理国际直接投资理论、均衡汇率理论、国际产业转移理论、内生经济增长理论和全球价值链理论的基础上，构建了当前中国 OFDI 对制造业高质量发展的影响效应的一体化分析框架。其次，本书分别总结中国 OFDI、制造业高质量发展、经济增长和全球价值链的发展现状，揭示当前中国 OFDI 与制造业高质量发展的总体特征及变化关系，以及制造业高质量发展与经济增长、全球价值链的逻辑联系。在接下来的实证部分，均以制造业作为分析对象，一是探析和识别 OFDI 通过对外产业转移对制造业高质量发展的影响机理。在探讨中国异质性动机 OFDI 作用于对外产业转移的基础上，利用手工整理的 A 股制造业上市公司数据，实证检验 OFDI 通过对外产业转移对中国两类制造业转型结果所产生的影响，据此判断对外产业转移传导机制。二是探析和识别 OFDI 通过汇率波动对制造业高质量发展的影响机理。聚焦于 OFDI 通过汇率波动产生的进口成本、出口价格和进口渗透三类效应，从微观层面为 OFDI 影响中国两类制造业转型结果提供经验证据。三是探析和识别 OFDI 的制造业高质量发展经济效应。分别分析 OFDI 通过制造业高质量发展来达到对中国经济增长和全球价值链的影响，并采用微观数据予以论证。最后，提出相关研究结论、政策建议和研究展望，着重探寻当前 OFDI 对中国制造业高质量发展的影响效应优化对策。

1.3.2　研究方法

本书选取科学及标准化的研究范式，理论研究和实证研究相结合，综合运用统计方法、实证方法、系统研究方法和比较研究方法等多种方法。具体包括以下几个方面：

（1）系统研究与重点研究相结合。系统梳理 OFDI 与制造业高质量发展的相关理论及国内外研究进展，使研究的问题具有理论支撑和文献基础。重点研究 OFDI 与制造业服务化、制造业金融化的数据关系，全面揭示它们之间的关联程度、特点和发展趋势，以制造业作为重点研究对象，分别探讨 OFDI 对制造业高质量发展影响机理以及制造业高质量发展进一步作用于经济增长、全球价值链的问题。

（2）纵向分析与横向分析相结合。本书分别运用纵向和横向分析方法研究对 OFDI 和制造业高质量发展关系，不仅分别总结了我国 OFDI 和制造业高质量发展的纵向发展轨迹，而且结合我国各阶段政策背景和开放环境，对我国 OFDI 的行业结构和区域结构进行横向比较。运用中国数据实证检验企业层面 OFDI 对制造业高质量发展影响的经济效应，从而全面考察 OFDI 与经济增长、全球价值链演变的内在联系。

（3）定性分析与定量分析相结合。基于国际直接投资理论、均衡汇率理论和国际产业转移理论，从汇率波动和对外产业转移视角分别构建 OFDI 影响

制造业高质量发展的理论机制；同时，基于 C—D 生产函数和超越对数生产
函数，以及在 KWW 和 K—T 理论框架内，构建 OFDI 对制造业高质量发展经
济增长的影响和全球价值链效应理论分析框架。基于上述研究，搜集企业微
观数据建立计量回归模型，进行实证分析并得出相关结论。

1.3.3 创新点

本书可能存在的创新点如下：

（1）理论分析框架的创新。本书突破理论研究中 OFDI 与制造业高质量发
展关系的零散、单维研究范式，根据已有理论研究整理 OFDI 对中国制造业高
质量发展影响效应的可能发生路径，构建当前 OFDI 对中国制造业高质量发展
影响效应的一体化分析框架。

（2）在学术思想上，围绕制造业高质量发展的核心内涵，基于汇率波动、
对外产业转移视角探析和识别 OFDI 对制造业高质量发展的影响机理，弥补了
现有文献中关于 OFDI 对制造业高质量发展的影响效应分析框架缺失的局限
性。与基于封闭经济条件下来阐述制造业高质量发展的影响因素相比，在开
放经济条件下分析 OFDI 对制造业高质量发展的影响效应，更加科学化和精
细化。

（3）在学术观点上，第一，中国 OFDI 规模扩张实际上兼具汇率波动和对
外产业转移的效果。资本外流会引起本币会贬值，继而会将降低外资企业进
入该国投资的货币成本、加快资本流失和促进利率的上升。顺梯度 OFDI 会引
发中国初级产业向发展中国家转移，OFDI 通过解除中国资源约束瓶颈、促进
逆向技术溢出和剥离低端制造业生产环节来承接国际产业转移。第二，OFDI
规模扩张对国内产业结构调整的作用具有两面性。制造业 OFDI 规模的过快扩
张会造成制造业资本存量的缩减和实际利率上升，倒逼资本会向虚拟经济领
域流动，制造业资本—劳动比会下降，引起"离制造化"现象。同时，OFDI
规模扩张还会促进制造业企业选择合适的生产技术，提高生产效率和促进产
业链提升。基于这些前期研究的学术观点，本书选择从汇率波动和对外产业
转移两个视角探讨 OFDI 对国内制造业高质量发展的影响机理，并综合研判
OFDI 的制造业高质量发展经济效应，进而提出更加符合中国国情的 OFDI 的
制造业高质量发展效应优化对策。

1.4 研究内容与结构安排

本书研究内容的突出之处在于，在回顾和整理相关理论基础上，提出了当前 OFDI 对中国制造业高质量发展影响效应及优化对策的一体化分析框架；通过统计数据分析中国 OFDI、制造业高质量发展、经济增长和全球价值链发展现状；选取合适数据对 OFDI 影响制造业高质量发展的直接效应和间接效应，以及对经济增长、全球价值链的影响路径进行系统实证检验。本书的技术路线如图 1-1 所示。

第 2 章是理论基础回顾和分析框架建立。理论基础回顾具体从以下五个方面进行：第一，国际直接投资理论。对发达国家 OFDI 理论、发展中国家 OFDI 理论和新兴 OFDI 理论分别进行梳理。其中，发达国家 OFDI 理论主要包括垄断优势理论、产品生命周期理论、比较优势理论、内部化理论、国际生产折衷理论等，发展中国家 OFDI 理论主要包括小规模技术理论、技术地方化理论、技术创新产业升级理论、投资发展路径理论和动态比较优势理论等，新兴 OFDI 理论主要包括投资诱发要素组合理论、国家竞争优势理论和异质性企业贸易理论等。第二，国际产业转移理论。主要涉及雁形形态理论和劳动密集型产业转移理论等。第三，均衡汇率理论。主要由基本要素均衡汇率理论、行为均衡汇率理论、自然均衡汇率理论和均衡实际汇率理论构成。第四，内生经济增长理论。第五，全球价值链理论。根据上述理论梳理，构建当前 OFDI 对中国制造业高质量发展影响效应的一体化分析框架。

第 3 章是非金融类 OFDI、制造业高质量发展、经济增长和全球价值链的发展现状分析。系统总结中国非金融类 OFDI 的演变历程，揭示其总体特征和存在的主要问题，同时介绍 OFDI 引发的对外产业转移的行业和区位等特征以及国际收支与人民币汇率波动的潜在联系。重点介绍当前中国制造业服务化和制造业金融化两类制造业转型的基本现状。另外，介绍中国经济增长的长期趋势以及规模和质量特征以及制造业全球价值链参与和分工的变化，基于"微笑曲线"来分析制造业出口增加值的总体特征。

第 4 章是 OFDI 对制造业金融化影响效应机制分析及实证研究。将制造业金融化作为研究对象，详细论述 OFDI 影响制造业金融化的对外产业转移传导机制和汇率波动传导机制，结合 2007~2014 年 Wind 数据库、WIOD 数据库、

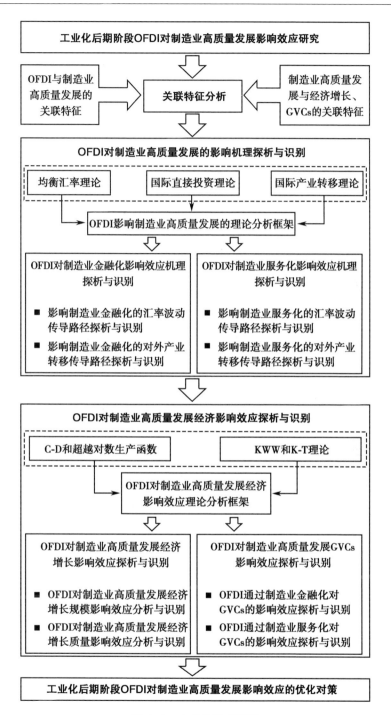

图1-1 本书的技术路线

《中国海关数据库》和《境外投资企业（机构）名录》进行手工匹配生成一套合并数据，建立实证方程予以检验。

第5章是OFDI对制造业服务化影响效应机制分析及实证研究。将制造业服务化作为研究对象，详细论述OFDI影响制造业服务化的对外产业转移传导机制和汇率波动传导机制，结合2003~2014年《中国对外直接投资统计公报》、《中国贸易外经统计年鉴》、《中国统计年鉴》、WIOD数据库、WDI数据库、CEPⅡ数据库和WGI数据库整理得到的一套跨国面板数据，建立实证方程予以检验。

第6章是OFDI对制造业高质量发展经济增长影响效应分析及实证研究。基于C—D生产函数和超越对数生产函数，探讨OFDI通过制造业高质量发展产生的经济增长规模与质量效应的发生机制，从微观视角建立生产函数模型，结合2007~2014年微观企业数据，运用结构方程进行实证检验，据此说明中国OFDI、制造业高质量发展和经济增长关系。

第7章是OFDI对制造业高质量发展GVCs的影响效应及实证研究。在KWW和K—T理论框架内，探讨OFDI通过制造业高质量发展产生的全球价值链分工地位效应的发生机制，结合2007~2014年微观企业数据，运用结构方程进行实证检验，据此说明中国OFDI、制造业高质量发展和全球价值链分工地位关系。

第8章是本书的结论与启示。结合OFDI和制造业高质量发展关系的实证结论，分别从汇率波动和产业转移两个方面提出中国通过OFDI加快制造业服务化和防范制造业金融化的优化对策；根据OFDI对制造业高质量发展经济影响效应与结果差异的焦点问题，提出中国通过OFDI对制造业高质量发展过程的影响来促进经济增长"增效提质"和全球价值链"稳中求进"的优化对策。

2 理论基础与分析框架

2.1 国际直接投资理论

2.1.1 发达国家 OFDI 理论回顾

自 20 世纪 60 年代以来，美国、日本等发达国家跨国公司 OFDI 活动快速增长，关于其跨国公司 OFDI 的理论研究取得了较大突破，形成了垄断优势理论、产品生命周期理论、比较优势理论、内部化理论、国际生产折衷理论等具有广泛影响力的经典理论，发达国家的国际直接投资理论体系不断巩固和发展。

（1）垄断优势理论。美国学者 Hymer（1960）提出了垄断优势理论，这是最早研究跨国公司 OFDI 行为的独立理论，由美国学者 Kindleberger（1969）进一步补充和发展，最终形成了较为完善的理论体系，为后续 OFDI 理论研究提供了基本脉络。Hymer 认为国际直接投资的决定因素有两点：第一，市场的非完全性。由规模经济、技术垄断、商标、差异化产品和贸易壁垒所造成的市场不完全性是现实中的常态，在这种偏离完全竞争的市场结构中，企业通过国际贸易所获得的收益会下降，更倾向于选择 OFDI 来参与国际市场。第二，企业的垄断优势。Kindleberger 则认为市场的非完全性仅为企业 OFDI 创造了客观条件，是否进行 OFDI 最终取决于企业自身的垄断优势。

（2）产品生命周期理论。美国学者 Vernon（1966）基于国内市场营销活动的产品生命周期演变规律，提出了企业国际直接投资的产品生命周期理论，用以解释国际直接投资的阶段性动机和区位选择问题。Vernon 认为，产品生命周期可被划分为三个阶段，即产品创新阶段、产品成熟阶段和产品标准化阶段，每个阶段的企业国际直接投资行为会呈现不同的特点。在产品创新阶段，发达国家率先成为新产品的创新国，产品主要用以满足国内高收入群体，并部分出口至其他发达国家，这一阶段不会出现企业的跨国投资行为；在产品成熟阶段，国外对新产品的仿制增加和竞争者的出现，使增加产品差异化程度成为原创新国 OFDI 企业提升竞争力的主要途径；在产品标准化阶段，产品生产流程已完全标准化，发展中国家劳动力、原材料等生产要素价格优势凸显，原创新国跨国公司的 OFDI 区位选择也由发达国家向发展中国家转移。

（3）比较优势理论。日本学者 Kojima（1978）基于日本 OFDI 的典型特征提出了国际直接投资的比较优势理论。Kojima 认为，国际比较优势和分工特色的差异是引发日本将国内已经丧失比较优势的劳动密集型产业 OFDI 的动力。基于 OFDI 产业部门的比较和国际分工的原则，Kojima 将日本和美国 OFDI 分别定义为"顺贸易导向型"和"逆贸易导向型"，从宏观角度阐释了 OFDI 和贸易的对应关系。Kojima 对 OFDI 的产生原因也作了进一步分析，称 OFDI 总是从本国已经处于或即将处于比较劣势的边际产业开始的，而在该产业上处于潜在比较优势的东道国则成为 OFDI 的主要对象，通过将投资国的资金技术与东道国的要素比较优势相结合，从而扩大两国贸易。

（4）内部化理论。英国学者 Buckley 和 Casson（1976）首次将"内部化"这一概念应用于国际投资领域，提出了国际直接投资的市场内部化理论。Buckley 和 Casson 认为，中间产品的市场非完全性是普遍存在的，市场失灵和某些垄断势力的存在会造成国际企业间中间产品交易成本的上升，对于技术知识等中间产品而言，依靠市场交易渠道无法实现企业利润最大化。在此情形之下，企业更倾向于将中间产品生产和交易置于企业内部完成，实际上是企业将中间产品的外部市场内部化。Buckley 和 Casson 将跨国公司内部化的决定因素归纳为产业特定因素、区域因素、国别因素和企业因素这四个方面，并指出为了尽可能实现内部化收益和避免市场非完全性所带来的损失，跨国公司会选择 OFDI。

（5）国际生产折衷理论。英国学者 Dunning（1977）将企业 OFDI 的目的、条件和能力结合起来，提出了著名的综合理论，即国际生产折衷理论。Dunning 认为，企业的 OFDI 行为是由其所拥有的所有权优势、区位优势和内部化优势三者共同决定的，即 OLI 范式。其中，所有权优势是指企业具备他国企业无法获得的生产要素和知识技术等；区位优势是指投资所在地区在生产环境和政策上的相对优势，包括基础设施状况、运输成本、政府干预和市场发育程度等；内部化优势是指企业通过内部交易来规避市场不完全性的优势。当企业仅拥有所有权优势时，会选择技术转让；当企业具备所有权优势和内部化优势时，会选择出口；当企业同时具备所有权优势、区位优势和内部化优势时，则会选择 OFDI。因此，所有权优势和内部化优势是企业 OFDI的必要条件，而区位优势则是企业 OFDI 的充分条件。

2.1.2 发展中国家 OFDI 理论回顾

20 世纪 80 年代，随着发展中国家正成为国际分工的重要组成部分，其企业 OFDI 活动也处于逐步活跃态势。然而，由于发展中国家在经济社会条件等方面与发达国家相差悬殊，传统国际直接投资理论往往对其跨国公司的投资行为缺乏有效解释力，亟须新的理论支撑。经过多年发展，目前较为流行的发展中国家的 OFDI 理论有小规模技术理论、技术地方化理论、技术创新产业升级理论、投资发展路径理论和动态比较优势理论。

（1）小规模技术理论。美国学者 Wells（1983）基于对发展中国家 OFDI的竞争优势来源的系统分析，提出了小规模技术理论。Wells 认为，发展中国家拥有小规模市场的技术优势、要素使用成本优势和产品价格优势，这使发展中国家在小规模市场上生产的竞争优势明显。同时，Wells 还对发展中国家的 OFDI 的动因进行了分析，认为发展中国家只有在出口市场受到威胁时才会采取对外直接投资策略，地理距离、经济发展水平和社会文化相似度都会影响发展中国家对东道国的投资，在 OFDI 企业能保持相对于本国企业技术优势的情形下，发展中国家会有更多企业通过 OFDI 来内部化这种竞争优势。

（2）技术地方化理论。英国学者 Lall 和 Mohammad（1983）基于印度跨国公司的投资动机和经验事实的研究，提出了技术地方化理论。Lall 和Mohammad 认为，发展中国家的企业并不会局限于对外来技术的简单模仿，而会在引进技术的基础上进一步将其地方化。在将转化的技术应用于发展中国家企业生产过程中，能较好地适应国内生产要素条件，并能开发出更具特色的差异化产品，从而培育出本国跨国企业新型的竞争优势。根据这一判断，Lall 和 Mohammad 将发展中国家的竞争优势来源概括为技术知识特性、产品需求特性、小规模生产技术特性等。

（3）技术创新产业升级理论。英国学者 Cantwell 和 Tolentino（1990）针对一些新兴工业国家和地区对发达国家的 OFDI 现象，共同提出了技术创新产业升级理论。他们认为发展中国家和地区企业技术创新能力的不断提升具有明显的向发达国家"学习"的特征；发展中国家和地区产业结构的升级是技术积累从量变到质变的结果。发展中国家和地区企业技术能力的提高与其OFDI增长是密切相关的，现有的技术能力水平是影响其国际生产活动的决定因素，同样影响发展中国家跨国公司对外投资的形式。因此，发展中国家和地区 OFDI 的产业分布和地理分布是随着时间的推移而逐渐变化的，并且是可以预测的。

（4）投资发展路径理论。英国学者 Dunning（1982）在国际生产折衷理论的基础上进一步提出了发展中国家投资发展路径理论。Dunning 认为，发展中国家的 OFDI 规模与其经济发展水平呈现正相关性，存在"J"形变化规律：第一阶段是当发展中国家人均国民收入水平很低时，利用外资规模较低，OFDI 规模为负；第二阶段是当发展中国家人均国民收入水平较低时，利用外资规模显著提升，OFDI 规模仍维持在较低水平；第三阶段是当发展中国家人均国民收入水平较高时，OFDI 规模虽有所增长，但资本净流出仍为负；第四阶段是当发展中国家人均国民收入水平最高时，OFDI 规模超过利用外资规模，资本净流出由负转正。Dunning 总结出了国际资本流动的一般规律，即经济发展水平越高，发展中国家的跨国企业往往具备越好的所有权优势、内部化优势和区位优势，OFDI 规模也相应越大。

（5）动态比较优势理论。日本学者 Ozawa（1992）基于跨国公司对世界经济发展起到巨大作用的事实提出了动态比较优势理论。Ozawa 试图将跨国公司的投资行为与开放经济发展理论结合在一起，强调世界经济结构会国际直接投资产生重要的影响。发展中国家应通过引进外资来提高比较优势，遵循从"引进来"到"走出去"的基本规律，一般需要经过四个阶段：第一阶段是直接引进外资；第二阶段是在引进资源导向型和劳动导向型的外资的同时，开展劳动力导向型的 OFDI；第三阶段是从劳动力导向型 OFDI 逐步过渡到技术导向OFDI；第四阶段是技术导向型的资金流入和技术导向型 OFDI 交叉进行阶段。发展中国家的对外投资模式只有与工业化战略结合起来，将经济发展、比较优势和 OFDI 这三种相互作用的因素结合起来才能最大限度地发挥出其比较优势。

2.1.3 新兴 OFDI 理论回顾

近年来，国际直接投资理论出现了新发展趋势，对于之前发达国家和发展中国家企业 OFDI 行为，给予了富有一般化的解释。最新 OFDI 理论主要包括投资诱发因素组合理论、国家竞争优势理论和异质性企业贸易理论。

（1）投资诱发因素组合理论。又称为"国际直接投资的综合动因理论"，由 Richardson（1971）等国际经济学者率先提出。该理论认为一国企业 OFDI 是由直接诱发要素与间接诱发要素共同驱动下发生的。其中，直接诱发组合要素主要包括劳动力、资本、技术、信息、管理和技能等，间接诱发因素则包括投资国和东道国政策法规、政治稳定等制度因素、投资硬环境状况、投资软环境状况和协议合作等，以及经济全球化、区域经济一体化、科技革命、国际金融市场震荡、汇率波动和战争等世界性因素。该理论认为发达国家跨国公司 OFDI 主要受制于直接诱发因素，而发展中国家跨国公司 OFDI 则主要是间接诱发因素在起作用。投资诱发要素组合理论从投资国与东道国的双方需求、双方所具有条件的综合这一新的角度阐述 OFDI 的决定因素，同时着重强调间接诱发要素在当代 OFDI 中的重要作用；在阐述 OFDI 的决定因素时注意了东道国的需求和条件所产生的诱发作用以及国际环境条件投资决定因素的作用，克服了先前理论中只注重投资目的、动机和条件，忽视东道国和国际环境的因素对投资决策影响作用的片面性。

（2）国家竞争优势理论。美国哈佛大学商学院教授 Porter（1990）提出了国家竞争优势理论，基于企业竞争与 OFDI 行为相互关系所进行解释的一种国际直接投资理论。由于国内激烈的竞争可以促使企业发展 OFDI，又为企业在国际竞争中获胜创造了条件，国内竞争因素是促使企业进行对外投资的原因。Porter 将一个国家竞争力的发展分为资源要素导向、投资导向、创新导向和财富导向四个阶段，在不同阶段跨国公司应采取不同的投资策略。按照国家竞争优势理论，企业竞争优势是一国在国际竞争中获胜的关键，一国具备国际竞争优势的企业越多，就越可能在国际分工中更多地整合别国的资源。一国企业要想在全球竞争中战胜对手，需要依靠激烈的国内竞争，激烈竞争能促使企业向国外直接投资，而激烈竞争造成的国内市场的差异化产品和精致化服务，又为企业在国际竞争中获胜创造条件。国家竞争优势理论首次将经济发展、比较优势和国际直接投资作为相互作用的三种因素结合起来分析，不仅强调了一国在不同发展阶段以不同模式参与跨国投资的必要性，而且还提出了跨国投资的选择原则和实现步骤。

（3）异质性企业贸易理论。Baldwin 和 Robert-Nicoud（2004）将异质性企业贸易理论归结为新新贸易理论的一个重要分支，该理论以 Melitz（2003）为代表，主张企业在自身生产率的基础上，在全球范围内寻求和配置资源，进而形成一体化的生产和组织方式，根据企业在行业中生产率水平的评估，决定企业是否有能力出口或进行 OFDI。Helpman 等（2004）拓展了 Melitz 模型，在引入企业异质性特征后，可以将同一产业内不同企业区分开来，生产率差异会影响企业采取不同的国际化策略。只有生产率最高的企业才能承担海外投资的固定成本而采取 OFDI 策略，生产率处于中等水平的企业会选择出口，而生产率较低的企业只会选择在国内销售。

2.2 国际产业转移理论

自 20 世纪 60 年代以来，"二战"之后各国经济发展联系的日益增强，世界范围内的产业分工和转移已成常态，国际产业转移理论研究也逐渐兴起。本书集中介绍雁形形态理论、劳动密集型产业转移理论中的有关内容。

（1）雁形形态理论。日本学者 Akamatsu（1962）提出了产业发展模式的"雁形形态理论"，成为国际产业分工和产业结构升级的主要理论来源。Akamatsu 基于对日本棉纺工业生产过程的考察发现，伴随着经济发展，落后国家的工业生产会经历"进口→国内生产→出口"的更替模式，他形象地将其概括为产业发展的"雁形模式"。在 Akamatsu 研究基础上，Vernon（1966）在"产品生命周期理论"中结合产品生命周期阶段性演变的规律，侧面论证了"雁形模式"的存在性，即发达国家产业发展由创新阶段逐渐向标准化阶段过渡，生产会相应经历"本地供给→出口→进口"的过程，并将失去比较优势的产业转移至发展中国家。Kojima（1978）结合国际投资比较优势理论最终形成"边际产业扩张论"，揭示了国内产业结构升级与国际产业转移之间的内在联系。

（2）劳动密集型产业转移理论。美国学者 Lewis（1977）基于 H—O 理论提出了劳动密集型产业转移理论。Lewis 认为，战后主要发达国家的人口增长率下滑导致国内劳动密集型产品的供需缺口的扩大，这也造成了发达国家的部分劳动密集型产业的比较优势的丧失，从而迫使发达国家将劳动密集型产业转移至发展中国家并通过进口的方式满足国内需求。Lewis 实质上将二元经济结构拓展至国际产业转移问题上，发展中国家存在劳动力过剩，丰富的廉价劳动力使其成为国际劳动密集型产业的承接主体，发达国家则以现代工业为代表，在劳动力禀赋上并不占优势，提高生产率有赖于劳动密集型产业向外转移。

2.3 均衡汇率理论

均衡汇率理论的核心在于探讨经济因素对汇率波动的影响，以及系统估计汇率的决定过程。目前根据研究方法和关注点的不同，可将均衡汇率理论划分为基本要素均衡汇率理论、行为均衡汇率理论、自然均衡汇率理论和均衡实际汇率理论四类。

（1）基本要素均衡汇率理论（Fundamental Equilibrium Exchange Rates，FEER）。该理论由 Williamson（1983）提出，将均衡汇率定义为宏观经济均衡即内部均衡和外部均衡同时实现时的实际有效汇率。其中，内部均衡表现于充分就业和可持续的物价水平下的产出水平，外部均衡则是在内部均衡基础上所实现的国家间意愿的、可持续的资本净流动。从国际收支角度来看，在宏观经济均衡状态下，经常账户等同于资本账户，由于经常项目视为均衡情形下的国内总产出、国外总产出和实际有效汇率的决定方程，在给定相关参数下，利用外生的可持续资本流动净额便可算出实际有效汇率。然而，FEER 理论在分析汇率决定过程抽象掉了周期性因素和暂时性因素，仅考虑资本流量对汇率波动的影响以及汇率波动并不会对资本流动形成反向影响，这些假设因过于严苛和脱离实际而备受争议。

（2）行为均衡汇率理论（Behavioral Equilibrium Exchange Rates，BEER）。该理论由 Clark 和 MacDonald（1998）提出。BEER 理论将实际有效汇率的决定方程拓展成长期持续效应的经济基本要素向量、中期经济基本要素向量、短期暂时性因素向量和堆积扰动项的函数。据此汇率波动被分解为短期暂时性因素效应、随机扰动效应和基本经济因素偏离其可持续水平程度效应，既可计算均衡汇率，又能用于解释实际汇率的周期性波动。BEER 理论并未关注宏观经济的内外平衡性，尤其对外部平衡缺少相对的调节方法，使国际收支平衡未在该理论中体现足够的分量。

（3）自然均衡汇率理论（Natural Real Exchange Rates，NRER）。该理论由 Stein（1994）提出，即在不考虑周期性因素、投机资本流动和国际储备变动情况下，由实际基本经济因素决定的能够使国际收支实现均衡的中长期实际均衡汇率。在市场出清、实际汇率可调节、货币供求均衡、自由外汇市场、货币中性和长期资本流动等诸多假设下，自然均衡汇率模型由储蓄和投资之差等于经常项目差额来表达。对于会影响储蓄和投资之差变化的基本经济因素，也构成了汇率波动的影响因素。只有当经济达到长期均衡状态，基本经济要素和实际资本存量均保持不变，自然均衡汇率才会回归稳态。若关注资本流动，借用外债所实现的资本流入若进入消费领域会出现"升值—贬值"的结果，借用外债所实现的资本流入若用于生产性投资则实际汇率会出现"升值—贬值—升值"的结果。

（4）均衡实际汇率理论（Equilibrium Real Exchange Rates，ERER）。该理论由 Edwards（1989）提出，均衡实际汇率表现为非贸易品和贸易品的相对价格，加入其他相关变量（如税收、国际贸易条件、商业政策、资本流动和技术等）保持稳定，那么将会实现内外部同时均衡。当非贸易品市场现在和未来出清时，实现内部均衡；当现实和未来经常账户平衡同长期可持续的资本流相一致时，实现外部均衡。不同于传统均衡汇率理论，ERER 理论将预期值摆在影响实际汇率的更为重要位置。Edwards 构建了包括资产决定、需求部门、供给部门、政府部门和外部部门共 5 个部门 16 个方程来描述汇率波动过程。对于资本流动，在短期内资本流动会导致实际汇率升值。从长期来看，如果外资是以借债的形式进入，且全部进入消费部门将不创造任何生产力，会导致均衡实际汇率贬值；如果进入投资部门，则会导致均衡汇率升值。当外资以产业投资的形式进入时，特别是投资于外向型部门，则会导致均衡实际汇率升值。ERER 理论充分考虑了发展中国家转型经济的特点，在发展中国家均衡汇率的测度和评价上得到了颇为适用的结论。

2.4　内生经济增长理论

内生经济增长理论是经济增长的前沿理论，将技术进步作为内生动力来解释经济增长现象的理论。Harrod（1939）和 Domar（1946）分别提出了以凯恩斯理论为基础的经济增长理论，构成了内生经济增长模型的雏形。Harrod指出，只有当自然增长率、实际增长率和有保证的增长率三者相等时，才能实现充分就业，促进经济的长期稳定增长；Domar 则强调投资会对总供给和总需求产生影响。Harrod—Domar 模型认为，该模型在劳动和资本两种生产要素不能相互替代，储蓄率、人口增长率不变且不存在技术进步和资本折旧的假设下，经济增长率随着储蓄率的增加而提高，随着资本与产出比的扩大而降低。Harrod—Domar模型的提出标志着数理统计方法开始逐渐被应用在经济增长理论研究之中，确立了储蓄和资本在经济增长中的重要地位。Solow（1956）放松了相关假设，建立了一种没有固定生产比例假设的长期经济增长模型，又被称为Solow模型。该模型强调物质资本、劳动力和外生的技术进步是地区经济长期稳定增长的最主要的因素。经济增长率由资本和劳动增长率及其边际生产力决定，人们可以通过调节生产要素投入的边际生产力、调节资本—产出比例从而实现理想的均衡增长。

随着人力资本理论的日益发展和完善，学者开始关注技术进步、知识积累和人力资本对经济增长的重要作用。Arrow（1971）在《干中学的经济含义》中提出了"干中学"模型来分析动态规模经济的存在及其发生过程，尝试着把技术进步作为内生变量。随着技术的不断积累和完善，单位产品成本会随生产总量的提高而减少。由于技术进步和知识积累具有一定的溢出效应，它会使总体经济活动表现出收益递增。Uzawa（1965）在"干中学"效应模型的基础上把人力资本也作为内生变量放入模型当中来分析和技术进步、经济增长有关的问题。Romer（1996）在Uzawa和Arrow研究的基础上提出了双部门理论模型，将劳动、资本等生产要素配置于生产部门和研发部门，将知识作为内生变量引入到模型中来分析经济增长问题，肯定了知识积累对经济增长的积极作用。内生经济增长理论的另一个代表人物Lucas（1988）则运用微观的分析方法，首次将人力资本和技术进步结合起来。该模型不仅肯定了人力资本的经济增长重要作用，而且强调了学习的作用，即劳动者可以通过学习提升人力资本存量进而推动经济增长。

熊彼特提出的创新和内生经济增长理论又称为"创造性毁灭理论"，从技术和经济相结合的角度探讨了技术进步在经济增长过程中的作用。熊彼特的创新和内生经济增长理论认为，技术进步是驱动经济社会结构变迁和经济内生增长的最根本的动力，所谓的创新就是生产要素的重组，表现为新型的生产要素和生产条件的组合对其陈旧组合的淘汰过程。由于这种组合总是持续且呈现动态上升的过程，每一次组合的重大突变都将会迎来经济增长的新景象，而经济周期也就是伴随着技术创新而出现的。Howitt和Aghion（1998）从数理的角度构建了一个创新跨期模型，模拟了经典熊彼特理论基于创新活动而形成的"创造性破坏"机制，具有丰富的理论内涵，且实际社会经济意义重大。在高度竞争性的市场环境中，新技术的产生和应用通过个体间的不断竞争使旧的技术和生产方式消亡，并产生新的经济价值。随着产业技术水平的提升，经济规模会不断扩大，而创新将成为经济持续增长的内生动力。

2.5　全球价值链理论

价值链的概念最早由 Porter（1990）提出，且划分为内部价值链和外部价值链两类。其中，内部价值链涵盖了企业设计、生产、销售、配送以及辅助活动等，这些功能相互关联的生产活动构成了一条能够创造价值的生产链；外部价值链则是指当企业与供应商、其他制造商、产品分销商以及消费者之间相互关联。Gereffi（1999）提出了全球商品链的概念，在经济全球化的背景下，产品的生产过程被分割为不同的生产阶段，而这些不同的生产阶段可以由分布在世界各地的不同规模的企业来完成，全球商品链就囊括在这个一体化的跨国生产网络之中。全球商品链的局限性在于突出商品概念，没有强调在价值链上运营的企业在价值创造和价值获取方面的重要性。基于此，Gereffi 等（2005）正式提出了全球价值链（Global Value Chains，GVCs）的概念，提供了一种基于网络的、用来分析国际性生产的地理和组织特征的分析方法，并揭示了全球产业的动态性特征，考察价值在哪里、由谁创造和分配。

后续所形成的 GVCs 理论主要从行业或国家"投入—产出"层面剖析了贸易增加值问题。Hummels 等（2001）从进口角度分析了一国参与国际分工的程度及其在国际分工中的收益。该理论将一国进口的中间产品按照用途区分为国内最终消费与用作出口生产两部分，将进口中间品用于出口部分与出口总额的比例定义为垂直专业化指数。Koopman 等（2010）提出了 GVCs 的KWW 核算理论模型，将出口分为国内附加值与国外附加值两部分，而国内附加值又分为最终产品出口、用于进口国最终消费的中间品直接出口、用于进口国转口到第三国的中间品间接出口、用于进口国返销到本国的中间品出口等四部分，构建了一个出口贸易分解的总体框架，有效地区分传统贸易中重复计算的部分，实现贸易数据与传统数据的统一，弥补了传统数据核算的不足。后续研究重点测算了行业或国家 GVCs 嵌入程度和分工地位（Antràs

等，2012；Koopman 等，2012；Johnson 和 Noguera，2012）。总量"投入—产出"关系却无法区分企业异质性，对企业 GVCs 嵌入程度和分工地位的测算被视为理论前沿。Kee 和 Tang（2016）针对中国企业出口中的本地增加值率（Ratio of Domestic Value Added，DVAR）不断上升的现实，采用企业和产品交易数据提出了新的测度方法，被称为企业 GVCs 具有代表性的 K—T 理论模型。该模型基于投入产出表能够逆向推演出总量出口增加值，反映产业内和产业间 GVCs 嵌入程度和分工地位的变化。然而，K—T 理论模型的测算并非独立于 KWW 的分析框架，中间投入部分仍需要通过 KWW 理论框架来核算。

2.6　当前 OFDI 对中国制造业高质量发展影响效应一体化分析框架

现有文献对于制造业高质量发展问题的探讨多基于经验层面，尽管 OFDI 作为影响因素对中国制造业结构调整的作用得到了证实，但理论上的探讨仍稍显不足，构建当前 OFDI 对中国制造业高质量发展影响效应的一体化分析框架极为迫切。通过回顾理论基础发现 OFDI 理论、对外产业转移理论、均衡汇率理论、内生经济增长理论和全球价值链理论均不断发展，但它们在相互融合方面仍显不足。其中，经典 OFDI 理论大多未能将国际产业转移和汇率波动作为母国 OFDI 的必然结果，而国际产业转移理论和均衡汇率理论在提及产业转移和汇率波动的动因时，开放经济条件下企业 OFDI 活动并未作为主要因素之一考虑在内。虽然以上三类理论均涉及了母国产业变动，但未能对制造业高质量发展问题进行分析，尤其基于对外产业转移、汇率波动的 OFDI 对母国制造业高质量发展的影响研究乏善可陈。内生经济增长理论和 GVCs 理论也未将 OFDI 引起的制造业高质量发展作为单独的影响因素加以讨论，使目前在研究 OFDI 的制造业高质量发展经济效应研究屈指可数。经验研究的缺失导致目前很难提出当前阶段中国 OFDI 和制造业高质量发展的优化对策。因此，本书在归纳和整理经典理论基础上认为，存在中国 OFDI 的制造业高质量发展效应。

第一，发达国家 OFDI 理论认为 OFDI 对母国产业具有反馈效应。其中，产品生命周期理论、比较优势理论认为 OFDI 是发达国家将失去竞争力的产业顺势转移至发展中国家以谋求国内结构优化的途径；同时，垄断优势理论、内部化理论、国际生产折衷理论等强调发达国家基于自身产业优势进行OFDI，并通过逆向技术溢出对产业发展形成增强作用。发展中国家 OFDI 理论则普遍强调投资演变规律和"学习效应"，在遵循由资本流入国向资本流出国转变的一般规律基础上，利用 OFDI 来形成自身特色的产业竞争优势（如技术地方化理论和技术创新产业升级理论）。至于新兴 OFDI 理论，着重刻画 OFDI 的各类环境因素（如投资诱发因素组合理论），并抽象总结了 OFDI 推动国家竞争优势形成的过程（如国家竞争优势理论）。从这些国际直接投资理论的阐述发现，OFDI 总是和母国产业发展紧密相关，而在当前阶段，中国制造业高质量发展已经成为产业发展的必然趋势，其受到 OFDI 怎样的影响理应受到关注。

第二，关于 OFDI 的制造业高质量发展效应，OFDI 对制造业服务化和金融化的影响可能存在某些中间传导机制，通过国际产业转移理论和均衡汇率理论的阐述可知，对外产业转移和汇率波动是两个不可忽视的因素。一方面，根据国际产业转移理论，跨国公司在全球范围内的产业布局使国际产业转移更为普遍，这表现为企业会根据母国和东道国优势产业和生产要素禀赋来做出投资决策，在母国边际产业和要素禀赋丧失的情形下，跨国公司会选择脱离母国而向东道国投资，构成了资本配置效应（如雁形形态理论、劳动密集型产业转移理论）。另一方面，根据均衡汇率理论，国际收支平衡性会影响外汇市场的供需平衡性，国际直接投资作为资本与金融账户的重要组成部分，其增减会导致汇率波动。值得一提的是，汇率变化又会作用于企业贸易价格，会影响出口商品价格、进口商品价格以及进口商品相对本地商品的价格优势，构成了贸易结构效应。无论是 OFDI 引起的资本配置效应还是贸易结构效应，最终均将作用于母国产业发展，而制造业高质量发展便是产业发展的主要表现。

第三，关于 OFDI 的制造业高质量发展经济效应，OFDI 还会通过制造业服务化和金融化会引起母国经济增长和 GVCs 的联动变化。从内生经济增长理论总结可知，技术进步作为内生变量影响经济增长，在 Solow 模型基础上，"干中学"模型、双部门模型和人力资本模型均对技术进步进行了解释；熊彼特的创新模型提出的"创造性毁灭机制"对经济增长的解释更具一般性，新技术创新不仅带来了经济规模的上升，还会影响经济增长质量。创新无法脱离于产业发展存在，基于 OFDI 对制造业高质量发展影响所形成的产业形态，其创新水平也会发生变化，在创造性毁灭机制下，会影响母国经济增长规模和质量。从GVCs理论总结可知，在全球"碎片化"生产背景下，企业参与国际分工已经是不可回避的事实，KWW理论和K—T理论通过对GVCs的分解方法，详细探讨了国际分工的主要成分；OFDI引起的制造业高质量发展涉及制造业企业生产模式的选择，既有比较正面的制造业服务化，也有比较负面的制造业金融化，两类制造业高质量发展结果会是否会产生不同的国际分工结果仍待考证。

评判OFDI对制造业高质量发展效应及其经济效应影响，以及针对性地提出应对方案是本书的升华部分。因此，OFDI对制造业高质量发展效应及经济效应的影响和优化对策共同构成了本书当前阶段OFDI对中国制造业高质量发展影响效应一体化分析框架（见图2-1）。

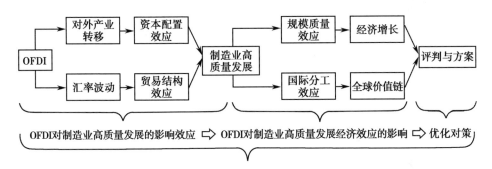

图2-1 OFDI对中国制造业高质量发展影响效应一体化分析框架

3 发展现状

3.1 中国 OFDI 发展现状

3.1.1 中国 OFDI 的发展历程

改革开放 40 多年来，随着经济体制改革和对外开放的逐步推进，我国 OFDI 发展取得了显著的成果。由图 3-1 可知，2003~2017 年，中国非金融类 OFDI 流量和存量呈现持续增长的态势，年均增长率分别达 34.4% 和 30.7%。从总体增长趋势来看，中国非金融类 OFDI 流量和存量的增长具有较明显的协同性，且投资流量的波动幅度较大，而投资存量的增长则相对平稳。2006 年之前，中国 OFDI 规模维持在较低水平之内，虽然在 2005 年有增长高峰，流

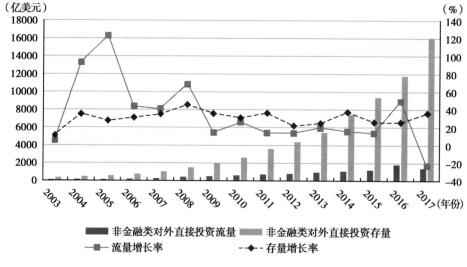

图 3-1　2003~2017 年中国非金融类 OFDI 流量、存量及增长率

资料来源：《中国对外直接投资统计公报》（2003~2017 年）。

量增长率高达 122.9%，但由于基数较小，绝对规模仍然较小。这与我国正处于 OFDI 的初试阶段有关，1982 年党的十二大召开标志着我国经济体制改革的正式启动，对外开放作为基本国策上升到政策层面。直至 1985 年，随着长三角、珠三角等东部系列城市开放范围的提升，中国 OFDI 的条件日益成熟，企业"走出去"出现快速增长。由于经验不足和资本约束，为规避风险，OFDI 仅仅被视为国内生产和出口贸易的补充，尚未形成规模。1992 年，中国市场化改革和国有企业股份制改革加速推进，党的十四大的召开也成为中国改革开放进入新阶段的重要标志，企业活力日益显现，OFDI 规模也出现较快增长。然而，这一阶段的投资主体仍然以国有企业为主，政府政策驱动是加快 OFDI 增长的主要力量。

2000 年之后，随着我国"走出去"战略的正式实施，极大提升了包括私营企业在内的投资热情，OFDI 呈现爆炸式增长。自 2003 年中国商务部发布企业 OFDI 的权威年度数据以来，中国 OFDI 实现 14 年连续递增。2005 年，中国非金融 OFDI 流量突破 100 亿美元，达 122.6 亿美元，同比增长 122.9%；2007 年，中国非金融 OFDI 存量突破 1000 亿美元，达 1011.9 亿美元，同比增长 34.9%。截至 2017 年，我国累计 OFDI 流量和存量分别达 1582.9 亿美元和 18090.4 亿美元，分别位列世界第 3 和第 2。虽然在 2017 年我国 OFDI 首次呈现负增长，但仍是全球主要资本来源国。同期，我国境内投资者共对全球 189 个国家或地区进行了直接投资，实现非金融 OFDI 累计达 16062.5 亿美元，境外企业资产总额达 6 万亿美元。

国际金融危机之后，中国进出口贸易受到重创，对外直接投资成为中国企业开拓国际市场的新选择。2017 年，中国进出口贸易额为 41045 亿美元，同比增长 11.4%，实际利用外资 8775.6 亿元，全年利用外资规模创历史新高，同比增长 7.9%。相较于危机之前，中国进出口贸易和利用外资的增速已明显放缓，且长期贸易顺差的格局已悄然改变。从双向投资情况来看，中国对外直接投资流量已连续三年高于吸引外资，资本项目已经转变为逆差状态，我国正成为世界最大的资本输出国之一。由表 3-1 可知，自 2009 年以来，中国对外直接投资流量和存量分别以年均 15.8% 和 30.5% 的速度增长，所占全球当年流量的比重已由 2009 年的 5.1% 跃居至 2017 年的 11.1%，所占全球当年存量的比重则由 2009 年的 1.3% 跃居至 2017 年的 5.9%，上升幅度十分明显。

表3-1　金融危机后中国对外直接投资流量和存量的世界比重

单位：亿美元，%

年份	OFDI 流量			OFDI 存量		
	中国	世界	比重	中国	世界	比重
2009	565	11000	5.1	2458	189800	1.3
2010	688	13200	5.2	3172	204000	1.6
2011	747	16900	4.4	4248	211700	2.0
2012	878	13900	6.3	5319	235900	2.3
2013	1078	14100	7.6	6605	263100	2.5
2014	1231	13500	9.1	8826	257800	3.4
2015	1457	14700	9.9	10979	250400	4.4
2016	1962	14500	13.5	13574	261600	5.2
2017	1583	14300	11.1	18090	308400	5.9

资料来源：《中国对外直接投资统计公报》（2009~2017年）。

　　非金融类OFDI在我国对外资本输出中所占比重也是不断变化的。由图3-2和图3-3可知，非金融类OFDI流量和存量占全行业OFDI的比重大致为80%以上，表明我国实体经济类企业"走出去"程度较高，是当前我国OFDI的主体。2008年，我国非金融类OFDI比重出现大幅度跌落，投资流量比重从2006年的83.3%下降至2008年的74.9%，投资存量比重则从2006年的82.8%下降至2008年的80.1%。由此可见，金融危机对实体经济的不利影响已经波及我国的非金融类OFDI，虽然我国非金融类OFDI增长较快，但对外部冲击的敏感性也较大。然而，危机后的非金融类OFDI比重均出现了不同程度的上升，投资流量上升至88.1%，而投资存量上升至88.8%，这体现了在后危机时代，随着我国实体经济率先复苏，在国内结构调整的迫切要求下，OFDI成为我国企业参与国际竞争的新途径。这离不开政府在政策层面的推动，自党的十九大以来，随着我国经济进入高质量发展阶段，结构调整和生产方式转变成为经济增长的主要目标。在此背景下，"一带一路"倡议为我国企业OFDI提供了便利，较好地带动了非金融类OFDI比重的企稳回升。

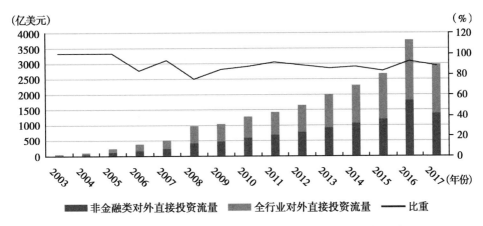

图 3-2 2003~2017 年我国非金融类 OFDI 流量及其所占比重

资料来源：《中国对外直接投资统计公报》（2003~2017 年）。其中，2003~2005 年全行业 OFDI 流量统计为非金融类 OFDI 流量，故比重取值为 100%。

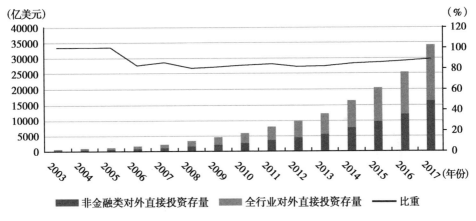

图 3-3 2003~2017 年我国非金融类 OFDI 存量及其所占比重

资料来源：《中国对外直接投资统计公报》（2003~2017 年）。其中，2003~2005 年全行业 OFDI 存量统计为非金融类 OFDI 存量，故比重取值为 100%。

3.1.2 中国 OFDI 的行业分布特征

通过行业分布能够透视中国 OFDI 的结构特征。由图 3-4 可知，截至 2017 年，中国 OFDI 流量超过 1000 亿美元的行业门类共有四个，即租赁和商务服务业、制造业、批发和零售业、金融业，行业累计流量达 1288.8 亿美元，占我国 OFDI 流量总额的 81.4%。其中，金融业投资流量金额为 187.9 亿美元，占比 11.9%；非金融行业投资流量金额为 1100.9 亿美元，占比 69.5%。

上述四大行业累计存量达 11852.9 亿美元，占我国 OFDI 存量总额的 65.6%。其中，金融业投资存量金额为 2017.9 亿美元，占比 11.2%；非金融行业投资存量金额为 9825 亿美元，占比 54.4%。虽然非金融类 OFDI 仍然构成我国 OFDI 的主要来源，但随着我国资本市场的日益完善，金融业 OFDI 也出现了高涨趋势。2017 年，中国金融业 OFDI 流量增长率达 25.9%，高于非金融业 OFDI 流量的平均增长率。

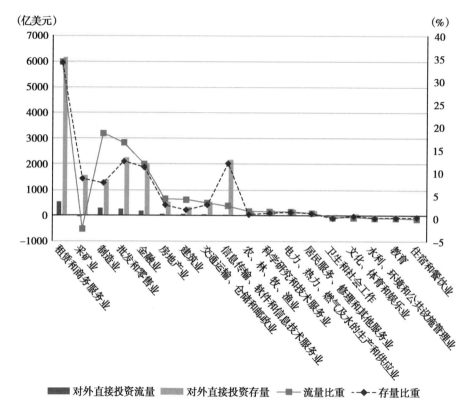

图 3-4　2017 年按门类行业分组的 OFDI 流量、存量及比重
资料来源：《2017 年度中国对外直接投资统计公报》。

此外，在非金融类 OFDI 的行业中，从 OFDI 流量来看，2017 年租赁和商务服务业保持第一位，流向该行业的投资为 542.7 亿美元，占全行业 OFDI 流量总额的 34.3%。制造业蝉联第二，流向该行业的投资为 295.1 亿美元，占全行业 OFDI 流量总额的 18.6%，两个行业之间的差距为 247.6 亿美元。有大量资本流入租赁和商务服务业这类非实体经济行业，流入制造业等实体经济行业的资本相对较少。但值得注意的是，流向租赁和商务服务业的投资已经出现了明显负增长，而流向制造业的投资则出现了 1.6% 的正增长。从 OFDI 存量来看，制造业 OFDI 额达 1403 亿美元，占比 7.8%，是 OFDI 总量中排名第六的行业，表明目前我国制造业 OFDI 基数仍然占有优势。事实上，从近十年来我国制造业 OFDI 的发展轨迹来看，增长幅度较为明显。2017 年中国制造业 OFDI 净额相当于 2003 年 6.2 亿美元的近 48 倍，保持了近 31.8% 的复合年增长率。况且，当前中国汽车制造、电子及通信设备制造等技术密集型制造业 OFDI 正呈现"异军突起"的态势，这对中国加速制造业升级以避免结构断层起到了十分重要的作用。

由图 3-5 可知，截至 2017 年，中国 OFDI 高度集中分布于第二产业和第三产业，两者累计流量额和存量额分别达 1557.8 亿美元和 17972.5 亿美元，分别占我国 OFDI 流量总额的 98.4% 和存量总额的 99.3%。如果不考虑金融业 OFDI，我国第三产业 OFDI 流量额和存量额分别为 1023.1 亿美元和 12411.4 亿美元，所占比重均在 60% 以上。中国 OFDI 高度集中分布于第三产业和第二产业的特征与我国 OFDI 的行业分布格局相适应，同时也间接衬托了中国 OFDI 背后的动机。从非金融类 OFDI 流量来看，租赁和商务服务业、批发和零售业这类行业所占比重较大，两者总额共达 805.8 亿美元，所占比重为 78.8%。由于这类行业中的企业通常会采取贸易类投资方式，经营目标多以拓宽海外市场和获得超额利润为主，说明中国第三产业非金融类 OFDI 为市场驱动型的。另外，第二产业占比达 20% 以上，其中制造业作为主要部门，投资流量额达 295.1 亿美元，所占比重为 85.1%；在 OFDI 存量上，第二产业中采矿业仍是投资存量最多的行业，投资存量为 1576.7 亿美元，制造业紧随其后，投资存量为 1403 亿美元。第二产业的存量数据说明获取海外稀缺或战略性资源一直以来都是作为中国 OFDI 的传统目标，充分表明了中国第二产业 OFDI 仍为资源驱动型为主。但流量数据中采矿业首次呈现负流量也能很好地说明中国第二产业的 OFDI 行业正在由资源驱动型逐步向多元化转型。关于制造业 OFDI 动机，由于细分行业中要素密集程度的差异，难以定论。据商务部统计资料显示，2017 年中国制造业 OFDI 涉及化学原料和化学制品制造、汽车制造、计算机/通信及其他电子设备、医药制造、铁路/船舶/航空航天和其他运输设备制造、非金属矿物制品、专用设备制造、橡胶和塑料制品、金属制品业、纺织、有色金属冶炼和压延加工业等制造业等诸多领域。其中既包括劳动、资本等要素投入程度较高的传统制造业部门，也不乏对技术水平要求较高的现代制造业部门，从细分行业的广泛分布来看，中国制造业 OFDI 动机更趋于多元化，既包括要素驱动型和市场驱动型，也包括技术驱动型。

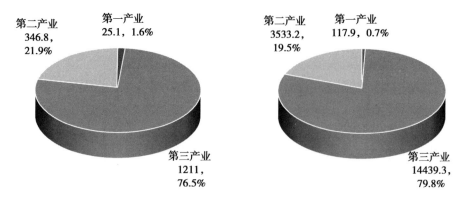

图 3-5　2017 年按三次产业分组的 OFDI 流量和存量比重

注：三次产业所属行业以《国民经济行业分类》（GB/T 4754–2011）标准为依据；左图对应于三次产业 OFDI 流量比重，右图对应于三次产业 OFDI 存量比重。右图第二产业中的采矿业不含开采辅助活动，制造业不含金属制品 / 机械和设备修理业；第一产业中不含农、林、牧、渔服务业。

资料来源：《2017 年度中国对外直接投资统计公报》。

3.1.3　中国 OFDI 的国内区域分布特征

通过地区分布能够透视中国 OFDI 的空间特征。金融危机之后，我国政府为继促进企业 OFDI 分别采取了六个方面的措施，具体包括完善管理办法、制定支持政策、健全服务体系、加强人员培训、构筑安全保障体系和加大投资促进力度等。虽然上述措施带来了中国 OFDI 额的逆势上升，但在区域分布上的差距仍凸显。截至 2017 年，我国东部沿海区域 OFDI 流量额和存量额累计达 642.4 亿美元和 6115.2 亿美元，分别占我国 OFDI 流量总额的 74.5% 和存量总额的 84.1%。2017 年我国 OFDI 流量前十位的省份除了中部地区重庆以外，大多为东部沿海省份，分别为上海、广东、浙江、山东、北京、江苏、海南、福建、天津。除了区域间 OFDI 差距较大以外，区域内各省份之间 OFDI 也有着较大差距。以东部省份 OFDI 流量排名第一的上海和排名第二的广东为例，两者投资额差距达 12.2 亿美元，接近同期山西投资额的 3 倍多。区域间和区域内各省份间的 OFDI 梯度差距的存在是制约我国 OFDI 规模提升的重要因素。

然而，相较于东部区域，西部区域 OFDI 增长更为迅猛。2017 年，西部区域 OFDI 流量的同期平均增长率达 60.36%，高于东部区域的 12.39%；西部地区 OFDI 存量的同期平均增长率则达 78.79%，也高于东部区域的 49.16%。西部区域 OFDI 增长率的提升有赖于相对落后省份的投资扩张，如西部区域较高的投资流量增长率主要由陕西省和西藏自治区所带动。这也表明西部区域具有更大的 OFDI 增长空间，尤其随着工业化进程加快和资本丰裕度提升，西部区域能以较快的速度实现投资总量的"赶超"，从长远来看，有利于缩小我国区域间 OFDI 差距和实现均衡化的"走出去"格局，具体情况如表 3-2 和图 3-6 所示。

表 3-2　2017 年地方 OFDI 流量、存量及增长率按省份分布情况

单位：亿美元，%

序号	省份	OFDI 流量	增长率	OFDI 存量	增长率
1	北京	66.51	−57.29	648.44	19.24
2	天津	23.05	−87.15	235.39	−10.24
3	河北	16.53	−45.14	111.05	28.71
4	山西	3.71	−34.91	25.62	−18.96
5	内蒙古	5.49	−68.68	54.06	8.92
6	辽宁	11.72	−37.10	132.51	0.24
7	吉林	2.27	10.59	39.87	17.71
8	黑龙江	5.14	−56.55	40.71	−29.09
9	上海	129.90	−45.80	1120.04	33.25
10	江苏	43.58	−64.29	403.17	15.37
11	浙江	106.60	−13.43	983.95	201.06
12	安徽	18.62	80.50	90.50	55.54
13	福建	28.25	−31.41	126.66	13.76
14	江西	5.98	−38.37	40.90	14.57
15	山东	78.75	−39.53	477.88	16.01
16	河南	18.23	−55.80	97.76	12.46
17	湖北	13.20	0.10	56.25	34.49
18	湖南	16.38	−21.86	104.46	2.67
19	广东	117.72	−48.73	1897.14	51.72

续表

序号	省份	OFDI 流量	增长率	OFDI 存量	增长率
20	广西	6.37	−55.51	37.65	9.69
21	海南	31.50	556.64	111.55	122.72
22	重庆	50.28	177.05	104.66	64.42
23	四川	17.66	25.05	76.10	30.14
24	贵州	0.37	−51.01	4.99	3.90
25	云南	14.74	−5.65	75.58	10.90
26	西藏	2.28	884.31	6.00	652.20
27	陕西	12.61	58.19	42.20	16.85
28	甘肃	4.84	−37.18	47.18	15.72
29	青海	0.11	−86.12	5.98	121.37
30	宁夏	0.97	−83.16	21.06	−14.86
31	新疆	7.85	−33.01	50.56	26.22

资料来源：《2017 年度中国对外直接投资统计公报》。

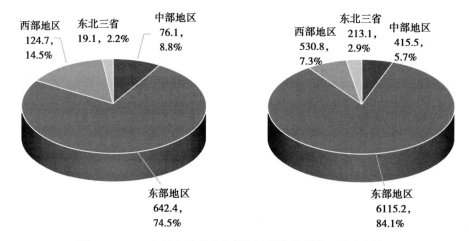

图 3-6　2017 年地方对外直接投资流量和存量按区域分布情况

注：东部地区包括北京市、天津市、河北省、山东省、江苏省、浙江省、上海市、福建省、广东省和海南省；中部地区包括山西省、河南省、湖北省、湖南省、安徽省和江西省；西部地区包括内蒙古自治区、广西壮族自治区、重庆市、四川省、贵州省、云南省、陕西省、甘肃省、青海省、宁夏回族自治区、新疆维吾尔自治区和西藏自治区；东北三省包括吉林省、黑龙江省、辽宁省。左图对应于四大地区非金融类 OFDI 流量比重，右图对应于四大地区非金融类 OFDI 存量比重。

资料来源：《2017 年度中国对外直接投资统计公报》。

3.1.4 中国 OFDI 的国别分布特征

中国 OFDI 在国别或地区分布上的集聚特征也十分明显。截至 2017 年，中国在全球 189 个国家或地区均有投资分布，投资覆盖率高达 80.8%。其中，在中国 OFDI 流量排名前 20 的国家或地区中，共有 16 个国家或地区的投资流量在 10 亿美元以上，包括中国香港、英属维尔京群岛、瑞士、美国、新加坡、澳大利亚、德国、哈萨克斯坦、英国、马来西亚、印度尼西亚、俄罗斯、卢森堡、瑞典、老挝和泰国，投资流量累计达 1516.4 亿美元，占我国 OFDI 流量总额的 95.8%（见表 3-3）。中国香港、开曼群岛、英属维尔京群岛、卢森堡等是中国境外资本的主要聚集区，投资存量总额达 13669.5 亿美元，所占比重为 75.5%；然而，由于中国企业对这些地区的投资多以商务服务业为主，且多为资本的境外集散地和避税港，往往无法真实地反映中国 OFDI 的真正规模。因此，在排除了这些国家和地区后，2017 年中国 OFDI 存量达 4420.9 亿美元，所占比重不到 25%，这也说明中国 OFDI 所产生的实际财富效应并不明显。

表 3-3　2017 年中国对主要国家或地区的 OFDI 情况

单位：亿美元，%

序号	国家 / 地区	OFDI 流量	比重	OFDI 存量	比重
1	中国香港	911.5	57.6	9812.66	54.2
2	英属维尔京群岛	193.0	12.2	1220.61	6.7
3	瑞士	75.1	4.7	81.12	0.5
4	美国	64.2	4.0	673.81	3.7
5	新加坡	63.1	4.0	445.68	2.5
6	澳大利亚	42.2	2.7	361.75	2.0
7	德国	27.2	1.7	121.63	0.7
8	哈萨克斯坦	20.7	1.3	75.61	0.4
9	英国	20.7	1.3	203.18	1.1
10	马来西亚	17.2	1.1	49.15	0.3
11	印度尼西亚	16.8	1.1	105.39	0.6
12	俄罗斯	15.5	1.0	138.72	0.8
13	卢森堡	13.5	0.8	139.36	0.8

续表

序号	国家/地区	OFDI 流量	比重	OFDI 存量	比重
14	瑞典	12.9	0.8	73.07	0.4
15	老挝	12.2	0.8	66.55	0.4
16	泰国	10.6	0.7	53.59	0.3
17	法国	9.5	0.6	60.66	0.3
18	越南	7.6	0.5	49.65	0.3
19	柬埔寨	7.4	0.5	54.49	0.3
20	巴基斯坦	6.8	0.4	57.10	0.3

资料来源:《2017 年度中国对外直接投资统计公报》。

中国对经济体的投资构成也存在差异。自 2015 年以来,虽然中国对发达国家经济体和发展中国家经济体的 OFDI 存量均呈上升趋势,但后者增速明显快于前者。其中,流向发展中国家经济体的投资存量由 2015 年的 9208.9 亿美元连续上升至 2017 年的 15524.8 亿美元,上升幅度高达 68.0%;流向发达国家经济体的投资流量由 2015 年的 1536.5 亿美元连续上升至 2017 年的 2291.3 亿美元,上升幅度为 49.1%。增长幅度差异最终造成中国对发展中国家经济体和发达国家经济体的 OFDI 存量比重呈现相反的变化,对前者的投资由 2015 年的 83.9% 迅速上升至 2017 年的 85.8%,而对后者的投资则由 2015 年的 14.0% 迅速跌落至 2017 年的 12.7%。说明中国海外投资的首选地为发展中国家经济体,这固然与企业规模和发达国家的投资进入门槛有关,反映了企业通过 OFDI 以利用发展中国家廉价要素和获取战略性资源的迫切需要和动机现实。

从中国 OFDI 的洲别分布来看,亚洲和拉丁美洲是中国资本流入的主要地区。其中,截至 2017 年,在亚洲地区的投资流量和存量分别达 1100.4 亿美元和 11393.2 亿美元,所占比重为 69.5% 和 63.0%,主要分布在中国香港、新加坡、印度尼西亚等国家或地区。在拉丁美洲的投资流量和存量分别达 140.8 亿美元和 3868.9 亿美元,所占比重达 8.9% 和 21.4%,主要分布在开曼群岛、英属维尔京群岛等国家或地区。欧洲、北美洲、大洋洲和非洲等地区的 OFDI 流量分别占 11.7%、4.1%、3.2% 和 2.6%,OFDI 存量分别占 6.1%、4.8%、2.3% 和 2.4%(见图 3-7)。在排除海外资本转移和避税因素之后,亚洲地区的投资流量和存量分别下降至 188.9 亿美元和 1580.5 亿美元,这与中国对欧美等

OFDI 状况相似。由于中国香港具有临近优势，经济联系较为紧密，社会文化相近，这为中国绝大部分资本转入中国香港提供了客观条件，成了亚洲地区投资比重较高的重要因素。

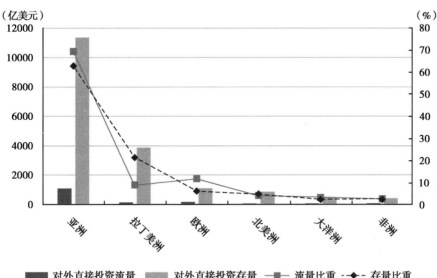

图 3-7　2017 年中国 OFDI 的地区分布情况

资料来源：《2017 年度中国对外直接投资统计公报》。

3.1.5　中国 OFDI 与人民币汇率波动、对外产业转移的关联性分析

我国最早通过吸引外商直接投资（Inward Foreign Direct Investment，IFDI）来获取海外资本和先进的生产技术，在改革开放初期，我国通过出台外商投资产业指导目录与外资企业在华经营的相关法律法规，明确指出要给予外资企业"超国民待遇"和一些"普适性"优惠政策；2006 年我国在颁布的《指导外商投资方向规定》中对外资企业的"超国民待遇"政策进行了重大调整，规定外资企业与本土企业税率并轨；然而，我国各地方政府仍出台了系列替代性产业政策来吸引外资企业，促使中外合资企业大量涌现；2019 年 3 月我国十三届全国人大二次会议审议正式通过了《中华人民共和国外商投资法》，确立了外商投资准入、促进、保护、管理等方面的基本制度框架和规则。虽然我国引资政策不断在发生变化，但在对招商引资的重视程度上是一贯的，

自改革开放以来我国 IFDI 规模的迅速增长已成事实。UNCTAD 数据显示，我国 IFDI 流量金额由 1981 年的 2.65 亿美元增长至 2017 年的 1340.63 亿美元，36 年间增长了近 506 倍，2014 年我国实际利用外资流量金额达 1285 亿美元，成为全球第一大外资流入国，其间保持着近 21% 的年均增长率。

我国"走出去"战略是在 1997 年党的十五大上正式提出的；2003 年 10 月，党的第十六届三中全会通过的《关于完善社会主义市场经济体制若干问题的决定》中指出，要继续实施"走出去"战略；2012 年党的十八大强调，要加快"走出去"步伐，增强国际化经营能力，培养一批世界水平的跨国公司。积极从事 OFDI 是新时期我国主动参与 GVCs 分工和全面利用国内国外两个市场、资源来谋发展的重要举措。相较发达国家而言，我国 OFDI 起步较晚、底子薄，近年来，在国家政策重点支持之下却呈现后来居上的发展势头。UNCTAD 数据显示，我国 OFDI 流量金额由 1982 年的 0.44 亿美元增长至 2017 年的 1582.9 亿美元，35 年间增长了近 3598 倍；尤其是自 2000 年以来，我国 OFDI 规模增长开始发力，2014 年我国 OFDI 流量金额达 1231.2 亿美元，首次突破千亿美元；2015 年我国 OFDI 流量金额达 1456.7 亿美元，超过实际利用外资流量金额 1356.1 亿美元并成为全球第三大资本来源国；截至 2017 年末，我国 OFDI 流量规模已达 1582.9 亿美元，位居全球第二，35 年间保持着近 26% 的年均增长率。

总体来看，我国双向直接投资变化与国家外汇储备增减和汇率波动有着高度相关性。自 1994 年我国开始实施"以市场供求为基础，单一的有管理的浮动汇率制"改革以来，1994~2014 年，人民币汇率的浮动基本呈现逐年下降的演变趋势，由最初的 8.6187 元 / 美元跌至 2014 年的 6.1434 元 / 美元，说明人民币升值趋势明显，而在该阶段我国国际收支呈现经常账户、资本与金融账户的双顺差态势，外汇储备增长速度尤为迅猛。国家外汇管理局数据显示，1981~2014 年我国外汇储备增量保持着持续上升的趋势，由最初的 516.2 亿美元增长至 38400 亿美元，33 年间保持着 14% 的年均增长率。自 2014 年以来，人民币汇率开始出现上升，由 2014 年的 6.1434 元 / 美元攀升至 2017 年的 6.7588 元 / 美元，人民币正式进入下行区间，而该区间正是我国 OFDI 规模加速扩张期，国际外汇储备出现下降。国家外汇管理局数据显示，2014~2017 年我国外汇储备增量呈现负增长，由 2014 年的 38400 亿美元跌至 2017 年的 31399 亿美元，3 年间保持着 -6% 的年均增长率（见图 3-8）。

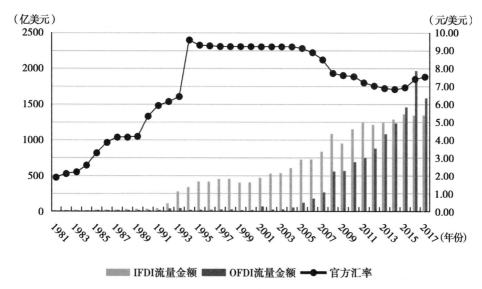

图 3-8　1981~2017 年中国双向直接投资与官方汇率的走势

注：IFDI 流量金额、OFDI 流量金额的单位均为亿美元（左轴），官方汇率指相当于 1 美元的人民币的年度平均值（右轴）。

资料来源：双向直接投资流量金额来源于 UNCTAD 数据库，官方汇率来源于世界银行 WDI 数据库。

人民币汇率波动也会产生价格传递，与我国进出口贸易价格指数、进口商品市场份额之间存在着紧密联系。如图 3-9 所示，2000~2014 年，人民币汇率不断下降，出现了持续升值。随之而来的便是出口价格指数和进口价格指数的波动式下降以及进口商品占比的波动式上升。其中，出口价格指数由 2000 年的 100 跌至 2014 年的 98.51，进口价格指数由 2000 年的 100 跌至 2014 年的 87.74，进口商品占比则由 2000 年的 18.58% 攀升至 2014 年的 18.77%，说明人民币升值对我国进口价格具有抑制作用，并会增加我国进口商品占比，对我国出口价格也具有抑制作用。2014~2017 年，人民币汇率不断上升，出现了持续贬值。随之而来的便是出口价格指数和进口价格指数的波动式上升以及进口商品占比的波动式下降。其中，出口价格指数由 2014 年的 98.51 攀升至 2017 年的 103.08，进口价格指数由 2014 年的 87.74 攀升至 2017 年的 99.36，进口商品占比则由 2014 年的 18.77% 跌至 2017 年的 15.18%，说明人民币贬值对我国进口价格具有拉升作用，并会减少我国进口商品占比，对我国出口价格也具有拉升作用。还应看到，人民币汇率波动与我国进出口贸易价格指数、进口商品市场份额之间的关系并非呈现绝对线性的，尤其是人民币汇率波动与出口价格之间的关系难以理解。事实上，这意味着人民币汇率波动可能具有非完全价格传递效应，集中表现为人民币汇率波动与我国出口价格变化之间存在"脱钩"现象。

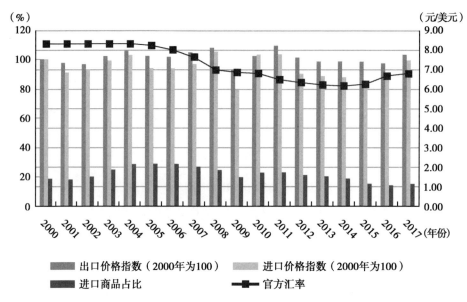

图 3-9　2000~2017 年中国官方汇率、进出口价格指数与进口商品占比的走势

注：进出口价格指数均相对于 2000 年为基年度量。商品进口表明收到的来自世界其他地方的以现价美元计算的商品的离岸价值，进口商品占比表示为进口商品贸易额占 GDP 的比重。

资料来源：进出口价格指数来源于《中国统计年鉴 2018》，进口商品占比、官方汇率数据来源于世界银行 WDI 数据库。

长期"两头在外"的经济增长模式导致我国 GVCs"低端锁定"现象严重，国内产业出现严重的产能过剩情形，不利于经济的可持续发展。这一问题主要凸显于后金融危机时期，因国际经济复苏迟缓和贸易保护主义的抬头，中国传统贸易模式受到巨大冲击，出口增速迅速下滑。2017 年，中国出口增长率仅为 5.77%，明显低于危机前的平均增速。在此背景下，中国 OFDI 规模显著提升，通过"走出去"实现对外产业转移是化解我国粗放型发展模式中过剩产能的重要举措。对外产业转移是国内产业结构调整的方式之一，通过产业结构调整幅度可对对外产业转移效果进行综合评判，由于产业结构变化必然会引起贸易商品结构变化，故最终可通过进出口商品贸易结构演变，能有效认识中国对外产业转移效果。

在出口方面，自 21 世纪以来，中国出口规模不断扩大。其中，初级产品出口额和工业制成品出口额均大致呈逐年上升趋势（2009 年除外），尤其是中国加入 WTO 以后，工业制成品上升幅度进一步提升。由图 3-10 可知，2003~2006 年，初级产品出口额从 348.06 亿美元增长至 529.19 亿美元，增长幅度为 52.04%，工业制成品出口额则从 4034.22 亿美元增长至 9160.17 亿美元，增长幅度为 127.06%，说明自加入 WTO 后，中国工业制成品出口增速便高于初级产品的出口增速。2007~2017 年，初级产品出口增长仍较为平稳，年平均增速仅为 7.60%，然而工业制成品出口额增长则相对较快，年平均增

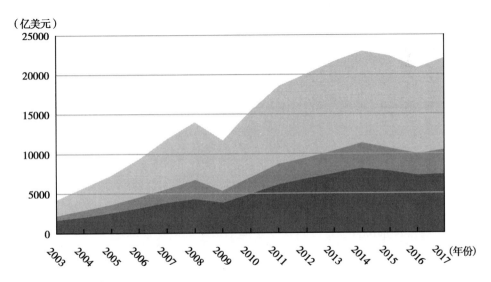

图 3-10　2003~2017 年中国不同类型制造业出口额

　　注：根据 2017 年最新的国民经济行业分类，劳动密集型产业（代码）包括：13 农副食品加工业；14 食品制造业；15 饮料制造业；17 纺织业；18 纺织服装、鞋、帽制造业；19 皮革、毛皮、羽毛（绒）及其制品业；20 木材加工及木、竹、藤、棕、草制品业；21 家具制造业；22 造纸及纸制品业；23 印刷和记录媒介复制业；24 文教体育用品制造业；29 橡胶制品业；30 塑料制品业；31 非金属矿物制品业；34 金属制品业；42 工艺及其他制造业。资本密集型产业（代码）包括：16 烟草制品业；25 石油加工、炼焦及核燃料加工业；26 化学原料及化学制品制造业；28 化学纤维制造业；32 黑色金属冶炼及压延加工业；33 有色金属冶炼及压延加工业。技术密集型产业（代码）包括：27 医药制造业；35 通用设备制造业；36 专用设备制造业；37 交通运输设备制造业；39 电气机械及器材制造业；40 通信设备、计算机及其他电子设备制造业；41 仪器仪表及文化、办公用机械制造业。

　　资料来源：三类出口数据根据 UNCOMTRADE 数据库整理得到。

速达 10.24%。截至 2017 年，工业制成品出口额为 21455.86 亿美元，相较于 2006 年的 9160.17 亿美元增长了 134.23%，高于初级产品的出口幅度。尽管经历了 2008~2009 年全球经济危机的冲击，我国初级产品和工业制成品出口额分别出现了 -23.54% 和 -18.81% 的负增长，但在接下来的 5 年内，两者均保持平稳回升态势。另外，初级产品和工业制成品出口规模的变化最终反映于各自所占出口比重上。从 2003 年开始，我国初级产品出口比重和工业制成品出口比重表现为背道而驰的趋势，前者稳步下降，后者则稳步上升。2006 年后，初级产品出口比重首次下降至 5% 以下，而工业制成品比重则相应上升至 90% 以上。截至 2017 年，工业制成品出口比重高达 94.86%，而初级产品出口比重仅为 5.21%，反映我国出口商品贸易结构呈现不断升级的态势。

本书利用 2002 年版《国民经济分类标准》将制造业分为 29 个行业，将其与 HS96 版产品进行对应，通过分析制造业各行业 RCA 指数以刻画我国对外产业转移的行业和区位特征。借鉴张其仔和李蕾（2017）的方法，本书将制造业行业划分为劳动密集型行业、资本密集型行业和技术密集型行业进行分析。整体来看，中国劳动密集型行业的 RCA 指数呈现下降趋势，而资本密集型行业和技术密集型行业的 RCA 指数呈现逐步上升态势（见图 3-10），随着国内劳动力成本上升，以加工制造业为首的劳动密集型制造业在中国的比较优势日益下跌，这也为资本密集型和技术密集型行业的发展成为支柱产业提供了机遇，反映了制造业的结构性升级过程。具体到各制造行业，通用设备制造业，专用设备制造业，电气机械及器材制造业和通信设备，计算机及其他电子设备制造业等技术密集型行业的 RCA 指数呈现加速上升趋势；农副食品加工业，食品饮料制造业，纺织业等劳动密集型行业，烟草制品业，石油加工、炼焦及核燃料加工业，有色金属冶炼及压延加工业等资本密集型行业的 RCA 指数快速下降的趋势明显，说明中国制造业出口贸易结构正在走向高端化，而出口贸易结构调整必然与资源在不同行业间配置的动态变化相联系，离不开产业资本在全球范围内的流动。尤其随着劳动密集型制造行业面临越来越高的成本束缚，自然成为当前中国企业对外转移的重点领域。

3.2　中国制造业高质量发展现状

3.2.1　中国制造业服务化的发展现状

近年来，我国制造业生产过程中的服务投入呈现加速增长的趋势。图3-11显示，2000~2014年，制造业的服务投入金额由2000年的24亿美元迅速攀升至2014年的232亿美元，增长了近9.67倍，其间保持着17.6%的年均增长率。2000~2014年我国制造业的服务投入的规模呈现明显上升趋势，而该阶段正是我国双向直接投资的扩张期与外汇储备的增长期。对于不同的制造行业，其生产过程对服务投入的依赖程度也有所不同，具有高度的行业异质性。总量数据不足以精确刻画制造行业层面的投入服务化水平，需要利用更加精确的指数加以衡量。

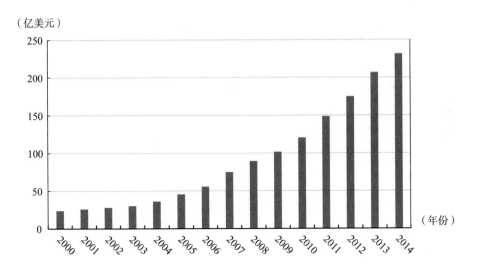

图3-11　2000~2014年中国制造业的服务投入金额

注：制造业投入金额为所有制造行业的本地生产与进口服务业中间商品投入金额的总和。

资料来源：服务投入金额根据 WIOD 数据库整理得到。

参考 Shepherd 和 Günter（2010）的研究，需要采用世界投入产出数据库（World Input–Output Database，WIOD）中的历年中国行业层面投入产出表核算得到直接消耗系数与完全消耗系数。其中，直接消耗系数 $\text{Ser}_k^{\text{direct}}$ 表示制造行业 k 生产过程中对服务要素的直接消耗份额，完全消耗系数 Ser_k^{total} 既包括制造行业 k 对服务要素的直接消耗份额，也包括其通过关联产业产生的间接消耗份额，两者关系表现为 $B=(I-A)^{-1}-I$，这里 A 为直接消耗系数矩阵，I 为单位矩阵，$(I-A)^{-1}$ 为里昂惕夫逆矩阵。具体计算公式如下：

$$Ser_k^{direct} = a_{sk} = \frac{\sum_s x_{sk}}{\sum_q x_{qk}} \tag{3-1}$$

$$Ser_k^{total} = a_{sk} + \sum_{l=1}^{I} a_{sl}a_{lk} + \sum_{n=1}^{I}\sum_{l=1}^{I} a_{sn}a_{nl}a_{lk} + \cdots \tag{3-2}$$

其中，x_{sk} 表示制造行业 k 对服务行业 s 的直接消耗量，x_{qk} 表示制造业行业 k 对任一行业 q 的直接消耗量。a_{sk} 表示制造行业 k 对服务行业 s 的直接消耗系数，$\sum_{l=1}^{I} a_{sl}a_{lk}$ 表示制造行业通过行业 l 对服务行业 s 的第一轮间接消耗程度，$\sum_{n=1}^{I}\sum_{l=1}^{I} a_{sn}a_{nl}a_{lk}$ 表示制造行业 k 通过行业 l 再通过行业 n 对服务行业 s 的第二轮间接消耗程度，以此类推。相较于直接消耗系数，完全消耗系数能够更加完整地刻画制造行业层面的服务化水平，不失一般性，本章采用完全消耗系数作为服务化水平的测度指标。

表 3-4 给出了我国制造行业层面的服务化水平均值。服务化水平均值较低的行业为农副食品加工业、食品及饮料制造业、纺织及服装制造业、木材家具制造业等劳动密集型行业，服务化水平均值较高的行业为设备制造业、医药制造业、交通运输设备制造业、电气机械及器材制造业及计算机精密仪器制造业等技术密集型行业，其他资本密集型制造行业的服务化水平则处于中游位置；各制造行业与全行业的服务化水平按年份呈现攀升态势。对比发现，排名靠前的制造行业大多是技术密集型行业，而排名靠后的制造行业大都是劳动密集型和资本密集型行业。深入考察制造行业特征可知，较之于劳动密集型和资本密集型行业，技术密集型行业技术含量较高，生产工艺较复杂和产品生命周期较长，对服务要素的依赖度较强，服务化水平相对更高。

根据投入服务要素的类型还可将制造业服务化划分为专业科技服务化、批发零售服务化、信息通信服务化、金融保险服务化、运输仓储服务化五类。我国制造业专业科技服务化、批发零售服务化、运输仓储服务化、金融保险服务化四类服务化水平较高且均呈现上升趋势，然而，信息通信服务化水平

表 3-4　我国制造行业层面的服务化水平

行业代码	行业名称	2008 年	2010 年	2012 年	2014 年
C13	农副食品加工业	0.3022	0.3105	0.3208	0.3617
C14	食品制造业	0.3022	0.3105	0.3208	0.3617
C15	酒、饮料和精制茶制造业	0.3022	0.3105	0.3208	0.3617
C17	纺织业	0.3562	0.3776	0.3903	0.4428
C18	纺织服装、服饰业	0.3562	0.3776	0.3903	0.4428
C19	皮革、毛皮、羽毛及其制品和制鞋业	0.3562	0.3776	0.3903	0.4428
C20	木材加工及木、竹、藤、棕、草制品业	0.3405	0.3431	0.3438	0.3857
C21	家具制造业	0.3818	0.3016	0.3147	0.3650
C22	造纸和纸制品业	0.3606	0.3942	0.4159	0.4613
C23	印刷和记录媒介复制业	0.3210	0.3820	0.4063	0.4622
C24	文教、工美、体育和娱乐用品制造业	0.3880	0.3016	0.3147	0.3650
C25	石油加工、炼焦及核燃料加工业	0.4324	0.3408	0.3829	0.4082
C26	化学原料和化学制品制造业	0.3880	0.4038	0.4409	0.4891
C27	医药制造业	0.3934	0.4374	0.4532	0.5009
C28	化学纤维制造业	0.3800	0.4038	0.4409	0.4891
C29	橡胶和塑料制品业	0.3574	0.4239	0.4527	0.5024
C30	非金属矿物制品业	0.3574	0.3995	0.4223	0.4656
C31	黑色金属冶炼和压延加工业	0.3892	0.3762	0.4042	0.4530
C32	有色金属冶炼和压延加工业	0.4155	0.3762	0.4042	0.4530
C33	金属制品业	0.4155	0.4247	0.4518	0.5044
C34	通用设备制造业	0.4680	0.4491	0.4767	0.5282
C35	专用设备制造业	0.4145	0.4491	0.4767	0.5282
C36	汽车制造业	0.4385	0.4911	0.5345	0.5749
C37	铁路、船舶、航空航天和其他运输设备制造业	0.4875	0.4375	0.4636	0.5028
C38	电气机械和器材制造业	0.4155	0.4669	0.4919	0.5488
C39	计算机、通信和其他电子设备制造业	0.3003	0.5067	0.5331	0.5846
C40	仪器仪表制造业	0.3003	0.4491	0.4767	0.5282
C41	其他制造业	0.3003	0.3016	0.3147	0.3650
C42	废弃资源综合利用业	0.3003	0.3016	0.3147	0.3650

注：完全消耗系数是衡量制造业直接消耗与间接消耗服务投入的指数。

资料来源：服务投入金额根据 WIOD 数据库整理得到。

较低且呈现不断下降趋势。以 2014 年为例，按照完全消耗系数均值核算的服务化水平由高到低排序依次是：批发零售服务化 > 运输仓储服务化 > 专业科技服务化 > 金融保险服务化 > 信息通信服务化（见图 3-12）。

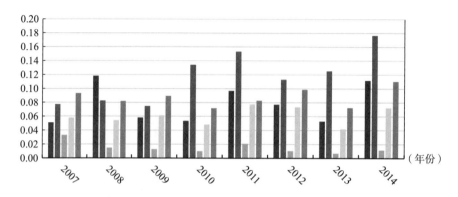

■专业科技服务化 ■批发零售服务化 ■信息通信服务化 ■金融保险服务化 ■运输仓储服务化

图 3-12　2007~2014 年制造业服务要素投入结构

注：制造业的服务类型分类标准参考胡昭玲等（2017）的研究。
资料来源：服务投入金额根据 WIOD 数据库整理得到。

3.2.2　中国制造业金融化的发展现状

随着我国金融市场发展日趋成熟，金融资产日益积累，我国经济金融化程度有上升的趋势，表现为资源在金融投资和实业投资的分配比例改变，带动金融部门和实业部门投资收益改变，最终转变资金持有者的投资偏好和整个系统的资金流向（吴金燕和滕建州，2020）。由于经济金融化可通过金融机构人民币年存贷款余额占国内生产总值的比重衡量，本部分采用该方式测算了 1978~2017 年间中国经济金融化水平，如图 3-13 所示。总体上，中国经济金融化水平呈明显的上升趋势，由改革开放初期的 0.8279 上涨至 2017 年的 3.4162，上涨了 4.13 倍。经济金融资本的"大爆炸"是随着中国金融市场化改革的持续推进而相继产生的，新的金融产品和理财产品不断涌现，企业购买这类产品的门槛越来越低，在经济不景气时，实体资本脱离生产领域进入金融领域的现象已较为普遍。

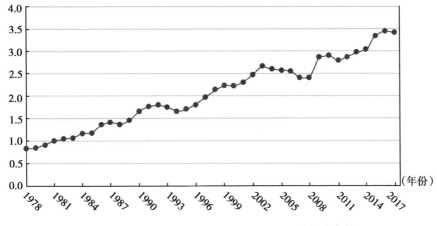

图3-13 1978~2017年中国经济金融化指数的走势

注：经济金融化指标的选取参考叶凡等（2015）的研究。

资料来源：金融机构人民币存贷款余额和国内生产总值数据根据国家统计局整理得到。

制造业企业金融化是经济金融化的微观表现，会撕裂虚拟经济和实体经济的共生联动性，容易催生金融泡沫和弱化实体经济的基础性作用（刘贯春等，2020）。参考《企业会计准则第22号——金融工具确认和计量》，本部分使用上市公司交易性金融资产、可供出售金融资产、持有至到期资产、发放贷款及垫款、衍生金融资产、长期股权投资和投资性房地产7类金融资产与总资产的比值衡量制造业企业金融化水平。我国制造业上市公司会基于市场收益的考虑而在主业与金融部门投资之间进行权衡取舍。2007~2011年，制造业上市公司金融化水平由6.4718%跌至最低点3.7281%，这与金融危机导致企业对金融资产风险规避与收益信心不足有关，之后则缓慢回调至2014年的最高点4.1892%，这主要是我国经济复苏带来了国内资本市场表现强劲，促进了制造业上市公司对金融资产的需求回暖。从目前制造业上市公司金融资产持有结构来看，持有比例较高的是衍生金融资产、长期股权投资等。

从行业层面来看，企业金融资产规模排在前列的行业包括食品、饮料与烟草业，废品回收业，木材制品业，纺织业等劳动密集型行业，规模适中的行业是化学制品业、机械制造业、交通运输设备制造业等技术密集型行业，规模较小的行业包括造纸与印刷业、金属制品业、橡胶与塑料业、金属冶炼及压延加工业等资本密集型行业。相较于资本密集型和技术密集型行业，劳动密集型行业金融投资规模更大（见图 3–14），这与当前我国劳动密集型行业对国际经济环境和生产成本变化较为敏感有关。长期以来，我国制造业根基在于出口导向型劳动密集型加工制造业，在后危机时代，国际需求不振导致了国际贸易的全面萎缩，逆全球化的贸易保护主义暗潮汹涌，加上国内劳动力、资本、土地等生产要素成本的不断攀升，导致了我国加工制造业的发展面临巨大压力，日益艰难的生存环境致使劳动密集型行业企业增加金融资产投资规模来获取高收益。

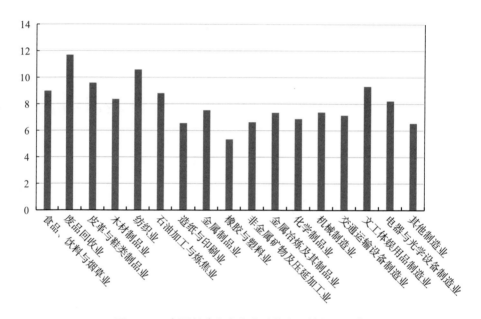

图 3–14 中国制造业企业金融化水平的行业分类

注：制造业企业金融化指标的选取参考杜勇等（2017）的研究。

资料来源：根据 Wind 数据库整理得到。

3.3 中国经济增长与制造业全球价值链的发展现状

3.3.1 中国经济增长的发展现状

中国经济增长的腾飞始于改革开放，40 多年来，中国在工业制造领域的发展举世瞩目，成为驱动经济增长的重要力量。1978 年，中国全年国内生产总值仅为 3678.7 亿元，工业增加值仅为 1621.4 亿元，仅高于农林牧副渔业增加值近 600 亿元,改革开放初期的中国处于农业国与工业国的交替阶段,工业基础并不牢固。时至 20 世纪末,中国工业增加值"破万"并进入了增长的"快车道",与此同时,国内生产总值也持续发力,长期保持着两位数的增长率。此后,中国工业与农林牧副渔业的增加值差距不断扩大,截至 2016 年,中国工业增加值达 275119.3 亿元,占国内生产总值的比重达 33%,远高于农林牧副渔业的 8%,无疑成为经济增长的"引擎"(见图 3-15)。

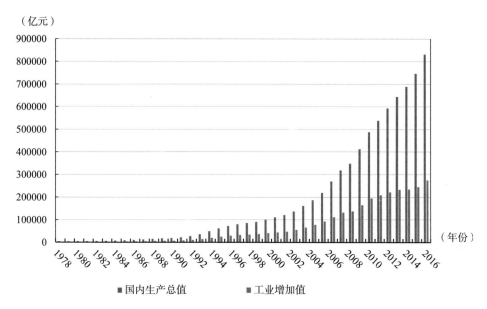

图 3-15　1978~2016 年中国经济增长规模的走势

注:行业分类采用《国民经济行业分类》(GB/T 4754 — 2017)。

资料来源:国内生产总值和工业增加值数据根据国家统计局整理得到。

中国经济除了规模不断扩张,其经济增长质量上升明显。因单一指标所涵盖的信息有限,在衡量经济增长质量时可能会遗漏其他因素,参考钞小静和任保平(2011)的研究,考虑到数据的可获得性,构建经济增长质量综合评价指标体系,包含经济增长效率、经济增长稳定性和经济增长可持续性 3 个类别、11 个分项指标和对应的基础指标,如表 3-5 所示。由于各基础指标的方向不统一,因此本部分对负向指标取倒数,使其具有正向性质,在对各指标进行无量纲处理的基础上,本部分利用主成分分析法测算中国历年经济增长质量综合指数(杨巧和陈虹,2021)。测算结果如图

3–16 所示。虽然中国经济增长质量综合指数存在波动，但大体呈现上升的趋势，在 1978~1993 年的大部分年份内，该指数为负，而在 1993 年之后，中国经济增长质量综合指数始终大于 0，直到增长至 2013 年最高点 7.78，而后下降至 2016 年 6.43。事实上，近年来中国经济增长质量下滑与人口、资源红利消失，经济增长速度下滑（从高速增长区间向中高速增长区间换挡）、城乡之间和区域之间经济发展不平衡，以及环境质量恶化等因素有关。

表 3–5　中国经济增长质量综合评价指标体系

分类指标	分项指标	基础指标	指标性质
经济增长效率	要素生产率	资本生产率	正向
		劳动生产率	正向
		全要素生产率	正向
	要素市场效率	非农产业就业人数 / 总就业人数	正向
	产品市场效率	社会商品零售总额 / 非农产业增加值	正向
经济增长稳定性	经济稳定	经济增长波动率	负向
	就业波动	城镇登记失业率	负向
	产业结构	产业结构升级指数	正向
		产业结构合理化指数	负向
	成果分配	职工平均工资	正向
经济增长可持续性	环境污染	单位产出工业废水排放量	负向
		单位产出工业二氧化硫排放量	负向
	对外开放	外商直接投资 /GDP	正向
	人力资本	财政教育支出比重	正向
		高等教育人口比重	正向
	科技创新	财政科技支出比重	正向

注：指标体系的构建参考钞小静和任保平（2011）的研究。
资料来源：根据国家统计局整理得到。

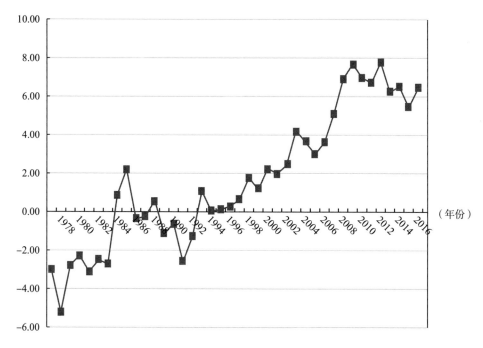

图 3-16　1978~2016 年中国经济增长质量综合指数的走势

注：指标体系的构建参考钞小静和任保平（2011）的研究。

资料来源：笔者计算。

3.3.2　中国制造业全球价值链的发展现状

借助于经济全球化的浪潮，中国凭借其在加工制造业领域的比较优势，成为 GVCs 中不可分割的一环。针对 GVCs 嵌入程度，已有研究发现中国制造业整体参与 GVCs 分工的程度提高，但发展却趋于弱化（张彬和桑百川，2015）；针对分工地位，中国制造业 GVCs 分工地位偏低，中高技术产品的分工地位要明显低于低技术产品，从时间演变趋势来看，中国制造业 GVCs 分工地位呈现不断攀升的态势（胡昭玲和宋佳，2013）。为了从数据上更加清晰准确地评价中国制造业 GVCs 嵌入程度和分工地位，参考现有文献的一般化方法，在 Koopman 等（2010）的研究框架下予以测算。公式如下：

$$\text{GVC\_Participation}_{ir} = \frac{\text{IV}_{ir}}{\text{E}_{ir}} + \frac{\text{FV}_{ir}}{\text{E}_{ir}} \qquad (3\text{-}3)$$

$$\text{GVC\_Position}_{ir} = \ln\left(1 + \frac{\text{IV}_{ir}}{\text{E}_{ir}}\right) - \ln\left(1 + \frac{\text{FV}_{ir}}{\text{E}_{ir}}\right) \qquad (3\text{-}4)$$

其中，下标 r 表示国家，这里是指中国，下标 i 表示产业，这里是指制造行业。IV_{ir}、FV_{ir} 和 E_{ir} 分别表示中国制造业国内间接附加值、国外附加值和出口附加值总额。IV_{ir}/E_{ir} 表示制造业国内间接附加值占出口附加值总额的比重，比重大表明中国制造业在国际分工中处于上游；FV_{ir}/E_{ir} 表示制造业国外附加值占出口附加值总额的比重，比重大表明中国制造业在国际分工中处于下游。鉴于此，制造业 GVCs 嵌入程度指数与国内外附加值的占比成正比，而制造业 GVCs 地位指数取值越大，表明中国制造业所处的国际分工地位越高。

图 3-17 表明，中国制造业整体 GVCs 嵌入程度指数呈 "V" 形发展趋势，且 GVCs 参与度指数基本保持在 0.7 以上，表明我国制造业参与 GVCs 的程度较高且稳定。2007~2010 年，中国制造业 GVCs 嵌入程度指数大幅度下滑，主要受到金融危机的影响，全球经济萧条，外部市场需求乏力造成中国制造业 GVCs 参与度遭受不利冲击；2010~2015 年，中国制造业 GVCs 嵌入程度指

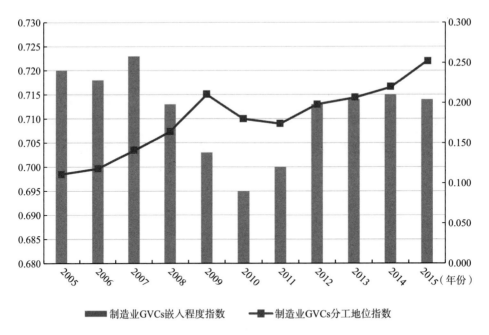

图 3-17 中国制造业整体的 GVCs 参与度指数和分工地位指数

注：GVCs 参与度指数和分工地位指数的计算方法参考 Koopman 等（2010）的研究。

资料来源：根据经济合作与发展组织（OECD）和世界贸易组织（WTO）联合发布的 2018 年版贸易增加值数据库（OECD—WTO Trade in Value Added，TiVA）（2005~2015 年）整理得到。

数出现了先大幅上升后趋于平稳，这与该阶段中国主推创新驱动和制造业结构升级，利用"一带一路"倡议推进全面经济伙伴关系，融入全球价值链的广度进一步提升有关。另外，中国制造业 GVCs 分工地位则呈"N"型发展趋势，2015 年 GVCs 分工地位指数达 0.252，相较于 2005 年的 0.111 提高了 0.141。2009~2011 年，中国制造业 GVCs 分工地位有所下滑，这与金融危机的冲击有关。之后则恢复上升的趋势，这与近年来中国实施供给侧结构性改革来强推制造业结构升级有关。

根据 OECD 的产业技术层次分类，我们将制造业行业类别分为低技术、中低技术、高技术和中高技术四类，分别计算出 2005 年、2010 年和 2015 年各自的 GVCs 嵌入程度指数和分工地位指数（见表 3-6）。数据显示，三年间高技术制造业始终是中国 GVCs 嵌入程度最高的产业，其次是中低技术制造业，再次是中高技术制造业，最后是低技术制造业。从分工地位来看，中国 GVCs 分工地位最高的产业为低技术制造业，其次是中高技术制造业，再次是中低技术制造业，最后是高技术制造业。可以发现，中国制造业 GVCs 嵌入程度与分工地位之间存在明显的结构性分化问题，即 GVCs 嵌入程度最高的高技术制造业的 GVCs 分工地位却最低，GVCs 嵌入程度最低的低技术制造业的 GVCs 分工地位却最高，说明中国在传统制造业领域的比较优势已然显现，而在高技术制造业领域的比较优势相对于发达国家仍相对薄弱（王振国等，2019）。

表 3-6　中国制造业细分行业的 GVCs 嵌入程度指数和分工地位指数

行业类别	制造业 GVCs 嵌入程度指数			制造业 GVCs 分工地位指数		
	2005 年	2010 年	2015 年	2005 年	2010 年	2015 年
低技术	0.685	0.633	0.660	0.255	0.288	0.330
中低技术	0.705	0.703	0.732	0.157	0.177	0.270
高技术	0.757	0.750	0.767	0.083	0.170	0.240
中高技术	0.703	0.657	0.683	0.173	0.230	0.283

注：行业类别划分参考 OECD 的产业技术层次划分方法。

资料来源：根据 TiVA 数据库整理得到。

3.4 小结

本章在分析中国 OFDI、制造业高质量发展、经济增长和 GVCs 的发展现状基础上，分别沿着两条主线进行了梳理：

一条主线是中国 OFDI 与制造业高质量发展。从目前中国 OFDI 和制造业高质量发展的变化趋势来看，基本事实如下：总体来看，中国实体企业 OFDI 的实力呈现不断增强的态势。金融危机之后，中国非金融 OFDI 逆势上扬，成为全球主要资本来源国。①中国 OFDI 的行业分布极不均衡，制造业等实体产业 OFDI 动机存在多样化。当前中国非金融 OFDI 高度集聚于第二产业和第三产业，前者构成了实体经济对外资本输出的主要来源。其中制造业 OFDI 所涉及的行业门类较多，既包括劳动密集型的传统制造业部门，也包括资本密集型和技术密集型的现代制造业部门，集中体现了中国制造业企业“走出去”动机的复杂性。②中国 OFDI 的国内区域分布极不平衡。无论是在流量规模还是在存量规模上，均呈现东部地区高度集聚，中西部地区相对滞后的分布格局。③中国 OFDI 国别分布不均匀。在排除了避税因素之后，中国 OFDI 高度集聚分布于亚洲、拉丁美洲等发展中经济体，在一定程度上反映了中国对外投资合作渠道仍待加强。随着中国由资本净输入国变为资本净输出国，已有迹象表明，以制造业为主的非金融 OFDI 迅猛增长已经成为引起人民币汇率贬值的主要原因，同时也促使企业对外产业转移来提升融入国际分工的广度与深度。在制造业高质量发展方面，呈现经济金融化和制造业服务化同步上升的态势。金融化水平上升表明实体制造企业脱离生产领域进入金融领域的现象日益普遍，这将会撕裂虚拟经济和实体经济的共生联动性，容易催生金融泡沫和弱化实体经济的基础性作用，是中国“脱实向虚”重要表征（刘贯春等，2020）；服务化水平上升则表明实体制造业企业生产模式的转型升级取得了初步成果，适应了当前中国高质量发展阶段的时代诉求。无论是经济金融化还是制造业服务化都脱离不了开放经济条件下的外部冲击，这里的外部冲击除了政策层面的影响，还有国际直接投资、国际贸易等作用。因 OFDI 与汇率波动、对外产业转移的关联性较强，基于这两个视角来剖析 OFDI 对中国制造业高质量发展的影响既是对 OFDI 的母国效应研究的拓展，也是对中国制造业高质量发展动因研究的拓展。

另一条主线是制造业高质量发展与经济增长、GVCs。一方面，数据显示中国制造业高质量发展与经济增长存在关联性。在时间线条上，在制造业高质量发展如火如荼的同时，中国经济增长规模也在不断上升，工业增加值对 GDP 的贡献率也保持在高位，中国制造业的经济增长"发动机"作用仍未消失；同时，中国经济增长质量综合指数表现为波动"爬升"，近年来则始终保持在高位，说明经济发展方式转型的成效明显。由此不难看出，当前我国制造业高质量发展是向着服务化、好方向发展的，尽管近几年来金融资产领域有所升温，资产泡沫化程度有所加剧，但为中国经济出现了系统性金融风险下定论还为时尚早。这为接下来从理论和实证上揭示制造业高质量发展对经济增长的影响提供了数据上支撑。另一方面，数据显示中国制造业高质量发展与 GVCs 存在关联性。基于中国制造业 GVCs 参与指数和分工指数的测算发现，自金融危机以来，两者均出现了明显的上升过程。由于中国拥有世界上最完备的工业部门体系，这意味着制造业企业可以通过水平一体化和垂直一体化多样化方式来参与 GVCs。在过去很长一段时间内，中国制造业企业处于"微笑曲线"的底部，而近期的变化说明其正在突破所谓的"低端锁定"而向更高附加值的两端升级，对此背后的动因不可不考虑。由于产业竞争力是一国 GVCs 的基础，故中国制造业摆脱"低端锁定"的困局与近年来国内制造业高质量发展之间存在何种因果关系也就需要考虑。鉴于金融化会削弱实体企业的竞争力，而服务化则会增强实体企业的竞争力，而近年来中国实体企业价值链升级较好地论证了后者的力量。那么，在制造业高质量发展对企业 GVCs 的影响过程中，制造业服务化可能发挥了主导作用。

需要强调，以上两条主线从来不是割裂的，而是存在一定的逻辑关联。第一条主线是第二条主线的前提。OFDI 会引起何种制造业转型结果，这是进一步探讨制造业高质量发展的经济增长效应、GVCs 效应的先决条件。第二条主线则是第一条主线的归宿。制造业高质量发展在 OFDI 和国内经济增长、GVCs 中充当着关键"纽带"作用，如何通过优化这种"纽带"作用来发挥 OFDI 对中国经济增长和 GVCs 的积极作用才是研究的最终落脚点。可能存在以下关系：中国在加快制造业 OFDI 过程中，汇率波动和对外产业转移都会出现，对制造业服务化和金融化两种转型形态的影响是否存在差异性？中国OFDI 的制造业高质量发展效应是否会带来国内经济增长规模、质量的双重上升？中国 OFDI 的制造业高质量发展效应是否会带来 GVCs 分工水平上升？针对上述问题，并结合图 2-1 中的当前阶段 OFDI 对中国制造业高质量发展的影响效应一体化分析框架进行实证检验，有助于解释 OFDI 与制造业高质量发展及其后续效应在数据上的可能关联性。

4 OFDI 对制造业金融化的 影响效应及实证研究

4.1 问题提出

近年来，随着中国经济发展进入新阶段，国内"成本洼地"优势日渐式微，制造业发展面临着劳动力成本提升、贷款利率上升等多重成本冲击，部分制造业企业开始将资本用于更高收益的金融、房地产等行业投资，出现了一些"空壳"企业和"僵尸"企业，这些制造业企业偏离其主营业务而过度依赖金融投资而导致的资金空转现象是实体经济金融化的表征，有学者将其定义为制造业企业金融化（彭俞超等，2018）。中国制造业企业"走出去"呈现如火如荼的发展趋势，成为推动国内制造业转型升级的潜在力量。商务部统计数据显示，截至 2017 年末，中国非金融类 OFDI 累计达 16062.5 亿美元，制造业 OFDI 所占比重达 12.6%。中国制造业企业 OFDI 加快不仅给予人民币贬值的强有力压力，而且成为对外产业转移的重要渠道。事实上，人民币贬值将会直接影响了进口中间商品成本、出口商品价格和进口商品市场渗透度，对外产业转移则影响了母公司的 GVCs 分工地位，都会作用于制造业企业的销售收益，构成了影响其金融化的潜在因素。我们迫切想知道的是：制造业企业 OFDI 是否对其金融化存在抑制作用？如果该作用存在，汇率传导机制和对外产业转移传导机制是否存在？这有助于我们厘清制造业企业 OFDI 与其金融化关联的内在机理，对于中国加快制造业企业"走出去"来推动国内实体经济繁荣具有重要的政策启示。

汇率波动的经济效应具有多样化，而汇率波动的贸易效应又是学界普遍探讨的问题，也正是本书关注的汇率波动对制造业服务化的切入点。从理论层面来看，汇率波动的贸易效应研究肇始于 Melitz（2003）提出的新新贸易理论，Melitz 以差异化产品、规模经济和垄断竞争模型为基础，通过引入企业异质性来解释企业出口行为，汇率波动作为外部冲击会引发出口企业的边界和出口区位选择行为变化，如汇率升值降低了企业出口商品的价格优势，会造成母国企业出口退出，而汇率上升还会对企业进口商品的成本具有压制作用，这点得到了后续相关经验研究的证实。有学者研究汇率波动对企业出口模式的影响发现，汇率波动对企业出口数量及进出口产品范围都有影响，且短期体现为集约边际，长期则体现为扩展边际（佟家栋等，2016）。还有学者具体分析人民币汇率波动对中国进出口贸易的影响发现，人民币汇率升值对中国加工制造业贸易具有较强的挤出效应，且该效应存在一定的滞后期（卢向前和戴国强，2005；张会清和唐海燕，2012）。同时，国际价格传递是引起汇率波动的贸易效应的深层次原因。有学者认为，汇率波动对进出口贸易的影响具有非完全的价格传递效应。关于汇率波动的非完全价格传递效应理论解释也层出不穷。Froot 和 Klemperer（1989）认为汇率波动导致的进口价格非完全传递的原因在于厂商市场定价行为；Dornbusch（1987）用市场结构以及产品不完全替代性来解释汇率对进口价格的不完全传递；Taylor 和 Peel（2000）通过构建一个交错定价模型发现，较低的汇率出口价格传递效应是由持续的低通胀环境引发的；Fitzgerald 和 Haller（2014）认为，在世界性竞争压力提高、物价指数低水平徘徊的大背景下，出口企业很难将汇率的变化完全传递到出口价格上，即存在不完全的汇率出口价格传递效应；徐建炜和杨盼盼（2011）则认为，人民币名义汇率具有黏性，造成国内外通货膨胀率不会对名义汇率变动做出充分调整，是造成中国汇率价格非完全传递的主要原因。上述汇率波动的非完全价格传递理论观点也得到后续诸多实证研究的证实（Amiti 等，2014）。还有学者认为，汇率波动能够完全反映于企业进出口价格上。汇率波动的完全价格传递理论基础是一价定律，以及后来产生的购买力平价理论（PPP 理论），汇率一个百分比的波动将会引起相关价格水平同等百分比的变化。Friedman 和 Vandersteel（1982）认为浮动汇率制允许国家之间的相对价格迅速变化，主要体现为完全价格传递；Obstfeld 和 Rogoff（1995）构建的新开放经济宏观经济模型分析发现，如果以名义价格刚性为特征并在出口商采用生产者货币定价的前提下，汇率波动将与进口价格变化一一对应。另外，以 Dai 和 Xu（2017）为首的学者关注了汇率波动价格传递引起的贸易效应异质性，并将其具体区分为进口成本效应、出口价格效应和进口渗透效应三类。他们运用中国企业层面数据检验发现，汇率升值会抑制企业进口成本，降低企业出口价格优势和增强进口商品的市场渗透率。后续国内相关实证研究大多基于他们的理论分析框架展开（王胜等，2018；程惠芳等，2016）。

早期产业转移理论研究国际产业转移效应的动因进行了探讨。在后续研究中，由于 OFDI 的对外产业转移效应难以直接度量，但一国对外产业转移与其产业结构变动密切相关，有学者从 OFDI 与贸易结构的关系上探讨了 OFDI 的对外产业转移效应。第一，OFDI 与贸易之间存在替代效应，会导致国外生产对国内生产的替代，导致产业对外转移（Mundell，1957）；第二，OFDI 与贸易之间存在互补效应，通过海外市场扩张和逆向技术溢出，促进国内产业结构升级，并促进资本密集型和技术密集型行业中间商品的出口，对外产业转移效应不明显（Lipsey，2004）。

为了检验制造业企业 OFDI 与否对其金融化的影响，我们将 2007~2014 年《国泰安数据库》《中国海关数据库》《境外投资企业（机构）名录》进行手工匹配生成一套合并数据。之所以需要用到《国泰安数据库》，是因为只有沪深两市 A 股上市公司年报中才有详细的资产配置信息，这也正是我们用计算制造业企业金融化水平来识别其金融化程度的关键；况且，该数据库也完整呈现了上市公司年报中的其他信息，为我们在实证部分控制这些因素以保证准确的因果识别提供了可能。选择《中国海关数据库》的原因在于，该数据库包括企业进出口贸易数据，这正是计算企业特定实际有效汇率和企业分工地位的必要数据，分别用于检验汇率传导机制和对外产业转移传导机制。商务部《境外投资企业（机构）名录》是在当前研究中广泛用于识别微观企业 OFDI 的数据库，由于该数据库只含审批通过的企业境外投资项目信息而不含具体投资金额，故我们采用连续型双重差分法对此予以识别。在已有研究的基础上，本章的边际贡献主要体现于以下两点：第一，较之于以往宏观层面的 OFDI 研究主要其母国结构效应分析，本章创新性地采用双重差分法对微观层面的制造业企业 OFDI 对其金融化的效应进行系统评估。第二，本章不仅对制造业 OFDI 是否有金融化的抑制作用进行了考察，还对 OFDI 如何影响金融化的内在机理进行了深入分析，从而得以将研究深度从"是什么"推进到"为什么"的维度，且是现有文献中较早对制造业企业 OFDI 影响其金融化的汇率传导机制和对外产业转移传导机制进行全面深入探讨的研究。

4.2　机制分析

4.2.1　汇率传导机制

关于制造业企业 OFDI 对汇率波动的影响研究由来已久。早期基本因素均衡汇率决定理论认为，均衡汇率有一国内部均衡条件和外部均衡条件共同决定（Williamson，1983），均衡实际汇率理论将外部均衡条件拓展为资本账户余额、经常账户余额与货币存量变动均保持稳定，国际储备变动则表现为资本账户余额和经常账户余额的共同作用（Edwards，1989）。后续研究从经验层面予以证实（吴丽华和傅广敏，2014）。另外，汇率波动的贸易效应研究肇始于 Helpman 等（2004）提出的新新贸易理论，他们以差异化产品、规模经济和垄断竞争模型为基础，通过引入企业异质性来解释企业出口行为，汇率波动作为外部冲击会引发出口企业的边界和出口区位选择行为变化。Dai 和 Xu（2017）的研究测算了企业层面有效汇率并指出了汇率波动价格传递引起贸易效应的异质性，具体区分为进口成本、出口价格和进口渗透三类效应。制造业企业 OFDI 会引起外汇储备减少，降低外汇市场供给和减少人民币市场需求，从而带来人民币贬值的压力。人民币贬值的贸易效应影响制造业企业销售收益是可能存在的，这会改变制造业企业投资决策，为我们分析制造业企业 OFDI 影响其金融化的汇率传导路径提供了一个可行的理论框架。具体来说：

（1）进口成本传递路径。制造业企业 OFDI 通过人民币贬值进口成本传递效应对其金融化的影响不确定。对于存在内销产品的制造业企业，OFDI 引起的人民币贬值意味着进口中间商品成本上升，制造业企业会依据成本加成定价方式来通过提高国内产品销售价格，这也可以从人民币汇率与国内市场价格之间的联动关系的相关文献得到解释。如李广众等（2008）考察了人民币汇率波动性对部分初级产品国内价格水平的影响；纪敏（2009）考察了人民币汇率冲击通过需求拉动、成本推动和货币冲击三条渠道对国内价格波动的影响。虽然制造业企业的提价策略会引起其销售数量的下降，但仍取决于市场需求弹性。对于需求弹性较大的制造业企业，提价会引起销售数量的更大幅度下滑，销售收益会下降，制造业企业会减少生产投资规模，转而购买金融资产以保值升值，金融化程度会上升；反之，制造业企业生产收益则会上升，它们会选择增加生产投资规模而减少购买金融资产，金融化程度会下降。

（2）出口价格传递效应。制造业企业 OFDI 通过人民币贬值出口价格传递效应对其金融化的影响不确定。对于存在外销产品的制造业企业，OFDI 引起的人民币贬值会带来出口商品价格下降和出口商品销售数量上升，两者会形成影响制造业企业销售收益的合力，制造业企业销售收益变化情况则取决于制造业企业出口汇率弹性。如宋超和谢一青（2017）考察了人民币汇率对中国加工贸易和一般贸易企业出口的影响。对于出口汇率弹性较高的制造业企业，人民币贬值带来的价格下降幅度小于数量上升幅度，这会增加制造业企业的销售收益，促进其增加生产投资规模和减少对金融资产的购买，将对其金融化具有显著抑制作用；反之，制造业企业的销售收益会下降，它们会减少生产投资规模并将更多资金用于购买金融资产，将对其金融化具有显著加剧作用。

（3）进口渗透传递效应。制造业企业 OFDI 通过人民币贬值进口渗透传递效应对其金融化存在抑制作用。对于存在内销产品的制造业企业，OFDI 引起的人民币贬值会导致进口商品的本地销售价格提升，强化了当地制造业企业商品的价格优势，这既能够缓解当地的输入型市场竞争，也有助于当地制造业企业凭借其产品价格优势形成对进口商品的反向市场掠夺效应。如张涛等（2015）研究发现，人民币升值会通过进口竞争效应显著提高国内竞争程度较弱的行业中非出口企业的生产率。反向市场掠夺效应将反映于当地制造业企业销售收益增加上，它们会增加生产投资规模和减少金融资产购买，将对其金融化具有抑制作用。另外，人民币贬值引起的反向市场掠夺效应受到进口商品和当地制造业企业商品的需求弹性差异的制约。尤其在当地对进口商品的需求价格弹性偏高的情况下，当地制造业企业对进口商品的反向市场掠夺效应越强，销售收益上升对生产投资规模的促进作用越明显，对其金融化的抑制作用将越大。

4.2.2　对外产业转移传导机制

现有文献主要对 OFDI 的对外产业转移效应的动因进行分析，且间接提供了一些经验证据。早期国际直接投资理论从生产专业化的角度给出跨国公司 OFDI 与对外产业转移关系的初步解释，跨国公司 OFDI 有利于母国海外市场扩张，延长产品生命周期，并可以将母国夕阳产业转移给其他国家，以支持本国新兴产业发展，同时跨国公司的所有权优势、内部化优势和区位优势决定了对外产业转移的特征（Vernon，1966；Dunning，1977；Kojima，1978）。鉴于一国对外产业转移与产业结构变动密切相关，部分研究从产业结构的视角证实了 OFDI 的对外产业转移效应（章志华和唐礼智，2019；孔群喜等，2019）。近年来，关于对外产业转移对中国 GVCs 分工地位的影响研究日益增多。如杨子帆（2016）研究发现，对外产业转移与中国 GVCs 分工模式存在耦合关系；李军等（2019）基于"一带一路"倡议的现实背景研究发现，对外产业转移能够实现中国民营企业转型升级。鉴于中国制造业企业 OFDI 异质性动机越发明显，主要包括商贸服务型、当地生产型、研究开发型和资源寻求型四种类型（李磊等，2016），对于制造业企业不同动机 OFDI 而言，对外产业转移的母国分工地位效应亦存在差异。需要具体分析制造业企业异质性动机 OFDI 影响其金融化的对外产业转移传导路径。具体来说：

（1）商贸服务型。商贸服务型 OFDI，即制造业企业以出口服务为目标的市场寻求型投资，此类投资不在东道国生产产品，而是从母公司进口商品到东道国市场进行销售并提供售后服务。制造业企业商贸服务型 OFDI 能够推动制造业企业将主营业务组成部分——销售服务环节对外转移，有利于充分挖掘海外市场潜力，为母公司出口增加创造良好的条件，通过分工地位变化对其金融化产生两种不同影响：第一，出口增加会导致母公司 GVCs 分工地位低端锁定，容易形成"低附加值—低价格—高产量—低附加值—……"的生产模式，分工地位低端锁定会压低母公司产品的附加值，这会降低销售收益，打击母公司持续进行生产性投资的积极性，并将更多资金用于金融资产购买，对其金融化具有加剧作用。第二，出口增加有利于母公司 GVCs 分工地位攀升，母公司通过转型从事高附加值产品生产，通过升级产品的技术、工艺以满足海外高标准的质量要求，这会提高销售收益，制造业企业减少金融投资而增加生产性投资，对其金融化具有抑制作用。

（2）当地生产型。当地生产型 OFDI，即制造业企业在不同的国家复制相同的生产行为，将产品的生产扩展到国外，具体又可区分为水平型和垂直型两种类型，制造业企业两类当地生产型 OFDI 所引起的 GVCs 分工地位变化有多种可能，对其金融化的影响也存在不确定性。其中，水平型当地生产型 OFDI 表现为制造业企业在不同的国家复制相同的生产行为，将主营业务组成部分——最终商品生产环节对外转移，母公司生产和子公司生产的重叠会产生出口替代。出口替代不利于母公司 GVCs 分工地位巩固，销售收益将也会随之减少，这会打击母公司生产性投资的积极性，从而加快生产性资本向金融部门流动，对其金融化具有加剧作用；此外，出口替代还会产生母公司生产转型的倒逼力量，促使它们从事差异化的高附加值商品生产以推动 GVCs 分工地位攀升，销售收益会随之上升，母公司减少金融投资而增加生产性投资，对其金融化具有抑制作用。垂直型当地生产型 OFDI 相当于制造业企业生产链的国外延伸，将主营业务组成部分——中间商品生产环节转移到东道国，母公司生产与子公司生产的互补会产生垂直网络关联。母公司在剥离了高附加值的中间商品生产环节之后，通过与子公司的内部化交易从事组装、贴牌的生产，虽然这能够节约交易成本，但却会造成母公司 GVCs 分工地位固化，销售收益会随之减少，加快生产性资本会向金融部门流动，对其金融化具有加剧作用；此外，母公司能够借助于这种垂直专业化获取物美价廉的中间商品，服务于高附加值商品的研发、标准化生产等，这会推动母公司 GVCs 分工地位由低端向中高端升级，销售收益随之增加，制造业企业减少金融投资而增加生产性投资，对其金融化具有抑制作用。

（3）研究开发型。研究开发型 OFDI，即制造业企业在东道国在技术领先的东道国建立研发机构以获取技术优势的投资行为。此类投资会推动制造业企业主营业务组成部分——技术创新环节对外转移，子公司利用东道国的研发资源所形成的技术创新成果对母公司具有"反哺效应"，这对母公司 GVCs 分工地位的影响具有两面性，从而对其金融化会产生不同影响：第一，母公司会形成对子公司技术创新成果的路径依赖，滋生创新惰性，加上更高附加值的研发部门的剥离，母公司的技术创新能力不足，更多地从事低附加值的生产活动，导致 GVCs 分工地位的低端锁定，销售收益会随之减少，对母公司生产性投资形成负向激励，加快生产性资本向金融部门流动，对其金融化具有加剧作用。第二，受益于子公司的技术支撑，母公司能够通过逆向技术溢出效应获得和运用技术创新成果来推动生产转型，从事高附加值的生产活动，推动 GVCs 分工地位的攀升，销售收益随之增加，制造业企业减少金融投资而增加生产性投资，对其金融化具有抑制作用。

（4）资源寻求型。资源寻求型 OFDI，即制造业企业对油气、矿产资源丰富的东道国进行投资的行为。此类投资会推动制造业企业主营业务组成部分——资源开采与加工环节对外转移，母公司可以通过逆进口的方式获取海外廉价自然资源，有利于缓解自身发展的自然资源瓶颈，通过 GVCs 分工地位对其金融化的影响具有两种潜在结果：第一，母公司进口子公司的廉价自然资源通过降低进口投入成本，促使制造业企业形成成本导向型的生产模式，令母公司嵌入 GVCs 的低端环节，销售收益增量有限，对母公司生产性投资的持续激励作用不足，会倒逼母公司将额外资金用以购买保值增值的金融资产，对其金融化具有加剧作用。第二，母公司进口子公司的廉价自然资源还会降低自然资源搜寻成本和市场交易成本，使其将额外资金用于高附加值的研发设计、销售服务等高附加值领域的经营活动，有利于母公司嵌入 GVCs 分工地位攀升，销售收益会随之增加，促使母公司减少金融投资而增加生产性投资，对其金融化具有抑制作用。

4.3　研究设计

4.3.1　计量模型设定

为了检验制造业企业 OFDI 对其金融化的影响，将制造业企业 OFDI 作为随机实验，构建连续型双重差分基准模型予以检验，方程设定如下：

$$CF_{i,t} = c + \alpha_1 Ofdi_{i,t} + \alpha_2 x_{i,t} + \mu_j + v_t + \varepsilon_{i,t} \qquad (4-1)$$

其中，下标 i、j 和 t 分别表示制造业企业、行业和年份。c 表示常数项，α_i 表示待估参数。CF 表示制造业企业金融化程度，使用企业金融化水平测度，即 CF=（制造业企业交易性金融资产＋可供出售金融资产＋持有至到期投资＋发放贷款及垫款＋衍生金融资产＋长期股权投资＋投资性房产）/ 制造业企业总资产。Ofdi 表示制造业企业是否进行 OFDI 的虚拟变量，是取值为 1，否取值为 0。$x_{i,t}$ 表示其他特征控制变量，根据已有研究，包括营业收入增长率（Inc）使用（本年度企业营业收入 / 上年度制造业企业营业收入）–1 表示；杠杆率（Lev）使用所有者权益与总资产的比值表示；净资产利润率（Roa）使用企业净利润与企业总资产的比值表示；企业规模（Sca）使用企业总资产表示；市场竞争（Com）使用（1– 赫芬达尔指数 HHI）表示。μ_j、v_t 分别表示行业固定效应和年份固定效应，$\varepsilon_{i,t}$ 表示随机扰动项。

4.3.2 数据说明

鉴于 2007 年起上市公司采用《新会计准则》，本章样本包含 2007~2014 年中国 1229 家沪深两市 A 股上市制造业公司 6922 个观测值的非平衡面板数据，境外投资上市公司为 292 家。其中，上市公司财务数据来源于《国泰安数据库》，企业 OFDI 信息数据来源于商务部《境外投资企业（机构）名录》，企业进出口贸易数据来源于中国海关《中国海关数据库》。为了消除异常值，对连续变量在前后 1% 的极端值进行了缩尾调整；按照证监会《上市公司行业分类指引 2001》对制造业企业行业进行了规整统一，并且剔除了金融类上市公司、明显存在异常值与缺失值的公司和研究窗口期被 ST、PT 处理的公司。借鉴田巍和余淼杰（2013）的研究，采用"两步法"进行手工匹配：第一步，利用企业名称和年份，将《国泰安数据库》与《中国海关数据库》进行匹配；第二步，用制造业企业的邮政编码和电话号码将未匹配成功的制造业企业再次进行合并。考虑到一部分制造业企业的投资去向是百慕大群岛、开曼群岛等避税港，我们将这部分的投资数据删除，再将《境外投资企业（机构）名录》与上述两套已经合并完成的数据合并。

4.4 实证结果分析

4.4.1 初始检验

表 4-1 给出了初始检验结果。其中，（1）~（4）分别为不含控制变量情况下，不含任何固定效应以及依次加入年份、行业与双重固定效应的回归结果，（5）~（8）对应于含控制变量的回归结果。至少在 5% 显著性水平上，所有方程中的 Ofdi 的系数均显著为负，证实了制造业企业 OFDI 对其金融化的抑制作用。近年来，随着中国"走出去"如火如荼的发展，制造业企业 OFDI 正逐渐回归理性，布局 GVCs 分工的能力进一步提升，为开拓海外市场、获得高端技术及先进管理经验，国内制造业企业优化了对国外中高端制造业的布局，有利于降低其生产成本和提升产品竞争力，生产性主营业务投资收益得到明显提升，这也增强了国内制造业企业将金融资本用于实体经济投资的积极性，有利于抑制其金融化。（5）~（8）中的 Lev、Roa 的系数在 1%

表 4-1 初始检验结果

解释变量	(1)	(2)	(3)	(4)	(5)	(6)	(7)	(8)
Ofdi	-1.2804*** (-2.87)	-1.0902** (-2.41)	-1.2392*** (-2.80)	-1.0577** (-2.35)	-1.4835*** (-3.16)	-1.3077*** (-2.75)	-1.4403*** (-3.09)	-1.2729*** (-2.69)
Inc	—	—	—	—	-0.0001 (-1.05)	-0.0001 (-1.03)	-0.0001 (-0.88)	-0.0001 (-0.86)
Lev	—	—	—	—	-0.0038*** (-4.95)	-0.0036*** (-4.62)	-0.0039*** (-5.01)	-0.0036*** (-4.64)
Roa	—	—	—	—	-0.0158*** (-3.65)	-0.0159*** (-3.68)	-0.0172*** (-3.99)	-0.0174*** (-4.04)
Sca	—	—	—	—	-2.70e-12 (-1.13)	1.29e-12 (0.52)	-2.07e-12 (-0.87)	1.78e-12 (0.73)
Com	—	—	—	—	53.4940 (0.77)	-62.6412 (-0.87)	73.5492 (1.07)	-37.9616 (-0.53)
常数项	5.4700*** (49.12)	6.5991*** (18.58)	7.0281*** (18.66)	8.0744*** (16.12)	5.9148*** (45.63)	6.9706*** (18.53)	7.4500*** (19.08)	8.4139*** (16.10)
行业固定效应	否	否	是	是	否	否	是	是
年份固定效应	否	是	否	是	否	是	否	是
F值	8.25	5.85	14.11	10.52	8.71	7.02	12.60	10.31
Adj R^2	0.0010	0.0056	0.0186	0.0229	0.0070	0.0119	0.0260	0.0305
观测值	6922	6922	6922	6922	6521	6521	6521	6521

注：该表内容为作者采用 STATA 13 软件计算的结果。其中，*、** 和 *** 分别表示在 10%、5% 和 1% 的水平上显著，括号内为对应变量估计系数的 t 值。如无特殊说明，根据 STATA 15.0 估计得到。以下各表同。

资料来源：根据 STATA 15.0 估计得到。

显著性水平上都显著为负，说明杠杆率和净资产利润率越高的制造业企业更关注生产性主营业务的经营情况，在抑制金融化方面更有成效。其中，杠杆率体现于制造业企业资产中的负债份额，制造业企业有动力通过提升生产性主营业务投资份额来增强股票持有者的信心；净资产利润率反映了制造业企业生产盈利能力，净资产利润率越高的制造业企业越有动力扩大生产性主营业务投资份额。

4.4.2 按制造业企业所有权性质和年龄划分的检验

不同所有权性质的制造业企业 OFDI 行为的投资绩效可能存在差别，对其金融化的影响可能存在差异。为此，我们根据国泰安数据库中的企业关系人性质分类标准，将总样本划分为国有制造业企业和非国有制造业企业，分别给出回归结果如表 4-2 中（1）～（2）和（3）～（4）所示。在 5% 显著性水平上，无论加入控制变量与否，国有制造业企业 OFDI 对其金融化的抑制作用仍然显著存在，但是非国有制造业企业 OFDI 对其金融化的影响不明显。不同年龄层面制造业企业的 OFDI 绩效也不尽相同，对其金融化的影响也可能存在异质性。我们使用制造业企业当年所处年份减去开业年份得到制造业年龄，取其均值将上市公司划分为低龄制造业企业和高龄制造业企业，分别给出回归结果如表 4-2 中（5）～（6）和（7）～（8）所示。在 10% 显著性水平上，无论加入控制变量与否，高龄制造业企业 OFDI 对其金融化的抑制作用明显成立，而低龄制造业企业 OFDI 对其金融化的影响不明显。

4.4.3 按制造行业属性划分的检验

不同类型制造行业企业在资本配置选择上也不尽相同，导致行业间的制造业企业金融化水平差异较为明显（肖忠意和林琳，2019）。为了甄别行业异质性，我们根据上市公司行业代码，将食品饮料制造业、纺织服装皮毛制造业、木材家具制造业和造纸印刷业定义为劳动密集型制造行业，将石油化学橡胶塑料制造业、金属非金属制造业和医药生物制品制造业定义为资本密集型制造行业，将电子制造业、机械设备仪表制造业与其他制造业定义为技术密集型制造行业。按制造行业属性划分的检验结果如表 4-3 所示。其中，（1）～（2）、（3）～（4）和（5）～（6）分别对应于劳动密集型、资本密集型和技术密集型制造业企业的回归结果。结果显示，在 10% 显著性水平上，资本密集

表4-2 按制造业企业所有权性质和年龄划分的检验结果

解释变量	按制造业企业所有权性质划分				按制造业企业年龄划分			
	国有制造业企业		非国有制造业企业		低龄制造业企业		高龄制造业企业	
	（1）	（2）	（3）	（4）	（5）	（6）	（7）	（8）
Ofdi	-1.1740**	-1.4016**	-0.6841	-0.9767	-0.2760	-0.4312	-1.3150*	-1.5899*
	（-1.98）	（-2.21）	（-0.99）	（-1.38）	（-0.60）	（-0.88）	（-1.79）	（-1.88）
常数项	8.6205***	9.5407***	7.4595***	4.7952***	8.8518***	9.4525***	7.5609***	7.5348***
	（10.80）	（11.02）	（12.10）	（6.53）	（16.25）	（14.58）	（8.86）	（8.58）
特征控制变量	否	是	否	是	否	是	否	是
行业固定效应	是	是	是	是	是	是	是	是
年份固定效应	是	是	是	是	是	是	是	是
F值	7.29	7.99	6.46	7.43	9.47	8.09	6.97	6.39
Adj R²	0.0263	0.0409	0.0301	0.0462	0.0381	0.0445	0.0299	0.0361
观测值	3962	3612	2991	2924	3634	3352	3288	3169

资料来源：根据STATA 15.0估计得到。

型制造行业企业 OFDI 对其金融化的抑制作用比较明显，劳动密集型和技术密集型制造行业企业 OFDI 对其金融化的影响都不显著。

表4-3　按制造行业属性划分的检验结果

解释变量	劳动密集型		资本密集型		技术密集型	
	（1）	（2）	（3）	（4）	（5）	（6）
Ofdi	−1.8225 （−1.30）	−1.6969 （−1.16）	−1.3656* （−1.86）	−1.4345* （−1.90）	−0.4546 （−0.81）	−0.9363 （−1.57）
常数项	6.9116*** （6.30）	5.2268*** （3.71）	5.4600*** （9.97）	5.1505*** （8.60）	5.0584*** （5.93）	3.8165*** （4.07）
特征控制变量	否	是	否	是	否	是
行业固定效应	是	是	是	是	是	是
年份固定效应	是	是	是	是	是	是
F 值	3.11	3.61	4.85	7.37	8.20	10.06
Adj R^2	0.0194	0.0361	0.0121	0.0307	0.0270	0.0540
观测值	1172	1117	3159	3022	2591	2382

资料来源：根据 STATA 15.0 估计得到。

4.4.4　按省域经济特征划分的检验

为了检验不同经济增长水平和金融深化水平地区的制造业企业 OFDI 对其金融化的影响异质性，我们从省域层面予以检验。其中，以省域 GDP 增速均值为基准，将总样本划分为低增速地区和高增速地区，分别给出回归结果如表 4-4 中（1）~（2）和（3）~（4）所示。至少在 10% 显著性水平上，无论加入控制变量与否，低增速地区的制造业企业 OFDI 对其金融化的抑制作用都稳健成立。以省域年末金融机构贷款余额占 GDP 的比重均值为基准，将总样本划分为低金融深化地区和高金融深化地区，分别给出回归结果如表 4-4 中（5）~（6）和（7）~（8）所示。至少在 10% 显著性水平上，无论加入控制变量与否，低金融深化地区的制造业企业 OFDI 对其金融化的抑制作用都稳健成立。

表4-4 按省域经济特征划分的检验结果

解释变量	按经济增长水平划分				按金融深化水平划分			
	低增速地区		高增速地区		低金融深化地区		高金融深化地区	
	(1)	(2)	(3)	(4)	(5)	(6)	(7)	(8)
Ofdi	-1.0211*	-1.3670**	-1.0406	-1.1498*	-0.8499*	-0.9584*	-1.2519	-1.4405
	(-1.69)	(-2.11)	(-1.54)	(-1.66)	(-1.74)	(-1.78)	(-1.45)	(-1.56)
常数项	7.1294***	7.2930***	8.5984***	9.0778***	8.3051***	8.9414***	7.5081***	7.1598***
	(9.83)	(9.56)	(12.00)	(12.24)	(15.04)	(15.48)	(7.03)	(6.05)
特征控制变量	否	是	否	是	否	是	否	是
行业固定效应	是	是	是	是	是	是	是	是
年份固定效应	是	是	是	是	是	是	是	是
F值	7.70	6.19	4.78	5.94	7.53	8.01	8.46	7.88
Adj R²	0.0334	0.0359	0.0175	0.0305	0.0230	0.0334	0.0545	0.0686
观测值	3300	3067	3622	3454	4719	4464	2203	2057

资料来源：根据 STATA 15.0 估计得到。

4.4.5 条件分位数检验

鉴于在制造业企业金融化程度存在异方差或分布不均匀的情况下，对于 OFDI 的影响可能存在异质性，造成传统线性 OLS 回归的前提假设将无法得到满足，本部分使用条件分位数模型予以检验，结果如表 4-5 所示。其中，（1）~（6）分别给出了 q25、q50、q75 这三个分位数条件下的回归结果。至少在 10% 显著性水平上，无论加入控制变量与否，在 q25、q50 分位数条件下，制造业 OFDI 对其金融化的抑制作用显著性不足；只有在 q75 分位数条件下，制造业企业 OFDI 对其金融化的抑制作用才稳定成立，说明制造业企业 OFDI 对其金融化的抑制作用具有"天花板"效应。

表 4-5　条件分位数检验结果

解释变量	（1）q25	（2）q25	（3）q50	（4）q50	（5）q75	（6）q75
Ofdi	0.0004 （0.01）	−0.0117 （−0.16）	−0.2059 （−1.29）	−0.2683* （−1.74）	−0.6440** （−2.01）	−0.9448* （−1.84）
常数项	0.9324*** （7.34）	1.0677*** （8.55）	3.4653*** （9.82）	3.8077*** （12.06）	9.2656*** （10.38）	9.7182*** （13.27）
特征控制变量	否	是	否	是	否	是
行业固定效应	是	是	是	是	是	是
年份固定效应	是	是	是	是	是	是
Pseudo R^2	0.0024	0.0074	0.0104	0.0149	0.0211	0.0272
观测值	6922	6521	6922	6521	6922	6521

资料来源：根据 STATA 15.0 估计得到。

4.4.6 稳健性检验

为了检验模型内生性，首先在回归模型中加入被解释变量的一期滞后项将其转化为动态形式，并且采用 GMM 方法予以检验。回归结果如表 4-6 中（1）~（2）所示。根据二阶序列相关检验接受了残差项不存在二阶序列相关性的原假设，过度识别检验也接受了工具变量不存在过度识别的原假设。一期滞后项的估计系数均不显著，说明制造业企业金融化的动态演变特征不明显。在 1% 显著性水平上，无论加入控制变量与否，Ofdi 的系数均显著为负。为保证制造业企业 OFDI 的外生性，我们根据赤池信息（AIC）准则，将制造业企业是否 OFDI 的虚拟变量 1~5 期滞后项作为工具变量，使用 2SLS 方法予以检验，结果如表 4-6 中（3）~（4）所示。通过第一阶段 F 检验发现，制造业企业是否 OFDI 的二元虚拟变量与其 5 期滞后项是高度相关的；同时，在1% 显著性水平上，识别不足检验和弱工具变量检验拒绝了原假设，过度识别检验无法拒绝原假设，证实了工具变量的可识别性。无论加入控制变量与否，制造业企业 OFDI 对其金融化的抑制作用至少在 10% 显著性水平上仍然成立。

表 4-6　内生性检验

解释变量	GMM 方法		2SLS 方法	
	（1）	（2）	（3）	（4）
CF（-1）	0.1463 （0.91）	0.1645 （0.96）	—	—
Ofdi	-0.9580*** （-2.72）	-1.0945*** （-2.91）	-1.0032* （-1.88）	-1.1637** （-2.15）
特征控制变量	否	是	否	是
行业固定效应	是	是	是	是
年份固定效应	是	是	是	是
第一阶段 F 检验	—	—	240.9700*** （0.0000）	220.4700*** （0.0000）
识别不足检验	—	—	583.0310*** （0.0000）	556.5780*** （0.0000）
弱工具变量检验	—	—	240.9710*** （0.0000）	220.4650*** （0.0000）
过度识别检验	14.5500 （0.4090）	16.1500 （0.3040）	0.8700 （0.9288）	0.9710 （0.9142）
二阶序列相关检验	0.3020 （0.0000）	0.3364 （0.0000）	—	—
观测值	1125	1114	1710	1694

注：括号内为 p 值。识别不足检验通过 Anderson canon. corr. LM 统计量实现，原假设：存在识别不足问题，即工具变量与内生性变量不相关。弱工具变量检验通过 Cragg-Donald Wald F 统计量实现，原假设：存在弱工具变量问题。GMM 方法的过度识别检验通过或 Hansen 统计量实现，2SLS 方法的过度识别检验通过 Sargan 统计量实现，两者原假设：过度识别限制是有效的，即工具变量有效。二阶序列相关检验通过 Arellano-Bond AR（2）统计量实现，原假设：残差项不存在二阶序列自相关。限于篇幅，2SLS 方法的第一阶段回归结果未列出。

资料来源：根据 STATA 15.0 估计得到。

4.5 机制检验

4.5.1 汇率传导机制检验

在双重差分基准模型基础上引入了 3 个企业特定实际有效汇率变量：进口成本实际有效汇率 $Rer^{impcost}$、出口价格实际有效汇率 $Rer^{expprice}$ 和进口渗透实际有效汇率 Rer^{imppen}。再分别引入制造业企业是否进行 OFDI 的虚拟变量与 3 个企业特定实际有效汇率变量的交互项，用以检验汇率传导机制。含汇率因素的连续型双重差分拓展模型设定如下：

$$CF_{i,t} = c + \beta_1 Ofdi_{i,t} + \beta_2 Rer^{price}_{i,t} + \beta_3 Ofdi_{i,t} \times Rer^{price}_{i,t} + \beta_4 x_{i,t} + \mu_j + v_t + \varepsilon_{i,t} \quad （4-2）$$

其中，c 表示常数项，β_i 表示待估参数。$x_{i,t}$ 表示前文定义的特征控制变量。Rer^{price} 为基于中国海关数据测算的三类企业特定实际有效汇率变量，其中，将 $Rer^{impcost}$ 定义为制造业企业进口密集度与实际汇率的加权乘积之和，将 $Rer^{expprice}$ 定义为制造业企业出口密集度与实际汇率的加权乘积之和，将 Rer^{imppen} 定义为进口商品渗透度与实际汇率的加权乘积之和。公式表示如下：

$$Rer^{impcost}_{i,t} = \sum_{k=1} \left(\frac{M_{i,k,t}}{\sum_{p=1} M_{i,p,t}} \right) \ln E_{k,t} \quad （4-3）$$

$$Rer^{expprice}_{i,t} = \sum_{k=1} \left(\frac{X_{i,k,t}}{\sum_{p=1} X_{i,p,t}} \right) \ln E_{k,t} \quad （4-4）$$

$$Rer^{imppen}_{i,t} = \sum_{k=1} \left(\frac{M_{i,k,t}}{D_{i,t} + \sum_{p=1} M_{i,p,t}} \right) \ln E_{k,t} \quad （4-5）$$

式中，$M_{i,k,t}$ 表示第 t 年制造业企业 i 对东道国 k 的进口贸易额；$X_{i,k,t}$ 表示第 t 年制造业企业 i 对东道国 k 的出口贸易额；$D_{i,t}$ 表示第 t 年制造业企业 i 的本地销售额；$\ln E_{k,t}$ 表示第 t 年中国与东道国 k 的双边实际汇率对数形式（使用 CPI 平减为 2000 年不变价）；$\dfrac{M_{i,k,t}}{\sum_{p=1} M_{i,p,t}}$ 表示第 t 年制造业企业 i 对东道国 k 的进口密集度；$\dfrac{X_{i,k,t}}{\sum_{p=1} X_{i,p,t}}$ 表示第 t 年制造业企业 i 对东道国 k 的出口密集度；

$M_{i,k,t} / \left(D_{i,t} + \sum\limits_{p=1} M_{i,p,t} \right)$ 表示第 t 年制造业企业 i 面临东道国 k 进口商品的市场渗透度。

表 4-7 给出了汇率传导机制的回归结果。其中，（1）~（2）、（3）~（4）和（5）~（6）分别对应于进口成本效应、出口价格效应和进口渗透效应。至少在 10% 显著性水平上，所有的 Ofdi 的系数均显著为负，说明即便加入了企业特定实际有效汇率变量，制造业企业 OFDI 对其金融化的抑制作用仍然成立。（3）~（4）中的 Rer^{expprice} 的系数在 1% 显著性水平上显著为正，说明出口价格汇率下降对制造业企业金融化具有明显的抑制作用。（1）~（2）中的交互项 Ofdi × Rer^{impcost} 和（3）~（4）中的交互项 Ofdi × Rer^{expprice} 的系数均不显著；虽然（5）中的交互项 Ofdi × Rer^{imppen} 的系数在 10% 显著性水平上显著为正，但是（6）加入了控制变量之后，该交互项的系数不再显著，说明制造业企业 OFDI 无法通过人民币贬值产生的进口成本效应、出口价格效应和进口渗透效应对其金融化产生影响，即汇率传导机制不存在。

表 4-7　汇率传导机制检验结果

解释变量	进口成本效应		出口价格效应		进口渗透效应	
	（1）	（2）	（3）	（4）	（5）	（6）
Ofdi	−0.8523* （−1.81）	−1.1415** （−2.30）	−1.2187** （−2.42）	−1.5204*** （−2.87）	−0.9738** （−2.16）	−1.1971** （−2.50）
Rer^{impcost}	0.0043 （0.04）	−0.0562 （−0.53）	—	—	—	—
Rer^{expprice}	—	—	0.4010*** （5.00）	0.3925*** （4.68）	—	—
Rerr^{imppen}	—	—	—	—	1.5895 （0.79）	0.1701 （0.04）
Ofdi × Rer^{impcost}	0.4819 （1.44）	0.3244 （0.93）	—	—	—	—
Ofdi × Rer^{expprice}	—	—	−0.3403 （−1.24）	−0.4336 （−1.51）	—	—
Ofdi × Rerr^{imppen}	—	—	—	—	13.0082* （1.85）	11.2118 （0.91）
常数项	8.0633*** （16.09）	8.4072*** （16.08）	8.1512*** （16.29）	8.4824*** （16.25）	8.0810*** （16.13）	8.4042*** （16.08）

续表

解释变量	进口成本效应		出口价格效应		进口渗透效应	
	（1）	（2）	（3）	（4）	（5）	（6）
特征控制变量	否	是	否	是	否	是
行业固定效应	是	是	是	是	是	是
年份固定效应	是	是	是	是	是	是
F 值	9.54	9.49	10.76	10.40	9.70	9.49
Adj R^2	0.0229	0.0303	0.0261	0.0334	0.0233	0.0303
观测值	6922	6521	6922	6521	6922	6521

资料来源：根据 STATA 15.0 估计得到。

4.5.2　对外产业转移传导机制检验

参考李磊等（2016）的研究，本部分根据《境外投资企业（机构）名录》中的经营范围对制造业企业 OFDI 动机进行了初次筛选，对无法确定的制造业企业进行二次筛选，将其名称、投资国家、投资年份等信息于互联网进行交叉收缩确定 [①]，从而得到制造业企业的商贸服务型 OFDI（ $Ofdi^{pl}$ ）、当地生产型 OFDI（ $Ofdi^{lc}$ ）、资源寻求型 OFDI（ $Ofdi^{re}$ ）、研究开发型 OFDI（ $Ofdi^{rd}$ ）。根据已有文献，制造业企业 GVCs 分工地位是反映其对外产业转移的重要"风向标"，故在模型中加入分工地位变量 $Dvar_{i,t}$ ，再分别引入四类动机 OFDI 变量与对外产业转移变量的交互项，用以检验对外产业转移传导机制。含对外产业转移因素的连续型双重差分拓展模型设定如下：

$$CF_{i,t} = c + \gamma_1 Ofdi^{moti}_{i,t} + \gamma_2 Dvar_{i,t} + \gamma_3 Ofdi^{moti}_{i,t} \times Dvar_{i,t} + \gamma_4 x_{i,t} + \mu_j + v_t + \varepsilon_{i,t} \quad （4-6）$$

其中，c 表示常数项，γ_i 表示待估参数。$x_{i,t}$ 表示前文定义的特征控制变量。$Ofdi^{moti}$ 表示制造业企业异质性动机 OFDI 虚拟变量。由于制造业分工地位是制造业企业对外产业转移的结果，故可将其 GVCs 分工地位作为 $Dvar_{i,t}$ 的

[①] 对《境外投资企业（机构）名录》的经营范围初步筛选时，将包含商贸、贸易、出口、进口、进出口、租赁、批发、零售、销售、商务、服务等关键词的投资定义为"商贸服务型 OFDI"，将包含生产、制造、制作、加工、组装、改装、安装、维护、修理、包装等关键词的投资划分为"当地生产型 OFDI"，将包含采矿、矿业、矿山、开采、矿产、勘探、能源、采选等关键词的投资划分为"资源寻求型 OFDI"，将包含研究、开发、研发、技术、设计、研制等关键词的投资划分为"研究开发型 OFDI"。

代理变量。已有部分文献使用基于 KWW 理论下的 GVC 增加值方法对中国制造业行业分工地位进行了测算（Upward 等，2013；王直等，2015）。行业层面的分工地位无法反映企业的组成情况，可能存在偏差，对本部分研究不适用。我们采用 Kee 和 Tang（2016）提出的制造业企业国内增加值与总出口的比值（Ratio of Domestic Value Added in Exports to Gross Exports，DVAR）计算方法，结合中国海关数据予以测算。

$$\text{DVA}_i = \text{Export}_i - \left(\text{Import}_i - \delta_i^K + \delta_i^F\right)\left(\frac{\text{Export}_i}{\text{PY}_i}\right) \tag{4-7}$$

其中，下标 i 表示一般出口制造业企业；DVA_i 为制造业企业 i 出口的国内增加值，为用于出口商品生产的国内净消耗；Export_i、Import_i 分别为制造业企业 i 的出口额和进口额；δ_i^K 为制造业企业 i 的资本设备；δ_i^F 为制造业企业 i 国内中间商品投入成本中的国外部分；PY_i 为制造业企业 i 的总收入。基于此，可得：

$$\text{DVAR}_i = \frac{\text{DVA}_i^o}{\text{Export}_i} = 1 - \frac{\text{Import}_i - \delta_i^K + \delta_i^F}{\text{PY}_i} \tag{4-8}$$

其中，DVAR_i 表示制造业企业 i 出口的国内增加值占比，取值越大，说明制造业企业 i 嵌入 GVCs 分工地位越高。鉴于企业层面的 δ_i^K、δ_i^F 数据是无法直接获得的，我们根据联合国贸易产品分类（BEC）识别进口资本商品的目录，进行适当调整得到制造业企业资本设备 δ_i^K，同时根据 KWW 理论框架的增加值方法测算的行业层面进口商品国内增加值数值近似代替 δ_i^F。

表 4-8 给出了对外产业转移机制的回归结果。其中，（1）~（2）、（3）~（4）、（5）~（6）和（7）~（8）分别对应于商贸服务型 OFDI、当地生产型 OFDI、资源寻求型 OFDI 和研究开发型 OFDI。结果显示，只有（1）~（2）中的 Ofdi^{pl} 和（7）~（8）中的 Ofdird 的系数至少在 10% 显著性水平上均显著为负，说明制造业企业的商贸服务型 OFDI 和研究开发型 OFDI 对其金融化的抑制作用更加明显。在 1% 显著性水平上，所有方程中的 Dvar 的系数均显著为负，说明制造业企业对外产业转移引起的 GVCs 分工地位攀升对其金融化具有抑制作用。（7）~（8）中的交互项 Ofdird × Dvar 的系数在 5% 显著性水平上显著为负，说明制造业企业研究开发型 OFDI 通过技术创新环节对外转移产生的逆向技术溢出效应，有利于其 GVCs 分工地位攀升，并能够遏制其金融化趋势，证实了对外产业转移传导机制局部存在。

表 4-8 对外产业转移传导机制检验结果

解释变量	商贸服务型 OFDI		当地生产型 OFDI		资源寻求型 OFDI		研究开发型 OFDI	
	(1)	(2)	(3)	(4)	(5)	(6)	(7)	(8)
Dvar	-2.7377*** (-11.90)	-2.6714*** (-11.05)	-2.7406*** (-12.16)	-2.6676*** (-11.27)	-2.7570*** (-12.34)	-2.6983*** (-11.49)	-2.7296*** (-12.09)	-2.6596*** (-11.20)
$Ofdi^{pl}$	-0.5131** (-2.53)	-0.9586* (-1.94)	—	—	—	—	—	—
$Ofdi^{lc}$	—	—	1.4424 (0.85)	1.6675 (0.93)	—	—	—	—
$Ofdi^{re}$	—	—	—	—	-3.4663 (-0.88)	-3.6512 (-0.92)	—	—
$Ofdi^{rd}$	—	—	—	—	—	—	-0.3835** (-2.24)	-0.2617** (-2.16)
$Ofdi^{pl} \times Dvar$	0.2759 (0.24)	0.5540 (0.46)	—	—	—	—	—	—
$Ofdi^{lc} \times Dvar$	—	—	-1.3955 (-0.71)	-2.0129 (-0.97)	—	—	—	—
$Ofdi^{re} \times Dvar$	—	—	—	—	3.9929 (0.91)	4.0793 (0.91)	—	—
$Ofdi^{rd} \times Dvar$	—	—	—	—	—	—	-0.1556** (-2.08)	-0.5042** (-2.26)

续表

解释变量	商贸服务型 OFDI		当地生产型 OFDI		资源寻求型 OFDI		研究开发型 OFDI	
	(1)	(2)	(3)	(4)	(5)	(6)	(7)	(8)
常数项	8.5287***	8.7985***	8.5222***	8.7832***	8.5253***	8.7888***	8.5198***	8.7816***
	(17.14)	(16.95)	(17.14)	(16.93)	(17.15)	(16.94)	(17.13)	(16.93)
控制变量	否	是	否	是	否	是	否	是
行业固定效应	是	是	是	是	是	是	是	是
年份固定效应	是	是	是	是	是	是	是	是
F 值	17.35	14.88	17.36	14.86	17.37	14.86	17.35	14.85
Adj R^2	0.0429	0.0486	0.0430	0.0485	0.0430	0.0485	0.0429	0.0485
观测值	6922	6521	6922	6521	6922	6521	6922	6521

资料来源：根据 STATA 15.0 估计得到。

4.6 小结

本章在剖析制造业企业 OFDI 影响其金融化的双重传导机制基础上，构建连续型双重差分模型，利用 2007~2014 年《国泰安数据库》《境外投资企业（机构）名录》《中国海关数据库》手工匹配的中国 1229 家沪深两市 A 股上市制造业公司 6922 个观测值的非平衡面板数据予以检验。基本结论如下：①制造业企业 OFDI 对其金融化总体上具有抑制作用。②高龄的国有制造业企业 OFDI 对其金融化的抑制作用更明显，同时低增速和低金融深化地区的制造业企业 OFDI 能够显著抑制其金融化。③制造业企业 OFDI 对其金融化的影响具有"天花板"效应，只有当制造业企业金融化程度达到一定高度时，OFDI 对其抑制作用才会显现。④制造业企业 OFDI 通过汇率传导机制对其金融化的影响尚不明显，制造业企业研究开发型 OFDI 通过对外产业转移传导机制对其金融化的抑制作用已经显现。

本章证实了制造业企业"走出去"是优化其资本配置的重要推力，具有丰富的政策意涵。政府应根据市场信息构建企业资本配置结构的信息披露和动态监控机制，尤其对于经营年限较高的国有制造企业，应将其列为"走出去"的重点扶持对象，为其开展境外投资项目"牵线搭桥"以及提供有效的信息服务、投资指导，这有利于国有制造企业在全球范围内进行产业链布局和提高生产性投资回报率，有利于克服其生产效率较低的难题。随着省域经济增长加快和金融体制日趋健全，政府既要在维持制造业企业"走出去"积极性，也应采取必要的监管措施和产业政策避免制造业企业将境外投资所获得的盈余资本过度配置于金融部门。此外，制造业企业须自觉利用境外投资所获得的知识、品牌和专利等战略资源构筑后发技术优势，推动价值链分工优势由低端向中高端攀升，提高自身核心竞争力，为国家实体经济繁荣贡献应有的力量。

5 OFDI 对制造业服务化的影响效应及实证研究

5.1 问题提出

自 2008 年金融危机以来，中国传统加工制造业面临着国际经济形势不振和国内要素成本上升的双重冲击；特别地，世界经济形势风起云涌，"逆全球化"的演变趋势明显，英国脱欧、美国悍然对华发动贸易战、全球贸易保护主义兴起等事件频发（陈启斐等，2019）。在此背景下，中国积极的推动"引进来"和"走出去"的协同发展，中国双向直接投资规模却取得了快速扩张。UNCTAD 统计数据显示，中国 IFDI 流量金额已经由 1981 年的 2.65 亿美元增长至 2017 年的 1340.63 亿美元，其间增长了近 506 倍；中国 OFDI 流量金额由 1982 年的 0.44 亿美元增长至 2017 年的 1582.9 亿美元，其间增长了近 3598 倍，尤其是 2015 年中国 OFDI 流量金额超过 IFDI 流量金额正式成为资本净流出国，目前已成为全球第二大资本来源国。在中国成为资本净流出国的同时，外汇储备也出现了明显削减，随着中国汇率市场化改革的不断推进，人民币汇率波动呈现与外汇储备变化高度相关的趋势，外汇储备削减也加快了人民币汇率贬值。

汇率波动作为制造业服务化的外部驱动因素在部分文献中得到了分析，这些文献的共同点在于，将汇率波动价格传递引起的进出口贸易效应视为影响制造业服务化的两类重要渠道。一方面，汇率波动价格传递引起的出口贸易效应会对制造业服务化的影响具有不确定性。Krugman（1979）提出的新贸易理论认为，汇率贬值引起的出口贸易规模扩张会促使企业加大技术创新以获取更多的经济利润，进而驱动企业继续增加研发投入，促进技术创新和提高制造业服务化水平。Vandermerwe 和 Rada（1988）认为汇率贬值引起的出口企业先进技术运用还会对非出口企业产生正向溢出效应，推动非出口企业的技术创新和提高制造业服务化水平。然而，Melitz（2003）在新新贸易理论中指出，汇率升值会加剧出口市场的竞争，这会导致生产率低下的企业退出出口市场，而那些生产率高的企业会继续增加研发投入和加强技术创新来维持其出口竞争力，提高制造业服务化水平。Thorbecke 和 Kato（2012）研究发现，日元汇率升值使日本出口商品的价格跌落程度远高于其投入成本，出口企业利润收窄，从而倒逼出口企业进行技术创新以提升制造业服务化水平。李平和田朔（2010）运用中国制造业面板数据检验了人民币汇率贬值引致的出口贸易扩张对技术创新的溢出效应发现，出口贸易的水平技术溢出效应对制造业服务化具有明显推动作用。戴翔（2016）运用 WIOD 数据库的基础数据测算了 1995~2011 年中国制造业出口内的服务增加总量发现，人民币汇率贬值引致的制造业出口内服务增加值率有逐步提高的趋势。另一方面，汇率波动价格传递引起的进口贸易效应也会对制造业服务化产生影响且具有不确定性。汇率波动价格传递既会影响东道国制造业进口资源、中间商品、信息搜寻等投入成本，也会影响东道国制造业进口商品的渗透度，两者对制造业服务化的影响均存在争议。从投入成本来看，汇率升值能使国内企业增加对海外机器设备、先进技术等进口，有利于改善技术研发效率和提高制造业服务化水平（刁莉和朱琦，2018）；进口贸易还会减少信息不对称，加快多种形式的技术指导和信息向东道国传播，也会节约企业信息搜寻成本，加快更加先进的技术研发成果与制造业生产相融合，提高制造业服务化水平（杨玲，2015）。同时，汇率贬值使东道国制造业企业在面临更高额的进口投入成本时被迫增加研发投入，加快技术升级和提升服务效率来提高生产效率，也会促进制造业服务化（严冰和张相文，2015）。汇率升值会提升制造业进口商品的价格优势和加剧东道国市场竞争，倒逼本地企业增加研发投入和提高服务效率以谋求市场竞争力，对制造业服务化具有推动作用（邢孝兵等，2018）；还有文献认为，虽然汇率贬值会降低制造业进口商品的市场渗透度，但会加剧本地企业之间的水平市场竞争，也会助推制造业服务化。

国际直接投资对制造业服务化的影响一直备受关注，现有文献在国际直接投资对制造业服务化的影响上尚未达成共识。最早的 Akamatsu（1962）的雁行产业发展形态说，以及随后 Vernon（1966）的产品生命周期论，Kojima（1978）的边际产业扩张论，Dunning（1977）的国际生产折中论都指出国际直接投资是优化国际资源配置和推动母国或东道国产业升级的外部力量；

Mathews（2006）从全球化背景下资源观出发提出了"LLL 分析框架"，该理论框架认为作为后来者的发展中国家通过外部"资源联系""杠杆效应""干中学"进行国际直接投资，可以获得新的竞争优势并促进制造业服务化。具体来看，以 IFDI 为主体的资本流入会强化东道国的资本禀赋和影响产业间的资源配置（Markusen 和 Venables，1999；徐朝阳和林毅夫，2010），有利于强化东道国的外资集聚规模、品牌和技术创新等优势，会引起东道国人均收入水平提高和促进消费结构升级，借助于技术转移和技术溢出以提升东道国产业技术水平，均有利于东道国制造业服务化（包群和赖明勇，2002；蔡昉和王德文，2004；张宇和蒋殿春，2007）。OFDI 则能够将母国产业分工中的低端生产工序或环节转移至海外进而实现资源整合和价值链分工地位攀升（叶娇和赵云鹏，2016），均有利于母国制造业服务化。

近年来，中国工业化进程已经进入了新阶段，制造业发展进入了转型的"爬坡期"，呈现出明显的制造业服务化特征。根据 WIOD 数据库测算的制造业完全消耗系数演变规律可知，自 2008 年以来，中国制造业服务化程度呈现波动上升的趋势，从 2008 年的 0.4293 增加到 2014 年的 0.5063，在后危机时代增长了近 1.18 倍。不同于以往过度依赖能源、原材料等传统生产要素的制造业粗放式发展模式，制造业服务化要求制造业与技术研发设计、管理咨询等生产服务业有机融合，是一种基于创新驱动的集约化分工模式。制造业服务化符合制造业高质量发展的一般规律，其重要性不言而喻。党的十九大报告明确指出，要"全面建设现代化经济体系"和"建设制造强国"。在开放经济条件下，我国在推动以制造业服务化为核心的产业结构转型过程中，离不开外在条件的变化。OFDI 规模扩张是否推动了中国制造业服务化？通过汇率波动又起到怎样的作用？OFDI 作为当前中国通过对外产业转移参与 GVCs 分工的重要组成部分，又会如何作用于国内制造业服务化？现有文献对此问题的理论解释和实证分析尚少，不足以提供经验证据。因此，本章将从汇率波动和对外产业转移视角分析 OFDI 对制造业服务化的影响机理，并提供相应的经验证据以回应国家的关切，具有一定的理论和现实意义。本章基于 Dai 和 Xu（2017）提出的汇率波动价格传递的三类贸易效应形式，具体分析双向直接投资通过汇率波动对制造业服务化的影响机制并提出理论假说。聚焦汇率波动价格传递的三类贸易效应形式，具体分析双向直接投资通过汇率波动对制造业服务化的影响机制并提出理论假说，并构建了一个以双向直接投资、汇率波动、制造业服务化为核心的联立方程组，运用三阶段最小二乘法（3SLS）予以检验。与此同时，将 OFDI 分为资源寻求型、技术寻求型、效率寻求型和市场寻求型四种类型，基于对外产业转移视角分析了异质性动机 OFDI 影响母国制造业服务化的机理并提出理论假说，根据 GVCs 增加值方法测算制造业服务化的指标以及利用显性比较优势指数来测算对外产业转移的指标，构建基准和拓展动态面板模型，选取 2003~2014 年中国对 152 个国家的双边投资面板数据集予以检验。

本部分研究的边际贡献在于：第一，首次从机理层面厘清了 OFDI、对外产业转移与制造业服务化之间的逻辑联系，尤其系统考虑了异质性动机 OFDI 的作用；基于当前阶段我国特殊的产业结构演变背景，从机制层面阐释了双向直接投资通过汇率波动对制造业服务化影响这一亟待探讨的问题并给予必要的经验证据。第二，运用动态面板模型和联立方程组模型能够较好地解决 OFDI、对外产业转移（汇率波动）与制造业服务化之间的互为因果关系，通过缓解内生性可提供更加精确的研究结论。第三，从宏观层面提出了中国通过加快"走出去"过程中的对外产业转移和汇率政策优化来推动国内制造业服务化提供了可供借鉴的政策建议。

5.2　机制分析

5.2.1　汇率传导机制

国际直接投资日益成为我国参与全球产业分工的主要形式，使资本与金融账户的变化更加频繁，其借贷双方的变化取决于 IFDI 规模和 OFDI 规模的扩张程度。正如 IDP 理论提到的，国际直接投资是所有权优势、内部化优势和区位优势等多方面因素共同作用的结果。Anderson（1979）在引力模型框架内分析了国际直接投资的区位选择问题，并将国际直接投资归结于经济规模、物理距离、地理区位、文化相似度等因素。伴随着上述条件的变化，IDP 理论认为一国资本净流出随着经济增长会呈现"U"形规律，尤其当一国经济增长由第三阶段向第四阶段迈进时，便会出现资本净流入向资本净流出的转变。事实上，我国双向直接投资的发展规律与 IDP 理论预期高度吻合，迄今为止已经经历了由 IFDI 规模扩张向 OFDI 规模扩张转变的过程，并为国内诸多学者所证实（杨健全等，2006；朱华，2012），在此过程中，我国资本与金融账户也表现为由借转贷的特征。对应地，双向直接投资规模扩张会带来资本与金融账户变化，进而影响外汇储备。具体来看，IFDI 规模扩张会增加资本与金融账户的借方金额，增加外汇储备的贷方金额（外汇储备增加）；OFDI 规模扩张则会增加资本与金融账户的贷方金额，增加外汇储备的借方金额（外汇储备减少）。根据均衡汇率决定理论，由资本与金融账户变化引致的外汇储备增减将会导致均衡汇率的相应波动，外汇储备增加会增加我国外汇市场供给和增加人民币需求，带来人民币汇率升值，而外汇储备减少会降低我国外汇市场供给和减少人民币需求，带来人民币汇率承压（唐爱迪等，2019）。

借鉴 Dai 和 Xu（2017）的研究框架，人民币汇率波动还会通过价格传递机制影响我国进口投入品成本、出口商品价格与进口商品渗透度。第一，人民币汇率升值（贬值）会降低（增加）我国进口投入品成本。在"两头在外，大进大出"的加工制造业分工格局尚未转变的情况下，我国制造业生产过程中所需要的原材料、中间商品等投入品进口依赖程度高，而人民币汇率升值（贬值）会增加（降低）本国货币购买力，这会促使企业会增加（减少）对原材料、中间商品等投入品的进口量，尤其会激励购买更高（低）质量的投入品（逯宇铎等，2017）。第二，人民币汇率升值（贬值）会提高（降低）我国出口商品价格。在出口导向型经济导向之下，我国制造业加工制成品高度依赖于国际市场，人民币汇率升值（贬值）对我国出口商品价格指数具有拉升（压制）作用，这会改善（恶化）我国制造业贸易条件；当然，伴随着人民币升值（贬值）而出现的出口价格上升（下降），我国制造业出口商品数量也会相应地下降（上升）（毛日昇等，2017）。第三，人民币汇率升值（贬值）会提高（降低）我国进口商品市场渗透度。在庞大的人口基数条件下，我国对进口制造业商品的市场需求潜力巨大，当人民币升值（贬值）使国内制造业商品价格较之于进口制造业商品价格出现攀升（下跌）时，价格机制会引导市场偏好由国内制造业商品（进口制造业商品）向进口制造业商品（国内制造业商品）转移，这会降低（提高）国内制造业商品的市场份额转而提高（降低）进口制造业商品的市场份额，进口商品渗透度随之提升（下降）（高伟刚和盛斌，2016）。

进一步地，人民币汇率波动通过价格传递引起进口投入品成本、出口商品价格与进口商品渗透度变化将会影响我国制造业服务化进程。第一，人民币汇率贬值（升值）带来的进口投入品成本上升（下降）对我国制造业服务化的影响具有两面性。其中，人民币汇率贬值带来的原材料、中间商品等进口投入品成本上升会提高我国制造业企业生产成本，导致国内制造业企业更多地选择低质量的原材料、中间商品来降低成本，这会造成企业研发效率低下，也会稀释管理咨询等服务要素支出的资本，不利于制造业与服务业融合，会抑制我国制造业服务化；同时，投入品成本上升也会对国内制造业企业生产转型产生倒逼力量，迫使制造业企业增加技术研发、管理咨询等服务要素投入，通过提高产品内在附加值来提升我国制造业服务化（胡冬梅和潘世明，2013）。换而言之，人民币汇率升值带来的原材料、中间商品等进口投入品成本下降会降低我国制造业企业生产成本，企业不仅可以通过运用更高质量的原材料、中间商品等进口投入品来提高研发效率，还有足够的资金用于管理咨询等服务要素支出。这会加快制造业产业链与服务业融合和提升制造业产品内在附加值，对我国制造业服务化具有促进作用；同时，投入品成本下降还会造成国内制造业企业技术创新"惰性"，制造业企业因满足于原材料、中间商品等投入品成本优势而忽视加强技术研发、管理咨询等服务要素投入，这会造成制造业产业链升级停滞，不利于制造业附加值提升，对我国制造业服务化具有抑制作用。第二，人民币汇率贬值（升值）带来的出口商品价格下降（上升）对我国制造业服务化的影响具有两面性。其中，人民币汇率贬值带来的出口商品价格下降对于需求价格弹性较小的制造业企业，会降低其出口商品收益（价格下降＞数量增加），导致这些企业压缩生产成本，降低技术研发、管理咨询等服务要素投入，会抑制我国制造业服务化；同时，出口商品价格下降会提高需求价格弹性较大的制造业企业的出口单位商品收益（价格下降＜数量增加），推动这些企业增加技术研发和管理咨询等服务要素投入，推动制造业发展模式由生产型向创新型转变，有利于提高制造业产品内在附加值，会提高我国制造业服务化。类似地，人民币汇率升值分别会引起需求弹性较小和需求价格弹性较大的制造业企业出口商品收益增加（价格上升＞数量减少）和减少（价格上升＜数量减少），从而影响它们的技术研发、管理咨询等服务要素投入，会造成制造业服务化上升和下降（程惠芳和成蓉，2018）。第三，人民币汇率贬值（升值）带来的进口商品渗透度下降（上升）对我国制造业服务化的影响具有两面性。其中，人民币汇率贬值带来的进口商品渗透度下降会削弱进口商品的市场竞争力和增加本土制造业企业的市场份额,会导致本土制造业企业在面临较小的外部竞争压力时缺乏技术研发、管理咨询等服务要素投入的动力,更容易造成制造业低端锁定,不利于我国制造业服务化;同时,进口商品渗透度下降会留给本土制造业企业以充分的空间来进行自主技术研发和完善管理咨询等服务以推动企业内涵价值的持续提升,推动制造业产业链提升和发展方式转型,有利于我国制造业服务化。换而言之,人民币汇率升值带来的进口商品渗透度上升会增强进口商品的市场竞争力和削减本土制造业企业的市场份额,会使国内制造业企业在面临较大的外部竞争压力时被迫增加技术研发、管理咨询等服务要素投入来提高产品市场竞争力,会推动产业链提升,有利于我国制造业服务化;同时,进口商品渗透度上升会形成对本土制造业企业的市场掠夺效应,直接关系其生死存亡,会使企业更加注重控制生产环节的成本控制和销售价格,以及压缩资本密集型的技术研发、管理咨询等服务要素投入,反而不利于我国制造业服务化(范志勇和向弟海,2006)(见图5-1)。

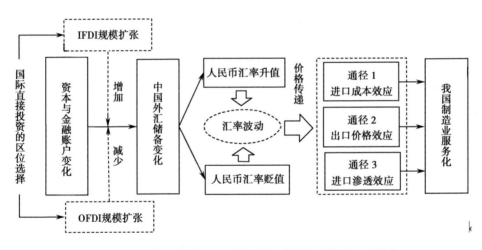

图5-1 双向直接投资影响制造业服务化的汇率波动机制示意
资料来源:笔者绘制。

5.2.2 对外产业转移传导机制

一国(地区)OFDI的动机可分为商贸服务型、当地生产型、研究开发型和资源寻求型四种类型。具体来看,商贸服务型OFDI是指母国因市场饱和以扩大在东道国的市场份额为主要动机的投资类型;当地生产型OFDI是指母国因工资上涨对劳动力较丰裕的东道国投资以节约成本和提高效率为主要动机的投资类型；研究开发型 OFDI 是指母国因技术升级受阻为获取东道国知识技术、品牌等战略性资产为主要动机的投资类型；资源寻求型 OFDI 是指母国因资源短缺以获取东道国丰富的生产性资源为主要动机的投资类型。在全球产业专业化分工日益细化影响下，异质性动机 OFDI 会通过不同渠道影响母国对外产业转移，对外产业转移又与母国产业结构息息相关，会通过不同渠道影响其制造业服务化。具体说明如下：

（1）商贸服务型。商贸服务型 OFDI 会推动母国将产品销售服务环节转移到市场潜力较大的东道国，能够绕开其他国家的贸易壁垒和对外转移国内过剩产能，实现母国市场利润增长。在高利润的驱动下，母国制造业企业会选择在东道国直接建立工厂并就近销售产品，由于国内市场趋近饱和，通过市场寻求 OFDI 也会加快母国剩余产能的输出（Hansen 和 Rand，2006）。由于效率寻求型 OFDI 所引起的对外产业转移能够就近满足国外市场需求，这对于传统的出口渠道而言是一种替代，形成出口替代效应。这会削减中国对东道国的工业制成品的出口规模，对于出口导向型企业无疑是一种负面冲击。在出口规模受限的情况下，为了提高出口竞争力，母国制造业企业会扩大其产品的差异化程度，尤其通过增加对人才培养、品牌服务、咨询管理与研发创新等服务要素投入来提升出口产品质量，有利于母国制造业服务化水平的提升。

（2）当地生产型。当地生产型 OFDI 会推动母国将产品生产环节转移到劳动力成本更加低廉的东道国，尤其在母国劳动力成本居高不下的情况下，当地生产型 OFDI 会推动母国向劳动力要素丰富的东道国进行投资，部分劳动密集型加工环节则通过外包给这些海外企业，将会形成海外加工替代本国生产。随着国内制造业企业产品生产职能的剥离，它们将致力于产业链前端的研发设计与产业链后端的销售保障等高附加值环节。此过程无疑可将低附加值的劳动密集型加工代工环节剥离，是对外产业转移的一种形式。对外产业转移会引起母国制造业分工地位递增效应，由 GVCs 中的低附加值的加工代工者转变为高附加值的设计销售者，由于产业链前后端的设计销售环节对人才培养、品牌服务、咨询管理与研发创新等服务要素的需求较大，这意味制造业分工地位提升也会带来制造业生产环节对这些服务要素需求的增加，有利于母国制造业服务化水平的提升（毛海欧和刘海云，2018）。

（3）研究开发型。研究开发型 OFDI 会推动母国产品技术研发环节转移到那些技术先进的东道国，从而为母国提供先进的生产技术与战略资源，主要通过跨国并购、联合研发等"学习效应"将海外先进的生产技术与战略资源转化运用于母国制造业发展过程，形成逆向技术溢出效应。海外先进技术的获取不仅能够提升 OFDI 企业本身的技术水平，还会通过产业关联双向垂直技术溢出，提升产业链上下游制造业企业技术水平；OFDI 企业技术水平提升还会形成强大的竞争压力，为了应对这种压力，其他制造业企业会纷纷通过劳动力流动形成技术转移和扩大研发投入等方式对 OFDI 企业的先进技术进行模仿。在高技术水平制造业快速发展之时，无法适应新型技术的传统制造业则会选择向海外其他国家转移。对外产业转移也会相应带来母国制造业结构升级，产生制造业企业创新强化效应，推动制造业创新驱动发展。由于技术创新是一种基于服务要素高度聚合的过程，制造业企业技术创新需求上升自然也会增加对人才培养、品牌服务、咨询管理与研发创新等服务要素的"引致需求"，有利于母国制造业服务化水平的提升。

（4）资源寻求型。资源寻求型 OFDI 会推动母国将资源开采与加工环节转移到那些资源禀赋更加丰富的东道国，能够为母国提供国内稀缺的生产性资源，有利于母国同时利用国内和国外两种资源，实现优势互补和资源禀赋重塑，从而缓解母国制造业发展过程中的资源约束。资源约束缓解有利于母国将更多资源配置于中间商品等更高附加值的制造业发展。资源寻求型 OFDI 为母国提供更多物美价廉的海外资源同时，高附加值的制造业还会利用更加廉价的原材料降低产品的生产成本和销售价格，扩大其海外销售的市场份额，产生对母国中间商品等高附加值的工业制成品的出口促进效应，增强母国高附加值制造业发展的比较优势（蒋冠宏和蒋殿春，2014）。由于高附加值制造业发展对人才培养、品牌服务、咨询管理与研发创新等方面的服务要素依赖程度更高，高附加值制造业发展的比较优势凸显将会有利于母国制造业服务化水平的提升。

5.3　研究设计

5.3.1　基准计量模型

为检验 OFDI 对母国制造业服务化的影响，构建基准模型如下：

$$SER_{j,t} = \alpha_0 + \alpha_1 SER_{j,t-1} + \alpha_2 Ofdi_{j,t} + \alpha_3 x_{j,t} + \alpha_4 x_{j,t-1} + \mu_j + v_t + \varepsilon_{j,t} \tag{5-1}$$

其中，下标 j、t 分别表示国别和年份，且 j=1，2，3，…，N；t=1，2，3，…，T。α_i 表示模型待估参数。$SER_{j,t}$ 表示被解释变量，为第 t 年中国制造业服务化水平，使用增加值方法测算的制造业产出中的服务业增加值投入占比。鉴于中国制造业服务化水平的演变过程很可能存在时期滞后性，即当期中国制造业服务化水平很可能与过去期中国制造业服务化水平有关，不作考虑会引起遗漏变量偏差，故在上式右侧加入被解释变量的一期滞后项。$Ofdi_{j,t}$ 是核心解释变量，表示第 t 年中国对第 j 个东道国的 OFDI 规模。$x_{j,t}$ 是其他影响中国制造业服务化的控制变量，包括国内因素与国际因素两个部分（胡查平等，2019）。具体来看，国内因素包括中国金融深化、政府支出、研发投入等。其中，金融深化使用中国年末金融机构贷款余额占 GDP 比重衡量，定义为 Fin；政府支出使用中国政府预算公共财政支出占 GDP 比重衡量，定义为 Gov；研发投入使用中国 R&D 经费支出占 GDP 比重衡量，定义为 Rd。国际因素包括双边实际汇率、外商直接投资规模、制度距离等。其中，实际汇率使用直接标价法表征的人民币实际汇率衡量，即运用中国与东道国的居民消费物价指数（CPI）对双边名义汇率进行平减得到，定义为 Rer；IFDI 规模使用标准化后的中国实际利用东道国外资额衡量，定义为 Ifdi；制造业净出口贸易使用中国对东道国的双边制造业出口贸易减去双边制造业进口贸易额衡量，定义为 Tra；制度距离使用中国与东道国的政体自由度的差分衡量，定义为 Ins。考虑到控制变量对制造业服务化的影响可能存在的滞后效应，我们将控制变量的当期项及其一期滞后项引入回归方程中。μ_j 和 v_t 分别表示不随时间变化的国别固定效应和不随国别变化的时间固定效应。$\varepsilon_{j,t}$ 表示随机扰动项。

5.3.2　传导机制

（1）对外产业转移传导机制。为了检验中国 OFDI 影响其制造业服务化的对外产业转移机制，在基准模型中加入对外产业转移变量。由于对外产业转移主要体现于进出口产品对应产业的比较优势变化，会对外产业转移会对制造业服务化产生直接作用，故基于中国对东道国的进出口贸易结构变化来构建对外产业转移变量 $Trans_{j,t}$。为了反映中国 OFDI 通过对外产业转移对其制造业服务化的影响，加入 OFDI 规模变量与对外产业转移变量的交互项。动态形式的拓展模型设定如下：

$$\begin{aligned}
SER_{j,t} = {} & \beta_0 + \beta_1\, SER_{j,t-1} + \beta_2\, Ofdi_{j,t} + \beta_3\, Trans_{j,t} + \beta_4\, Ofdi_{j,t} \times Trans_{j,t} + \\
& \beta_5 x_{j,t} + \beta_6 x_{j,t-1} + \mu_j + v_t + \varepsilon_{j,t}
\end{aligned} \tag{5-2}$$

其中，β_j 表示模型待估参数。式（5-2）中，交互项的估计系数 β_4 值得关注，反映了总体 OFDI 规模扩张通过对外产业转移对中国制造业服务化的影响。由于中国 OFDI 规模扩张的背后存在着资源寻求、技术寻求、效率寻求和市场寻求等多重动机，为更好地甄别异质性动机 OFDI 通过对外产业转移对中国制造业服务化的影响机制，本部分在式（5-2）的基础上，借鉴史恩义和张瀚文（2018）的研究，使用东道国自然资源禀赋、出口技术含量、劳动力成本、居民生活水平甄别中国对东道国 OFDI 的四种不同动机，具体到模型中，分别加入这四类动机变量与 OFDI 规模变量、对外产业转移变量的三重交互项。最终拓展模型设定如下：

$$\begin{aligned}
SER_{j,t} = {} & \gamma_0 + \gamma_1\, SER_{j,t-1} + \gamma_2\, Ofdi_{j,t} + \gamma_3\, Trans_{j,t} + \gamma_4\, Ofdi_{j,t} \times Trans_{j,t} + \\
& \gamma_5 Ofdi_{j,t} \times Res_{j,t} \times Trans_{j,t} + \gamma_6 Ofdi_{j,t} \times Tec_{j,t} \times Trans_{j,t} + \\
& \gamma_7 Ofdi_{j,t} \times Pro_{j,t} \times Trans_{j,t} + \gamma_8\, Ofdi_{j,t} \times Mar_{j,t} \times Trans_{j,t} + \\
& \gamma_9 x_{j,t} + \gamma_{10} x_{j,t-1} + \mu_j + v_t + \varepsilon_{j,t}
\end{aligned} \tag{5-3}$$

其中，γ_i 表示模型待估参数。式（5-3）中的三重交互项的估计系数值得关注，对外产业转移是异质性动机 OFDI 影响中国制造业服务化的"纽带"，且本部分预计资源寻求型 OFDI、技术寻求型 OFDI、效率寻求型 OFDI 与市场寻求型 OFDI 通过对外产业转移都会引起中国制造业服务化水平提升，三重交互项 $\gamma_5 \sim \gamma_8$ 的估计系数应大于 0。

（2）汇率传导机制。鉴于使用单一方程难以准确地反映双向直接投资、汇率波动和制造业服务化三者之间的联系。对此，目前可供参考的解决方案有两种：一种方案是借鉴管理学的中介效应研究方法，将汇率波动作为双向直接投资影响制造业服务化的中介变量，构建中介效应模型。然而，中介效应模型要求变量之间的逻辑关系是单一的，不存在互为因果联系，否则将会因内生性偏差而失效。显然，双向直接投资既会通过影响外汇储备来决定汇率波动，也会受到汇率波动的影响；制造业服务化还会通过影响制造业比较优势来决定一国双向直接投资规模，这些反向联系使得中介效应模型可能并不适用。另一种方案是借鉴经济学的结构方程建模思路，构建涵盖双向直接投资、汇率波动和制造业服务化三者关系的联立方程组，其优势在于，允许变量之间存在互为因果关系，使用三阶段最小二乘法（3SLS）能够最大限度地缓解模型之间的联立性问题，有助于更加精准的识别图 5-1 中的机制。为此，本部分选择后者为基础进行实证模型设计，具体说明如下：

1）双向直接投资规模决定方程。借鉴投资引力模型的基本形式，将我国与东道国的 IFDI 规模和 OFDI 规模作为被解释变量；将我国与东道国的经济规模作为双边投资的拉力，而将距离因素作为两国双边投资的阻力，考虑到国际直接投资不像国际贸易那样存在"冰山成本"，传统引力方程中的物理距离并不构成双边直接投资的核心因素，借鉴杨亚平和高玥（2017）的研究，由于制度距离决定了跨国公司在东道国市场运营时的组织一致性，构成了影响双向直接投资的核心距离因素，故予以控制。实际汇率变化将直接导致来华投资的外资企业和我国境外投资企业的投资成本变化，是影响双向直接投资的重要因素，应作为核心解释变量。考虑到区位因素的存在，分别控制我国和东道国的长期实际利率、共同语言、共同边界和共同贸易区协定等因素的影响[①]。双向直接投资规模决定方程设定如下：

$$Ifdi_{ijt} = \alpha_0 + \alpha_1 Gdp_{it} + \alpha_2 Gdp_{jt} + \alpha_3 Dist_{ij} + \alpha_4 Rrer_{ijt} + \alpha_5 |Lint_{it} - Lint_{jt}| + \alpha_6 Comlang_{ij} + \alpha_7 Contig_{ij} + \alpha_8 Fta_{ij} + \varepsilon_{jt} \tag{5-4}$$

$$Ofdi_{jit} = \beta_0 + \beta_1 Gdp_{it} + \beta_2 Gdp_{jt} + \beta_3 Dist_{ij} + \beta_4 Rrer_{ijt} + \beta_5 |Lint_{it} - Lint_{jt}| + \beta_6 Comlang_{ij} + \beta_7 Contig_{ij} + \beta_8 Fta_{ij} + \varepsilon_{jt} \tag{5-5}$$

其中，下标 i、j 表示我国和第 j 个东道国，下标 t 表示第 t 年，且 j = 1，…，N 和 t = 2003，…，T。α、β 表示待估参数，ε_{jt} 表示随机扰动项。Ifdi、Ofdi 分别表示 IFDI 规模和 OFDI 规模，均使用流量形式表示。Gdp 为经济规模，使用我国和东道国的名义 GDP 表示。Dist 为制度距离，本部分主要根据 WGI 数据库中的政治稳定性、政府效率、监管质量、法制规则、话语权与问责制以及腐败控制 6 维因素，采用因子分析和主成分分析，计算我国与东道国的正式制度质量综合得分，再以我国正式制度质量得分与东道国正式制度质量得分的差分绝对值衡量两国间的制度距离。Lint 为我国和东道国的长期实际利率，使用一阶差分绝对值的相对形式表示。Comlang、Contig 和 Fta 分别为共同语言、共同边界和自贸区协议均为虚拟变量，是取 1，否则取 0。Rrer 为汇率波动。

---

① 长期实际利率影响了企业的预期收益，是企业进行投资决策时的重要参考指标；共同语言、共同边界和自贸区协议则反映两国间社会文化相似性、地理区位临近度和经济联系紧密程度，也会影响双向直接投资规模。

2）汇率波动决定方程。借鉴 Kosteletou 和 Liargovas（2000）的研究，双向直接投资是汇率波动的重要初始来源，这里将中国对东道国的汇率波动作为被解释变量；由于中国与东道国的 IFDI 和 OFDI 分别作为资本与金融账户的借方和贷方，分别会造成外汇储备的增加和减少，最终反映于人民币汇率的升值和贬值，故将我国与东道国的 IFDI 规模和 OFDI 规模作为核心解释变量。同时，根据国际费雪效应，两国间短期实际利率差异的存在也会导致套利活动的产生，构成了影响汇率波动的金融媒介，而两国通货膨胀率的变化会引起汇率波动，这里均以差分形式加以控制。汇率波动决定方程设定如下：

$$\text{Rrer}_{ijt} = \phi_0 + \phi_1 \text{Ifdi}_{ijt} + \phi_2 \text{Ofdi}_{jit} + \phi_3 \left| \text{Sint}_{it} - \text{Sint}_{jt} \right| + \phi_4 \left| \text{Inf}_{it} - \text{Inf}_{jt} \right| + u_j + v_t + \varepsilon_{jt}$$

$$(5-6)$$

其中，ϕ 表示待估参数。Rrer 表示上文定义的实际进出口加权有效汇率。Ifdi 和 Ofdi 表示上文定义的中国与东道国的 IFDI 规模和 OFDI 规模。Sint 和 Inf 分别表示中国与东道国的短期实际利率和通货膨胀率，均使用一阶差分绝对值的相对形式表示。式（5-6）中的估计系数 ϕ_1、ϕ_2 尤其值得关注，根据本部分预期，须满足以下条件：$\phi_1 < 0$，$\phi_2 > 0$。

3）进口成本、出口价格与进口渗透决定方程。借鉴杜运苏（2010）的研究，汇率波动通过价格传递会影响进口成本、出口价格与进口渗透，这里将中国对东道国的进口成本指数、出口价格指数与进口渗透指数作为被解释变量，并将汇率波动作为核心解释变量。考虑到中国与东道国的消费价格指数则反映了与居民生活有关的消费品及服务价格水平，是监测需求支出的重要宏观经济指标，该指数变化最终会造成双边进出口贸易价格变化，故将其作为控制变量。另外，由于中国与东道国的工业增加值反映了双边市场需求状况，会分别作用于中国对东道国进口价格和中国对东道国出口价格，故予以控制。进口成本、出口价格与进口渗透决定方程设定如下：

$$\text{Impcost}_{ijt} = \theta_0 + \theta_1 \text{Rrer}_{ijt} + \theta_2 \left| \text{Cpi}_{it} - \text{Cpi}_{jt} \right| + \theta_3 \text{Add}_{it} + u_j + v_t + \varepsilon_{jt} \quad (5-7)$$

$$\text{Expprice}_{ijt} = \eta_0 + \eta_1 \text{Rrer}_{ijt} + \eta_2 \left| \text{Cpi}_{it} - \text{Cpi}_{jt} \right| + \eta_3 \text{Add}_{jt} + u_j + v_t + \varepsilon_{jt} \quad (5-8)$$

$$\text{Impperm}_{ijt} = \kappa_0 + \kappa_1 \text{Rrer}_{ijt} + \kappa_2 \left| \text{Cpi}_{it} - \text{Cpi}_{jt} \right| + \kappa_3 \text{Add}_{it} + u_j + v_t + \varepsilon_{jt} \quad (5-9)$$

其中，θ、η、κ 表示待估参数。Rrer 表示实际进出口加权有效汇率。Cpi 表示中国与东道国的 CPI，使用一阶差分绝对值的相对形式控制。Add 表示中国与东道国的工业增加值。Impcost、Expprice 和 Impperm 为中国对东道国的进口成本指数、出口价格指数和进口渗透指数。式（5-7）至式（5-9）中的汇率波动的估计系数尤其值得关注，根据本部分预期，须满足以下条件：$\theta_1>0$，$\eta_1<0$，$\kappa_1<0$。

4）制造业服务化决定方程。借鉴邹国伟等（2018）的研究，贸易开放有助于制造业服务化，本部分将制造业服务化作为被解释变量，并将用以反映贸易开放程度的进口本指数、出口价格指数和进口渗透指数作为核心解释变量。同时，双向直接投资、汇率波动是影响我国制造业服务化的外部经济条件。另外，研发投入强度反映了制造业研发支出，人力资本禀赋反映了制造业创新能力与管理水平，制造行业规模反映了制造业规模经济优势，信息基础设施反映了制造业互联网配套建设情况，均是影响制造业服务化的潜在因素，均予以控制。制造业服务化决定方程设定如下：

$$SER_{it} = \zeta_0 + \zeta_1 Impcost_{ijt} + \zeta_2 Expprice_{ijt} + \zeta_3 Impperm_{ijt} + \zeta_4 Ifdi_{ijt} + \zeta_5 Ofdi_{ijt} +$$
$$\zeta_6 Rrer_{ijt} + \zeta_7 Rd_{it} + \zeta_8 Hc_{it} + \zeta_9 Sca_{it} + \zeta_{10} Net_{it} + u_j + v_t + \varepsilon_{jt}$$

$$(5-10)$$

其中，ζ 表示待估参数。SER_{it} 表示制造业服务化指数，使用增加值方法测算的制造业产出中的服务业增加值投入占比测度。Impcost、Expprice 和 Impperm 为上文定义的进口本指数、出口价格指数和进口渗透指数。Ifdi 和 Ofdi 表示上文定义的中国与东道国的 IFDI 规模和 OFDI 规模。Rrer 表示上文定义的实际进出口加权有效汇率。Rd 表示中国研发投入强度，使用 R&D 费用支出占 GDP 比重表示。Hc 表示中国人力资本禀赋，使用平均受教育年限表示[①]。Sca 表示中国制造行业规模，使用工业增加值占 GDP 比重表示。Net 表示中国信息基础设施，使用每年互联网上网人数表示。式（5-10）中的进口成本指数、出口价格指数和进口渗透指数的估计系数尤其值得关注，根据本部分预期，进口商品成本、出口商品价格和进口商品渗透度的变化对中国制造业服务化的影响均具有两面性，三类指数的估计系数符号不确定。式（5-4）至式（5-10）实际上构成了一个相互嵌套的联立方程组，当机制图 5-1 中 IFDI 规模（OFDI 规模）扩张引起的汇率升值（贬值）的价格传递效应对制造业服务化的正向（负向）作用全部成立时，须满足以下条件：$\zeta_1>0$，$\zeta_2<0$，

---

① 平均受教育年限的计算方法为：将受教育人口根据年龄层次差别划分为小学、初中、高中和高等教育四个部分，并取各自的累计受教育年限（小学 6 年，初中 9 年，高中 12 年，高等教育 16 年）作为权重进行加权平均计算得到。

$\zeta_3<0$；当机制图 5-1 中 IFDI 规模（OFDI 规模）扩张引起的汇率升值（贬值）的价格传递效应对制造业服务化的负向（正向）作用全部成立时，需要满足以下条件：$\zeta_1<0$，$\zeta_2>0$，$\zeta_3>0$。

5.3.3 指标选取

模型中的主要变量指标选取说明如下：

（1）制造业服务化水平。现有文献中关于制造业服务化水平的测度方法主要有两类：一类是通过 WIOD 数据库中的中国投入—产出表测算其所有制造行业的直接消耗系数或完全消耗系数，再通过制造行业加总的方式获得中国制造业的直接消耗系数或完全消耗系数，表征中国制造业服务化水平（刘斌等，2016）；另一类是通过 WIOD 数据库中的多国投入产出（Multi-Regional Input and Output，MRIO）模型建立一国产出增加值的基本框架，区分国内外服务业增加值对制造业服务化的影响（Koopman 等，2012）。在分国别的情况下，增加值测算方法能够反映进口增加值与中国制造业服务化之间的关联关系，可以细化到具体国家对中国制造业服务业增加值投入水平，从而能够更加准确分析同中国产生贸易关系的各国对于中国制造业服务化的影响，较之于局限于中间投入的直接消耗系数或完全消耗系数方法而言更具优势（吴永亮和王恕立，2018）。不失一般性，本部分采用增加值测算方法计算中国制造业服务化水平。令：

$$
\begin{bmatrix} X_1 \\ X_2 \\ \vdots \\ X_G \end{bmatrix} = \begin{bmatrix} X_{11} & X_{12} & \cdots & X_{1G} \\ X_{21} & X_{22} & \cdots & X_{2G} \\ \vdots & \vdots & \ddots & \vdots \\ X_{G1} & X_{G2} & \cdots & X_{GG} \end{bmatrix} = \begin{bmatrix} I-A_{11} & -A_{12} & \cdots & -A_{1G} \\ -A_{21} & I-A_{22} & \cdots & -A_{2G} \\ \vdots & \vdots & \ddots & \vdots \\ -A_{G1} & -A_{G2} & \cdots & I-A_{GG} \end{bmatrix}^{-1} \begin{bmatrix} \sum_{r=1}^{G} Y_{1r} \\ \sum_{r=1}^{G} Y_{2r} \\ \vdots \\ \sum_{r=1}^{G} Y_{Gr} \end{bmatrix}
$$

$$
= \begin{bmatrix} B_{11} & B_{12} & \cdots & B_{1G} \\ B_{21} & B_{22} & \cdots & B_{2G} \\ \vdots & \vdots & \ddots & \vdots \\ B_{G1} & B_{G2} & \cdots & B_{GG} \end{bmatrix} \begin{bmatrix} Y_1 \\ Y_2 \\ \vdots \\ Y_G \end{bmatrix} = \begin{bmatrix} B_{11} & B_{12} & \cdots & B_{1G} \\ B_{21} & B_{22} & \cdots & B_{2G} \\ \vdots & \vdots & \ddots & \vdots \\ B_{G1} & B_{G2} & \cdots & B_{GG} \end{bmatrix} \begin{bmatrix} Y_{11} & Y_{12} & \cdots & Y_{1G} \\ Y_{21} & Y_{22} & \cdots & Y_{2G} \\ \vdots & \vdots & \ddots & \vdots \\ Y_{G1} & Y_{G2} & \cdots & Y_{GG} \end{bmatrix}
$$

$$(5-11)$$

其中，X 表示 GN×G 维的产出矩阵，Y 表示 GN×G 维的最终需求矩阵，x_{sr} 表示 N×1 维的产出向量，代表 s 国生产被 r 国获取的各行业产出，y_{sr} 表示 N×1 维的产出向量，代表 r 国对 s 国各行业的最终需求，A 和 B 表示 GN×GN 维的直接消耗系数矩阵和里昂惕夫逆矩阵。定义 V 为 G×GN 维的增加值系数矩阵，V_s 为 1×N 维矩阵，表示 s 国各行业单位产出的增加值比重。假设 $\hat{V}_s$ 为 N×N 维的对角矩阵，对角项与 V_s 中的各行业增加值系数相对应，则有：

$$\hat{V} = \begin{bmatrix} \hat{V}_1 & 0 & \cdots & 0 \\ 0 & \hat{V}_2 & \cdots & 0 \\ \vdots & \vdots & \ddots & \vdots \\ 0 & 0 & \cdots & \hat{V}_G \end{bmatrix} \tag{5-12}$$

其中，$\hat{V}$ 为 GN×GN 维的对角阵，其对角项均为各国不同行业的增加值系数。由于需要得到对应国家分行业的增加值分解数据，我们将各国最终需求矩阵转化为对角矩阵，令 $\hat{Y}$ 为 GN×GN 维的各国对应各行业对角阵组合而成的整体需求矩阵，则总产出的增加值分解框架表示为：

$$\hat{V}X = \hat{V}B\hat{Y} = \begin{bmatrix} \hat{V}_1 B_{11} Y_1 & \hat{V}_1 B_{12} Y_2 & \cdots & \hat{V}_1 B_{1G} Y_G \\ \hat{V}_2 B_{21} Y_1 & \hat{V}_2 B_{22} Y_2 & \cdots & \hat{V}_2 B_{2G} Y_G \\ \vdots & \vdots & \ddots & \vdots \\ \hat{V}_G B_{G1} Y_1 & \hat{V}_G B_{G2} Y_2 & \cdots & \hat{V}_G B_{GG} Y_G \end{bmatrix} \tag{5-13}$$

为分析各服务行业对制造业服务化水平的影响，即得到不同国家间不同服务行业对制造业的增加值投入，还需要将式（5-13）进行分解。定义下标为国家，上标为行业，$\hat{V}_s$ 为 N×N 维的对角矩阵，表示如下：

$$\hat{V}_s = \begin{bmatrix} v_s^1 & 0 & \cdots & 0 \\ 0 & v_s^2 & \cdots & 0 \\ \vdots & \vdots & \ddots & \vdots \\ 0 & 0 & \cdots & v_s^n \end{bmatrix} \tag{5-14}$$

结合式（5-13）和式（5-14），为测算制造业产出中的服务投入水平，参考 Wang 等（2016）的研究，定义 "&" 为矩阵中对应各项相乘但不加总，并按原来的位置进行组合，其中任意一项为：

$$
\hat{V}_s B_{sr} \& Y_r =
\begin{bmatrix}
v_s^1 & 0 & \cdots & 0 \\
0 & v_s^2 & \cdots & 0 \\
\vdots & \vdots & \ddots & \vdots \\
0 & 0 & \cdots & v_s^n
\end{bmatrix}
\begin{bmatrix}
b_{sr}^{11} & b_{sr}^{12} & \cdots & b_{sr}^{1n} \\
b_{sr}^{21} & b_{sr}^{22} & \cdots & b_{sr}^{2n} \\
\vdots & \vdots & \ddots & \vdots \\
b_{sr}^{n1} & b_{sr}^{n2} & \cdots & b_{sr}^{nn}
\end{bmatrix}
\&
\begin{bmatrix}
Y_r^1 \\
Y_r^2 \\
\vdots \\
Y_r^n
\end{bmatrix}
$$

$$
=
\begin{bmatrix}
v_s^1 b_{sr}^{11} & v_s^1 b_{sr}^{12} & \cdots & v_s^1 b_{sr}^{1n} \\
v_s^2 b_{sr}^{21} & v_s^2 b_{sr}^{22} & \cdots & v_s^2 b_{sr}^{2n} \\
\vdots & \vdots & \ddots & \vdots \\
v_s^n b_{sr}^{n1} & v_s^n b_{sr}^{n2} & \cdots & v_s^n b_{sr}^{nn}
\end{bmatrix}
\&
\begin{bmatrix}
Y_r^1 \\
Y_r^2 \\
\vdots \\
Y_r^n
\end{bmatrix}
=
\begin{bmatrix}
v_s^1 b_{sr}^{11} Y_r^1 & v_s^1 b_{sr}^{12} Y_r^1 & \cdots & v_s^1 b_{sr}^{1n} Y_r^1 \\
v_s^2 b_{sr}^{21} Y_r^2 & v_s^2 b_{sr}^{22} Y_r^2 & \cdots & v_s^2 b_{sr}^{2n} Y_r^2 \\
\vdots & \vdots & \ddots & \vdots \\
v_s^n b_{sr}^{n1} Y_r^n & v_s^n b_{sr}^{n2} Y_r^n & \cdots & v_s^n b_{sr}^{nn} Y_r^n
\end{bmatrix}
$$

$$(5\text{--}15)$$

其中，横向各项表示国家 s 出口到国家 r 的增加值。例如，$v_s^1 b_{sr}^{11} Y_r^1$ 表示国家 s 的行业 1 出口到国家 r 的行业 1 的增加值，$v_s^1 b_{sr}^{12} Y_r^1$ 表示国家 s 的行业 1 出口到国家 r 的行业 2 的增加值。因此，矩阵行向加总便可得到对应行业国家 s 出口到国家 r 的总增加值，列向加总便可得到对应行业国家 r 对国家 s 的投入。

虽然式（5-15）能够反映东道国某一行业对本国总增加值投入数据，但是却无法反映不同国家、不同行业的增加值投入数据，还需要对此进行更加细致的拆分，从而得到分国家分行业的增加值投入数据。鉴于我们关注的对象是制造业服务化水平，需要重点分析国外服务业占中国制造业的投入比重。根据《国民经济行业分类》的划分标准，对 WIOD 数据库中的制造业（5~26）和服务业（28~54）予以区分；同时，WIOD 数据库中共包括 44 个国家（含中国，中国为第 8 个国家）。按增加值投入来源的不同，可将制造业产出中的服务业增加值投入占比、国内服务业增加值投入占比与国外服务业增加值投入占比表示为 SVAR、SDVAR、SFVAR，分别计算制造业服务化指数如下：

$$
SER\_SVAR = \frac{\sum\limits_{i=1}^{44} \sum\limits_{p=28}^{54} v_i^p b_{i8}^{pm} Y_8^p}{\sum\limits_{i=1}^{44} \sum\limits_{p=28}^{54} v_i^p b_{i8}^{pm} Y_8^p + \sum\limits_{i=1}^{44} \sum\limits_{p=5}^{26} v_i^p b_{i8}^{pm} Y_8^p}
\tag{5--16}
$$

$$
SER\_SDVAR = \frac{\sum\limits_{p=5}^{26} v_8^p b_{88}^{pm} Y_8^p}{\sum\limits_{i=1}^{44} \sum\limits_{p=28}^{54} v_i^p b_{i8}^{pm} Y_8^p + \sum\limits_{i=1}^{44} \sum\limits_{p=5}^{26} v_i^p b_{i8}^{pm} Y_8^p}
\tag{5--17}
$$

$$SER\_SFVAR = \frac{\sum\limits_{i=1, i\neq 8}^{44} \sum\limits_{p=28}^{54} v_i^p b_{i8}^{pm} Y_8^p}{\sum\limits_{i=1}^{44} \sum\limits_{p=28}^{54} v_i^p b_{i8}^{pm} Y_8^p + \sum\limits_{i=1}^{44} \sum\limits_{p=5}^{26} v_i^p b_{i8}^{pm} Y_8^p} \tag{5-18}$$

其中，上标 m 表示制造业。SER_SVAR、SER_SDVAR、SER_SFVAR 分别表示国内外服务业、国内服务业和国外服务业的增加值对中国制造业增加值投入水平，能够反映 GVCs 视角下的中国制造业服务化水平。在后文实证中，本部分先将 SER_SVAR 作为制造业服务化水平的代理指标以考察 OFDI 对母国制造业增加值中的国内外服务业增加值投入水平的总体效应；然后，我们再使用 SER_SDVAR、SER_SFVAR 作为制造业服务化水平的代理指标分别检验 OFDI 对母国制造业增加值中的国内服务业增加值投入水平和进口服务业增加值投入水平的具体效应。

图 5-2 给出了 2003~2014 年中国制造业服务化水平均值的演变趋势。自 2003 年以来，中国 SVAR 指数大体呈现波动上升的趋势，其间经历了三次上升阶段和两次下降阶段。其中，三个上升阶段分别是 2003~2007 年（由 21.99 上升至 22.59）、2008~2009 年（由 22.52 上升至 23.79）和 2011~2014 年（由 23.49 上升至 26.47）；下降阶段是 2007~2008 年（由 22.59 下跌至 22.52）和 2009~2011 年（由 23.79 下跌至 23.49）。总体趋势表明，样本期间中国即制造业产出中的服务业增加值明显增加，制造业服务化水平有明显上升。另外，我们观察发现，中国 SDVAR 指数的演变趋势与中国 SVAR 指数的演变趋势

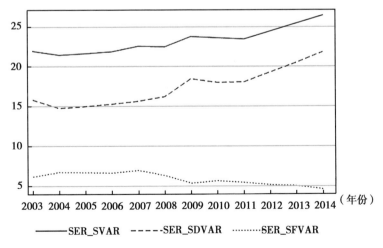

图 5-2 2003~2014 年中国制造业服务化水平的演变趋势（平均值）

资料来源：根据 STATA 15.0 绘制得到。

基本一致，而中国 SFVAR 指数的演变趋势则与中国 SVAR 指数的演变趋势相反；同时，中国 SDVAR 指数要明显高于中国 SFVAR 指数，且两者差距不断扩大。截至 2014 年，中国 SDVAR 指数和中国 SFVAR 指数分别上升至 21.88 和下跌至 4.59，前者对中国 SVAR 指数的贡献率由 2003 年的 72.1% 上升至 2014 年的 82.7%；对应地，后者对中国 SVAR 的贡献率则由 2003 年的 27.9% 下跌至 2014 年的 17.3%。上述结果显示，在中国制造业服务化进程中，国内服务业增加值始终占据着主体地位，并且随着时间推移，制造业产出中的国内服务业增加值的主体地位在不断上升，而对进口增加值的依赖程度在不断削减，与吴永亮和王恕立（2018）的研究结论一致。

（2）OFDI 规模和 IFDI 规模测度。流量数据能够清晰地反映每年中国对各国投资的增减变化，较之于存量数据的单调递增变化趋势而言，可以更加准确地反映中国双向直接投资规模的真实情况，故选择流量数据来测度。对于部分年份的部分国家，投资流量可能取值为 0 或负值，借鉴陈培如等（2017）的研究，采用标准化方法进行处理，公式如下：

$$\text{Ofdi}_{jt} = \sqrt{\text{Odi}_{jt}^2 + 1} + \text{Odi}_{jt} \tag{5-19}$$

$$\text{Ifdi}_{jt} = \sqrt{\text{Fdi}_{jt}^2 + 1} + \text{Fdi}_{jt} \tag{5-20}$$

其中，Ofdi_{jt}、Ifdi_{jt} 为标准化之后的第 t 年中国对第 j 个东道国的 OFDI 流量规模和 IFDI 流量规模 Odi_{jt}、Fdi_{jt} 为未标准化的第 t 年中国对第 j 个东道国的 OFDI 流量规模和 IFDI 流量规模。

（3）汇率波动。使用直接标价的实际进出口加权有效汇率表示：

$$\text{Rrer}_{ijt} = (\text{Rrer}_{ijt}^{ex} + \text{Rrer}_{ijt}^{im}) / 2 \tag{5-21}$$

其中，Rrer_{ijt} 为第 t 年我国与第 j 个东道国的双边实际进出口加权有效汇率值，由实际出口加权有效汇率 Rrer_{ijt}^{ex} 和实际进口加权有效汇率 Rrer_{ijt}^{im} 的算术平均计算得到：

$$\text{Rrer}_{ijt}^{ex} = \frac{\text{Exp}_{jit}}{\sum\limits_{j=1}^{N} \text{Exp}_{jit}} \times \text{Rer}_{ijt} \tag{5-22}$$

$$\text{Rrer}_{ijt}^{im} = \frac{\text{Imp}_{jit}}{\sum\limits_{j=1}^{N} \text{Imp}_{ijt}} \times \text{Rer}_{ijt} \tag{5-23}$$

其中，Exp_{jit}、Imp_{ijt} 分别表示第 t 年我国对第 j 个东道国的双边出口贸易额和双边进口贸易额，将其与第 t 年我国对所有国家的出口贸易总额和进口贸易总额的比值作为权重；Rer_{ijt} 表示第 t 年我国与第 j 个东道国的双边实际汇率，使用经过双边消费物价指数（CPI）平减后的官方汇率表示。

（4）进出口价格指数。借鉴曹伟和倪克勤（2010）的编制方法，通过对东道国的进口价格指数、中国的出口价格指数与中国的工业出厂价格指数加权计算得到：

$$\text{Impcost}_{ijt} = \frac{\text{Imp}_{ijt}}{\sum\limits_{j=1}^{N} \text{Imp}_{ijt}} \times \text{Iprice}_{it} \tag{5-24}$$

$$\text{Expprice}_{ijt} = \frac{\text{Exp}_{jit}}{\sum\limits_{j=1}^{N} \text{Exp}_{jit}} \times \text{Eprice}_{it} \tag{5-25}$$

$$\text{Impperm}_{ijt} = \frac{\text{Imp}_{ijt}}{\sum\limits_{j=1}^{N} \text{Imp}_{ijt}} \times \text{Ppi}_{it} \tag{5-26}$$

其中，Exp_{jit}、Imp_{ijt} 分别表示第 t 年我国对第 j 个东道国的双边出口贸易额和双边进口贸易额，将其与第 t 年我国对所有国家的出口贸易总额和进口贸易总额的比值作为权重；Iprice_{it}、Eprice_{it}、Ppi_{it} 分别表示第 t 年我国的进口物价指数、出口物价指数和工业出厂价格指数。

（5）对外产业转移。鉴于进出口贸易结构变化能否反映一国产业结构的比较优势变化，在 GVCs 分工日益细化的情况下，产业结构的比较优势变化又深受对外产业转移动态变化的影响，故从进出口贸易结构角度能够较好地衡量一国对外产业转移情况。需要强调的是，产品出口贸易额较多的产业往往具有较强的比较优势，而产品进口贸易额较多的产业则不具备比较优势。因此，本部分首先参照 Lall（2000）对贸易产品层次的分类，根据 SITC Rev2.0 的分类标准将进出口贸易商品分为初级产品和制造产品两类，采用 Balassa（1965）提出的显性比较优势指数，测算一国产业结构的比较优势如下：

$$\text{RCA}_{qcjt} = \frac{E_{qcjt}/E_{cjt}}{E_{qcwt}/E_{cwt}} \tag{5-27}$$

其中，下标 q 对应于初级产品（q=1）和制造产品（q=2），下标 j、c 表示东道国和中国，下标 t 表示年份。E_{qcjt} 表示第 t 年 j 国对中国第 q 类产品出口贸易额，E_{cjt} 表示第 t 年 j 国对中国总出口贸易额，E_{qcwt} 表示第 t 年世界对中国第 q 类产品出口贸易额，E_{cwt} 表示第 t 年世界对中国总出口贸易额。RCA_{qj} 取值越大，说明第 t 年 j 国对中国第 q 类产品出口比较优势越凸显。然后，可构造 j 国对中国初级产品与制造产品的相对 RCA 指数如下：

$$RRCA_{cjt} = \frac{RCA_{2cjt}}{RCA_{1cjt}} \tag{5-28}$$

式（5-28）实际上对应的是第 t 年 j 国对中国的制造产品出口比初级产品出口的比较优势。$RRCA_j$ 取值越大，说明第 t 年 j 国对中国的制造产品出口比初级产品出口的比较优势越突出；反之亦然。在同时测算出国对中国的相对 RCA 指数 $RRCA_{cjt}$ 和中国对 j 国的相对 RCA 指数 $RRCA_{jct}$ 之后，再将两者之比衡量中国与 j 国的相对比较优势，表示如下：

$$RRRCA_{jt} = \frac{RRCA_{cjt}}{RRCA_{jct}} \tag{5-29}$$

式（5-29）中的比值 $RRRCA_{jt}$ 越大，意味着第 t 年 j 国对中国的制造产品出口比初级产品出口的比较优势较之于第 t 年中国对 j 国的制造产品出口比初级产品出口的比较优势越大。然后，按照年份对相对 RCA 指数进行一阶差分，反映中国与 j 国的相对比较优势变化，即对外产业转移过程，公式如下：

$$Trans_{jt} = \Delta RRRCA_{jt} = RRRCA_{jt} - RRRCA_{jt-1} \tag{5-30}$$

式（5-30）衡量的是第 t 年中国与 j 国的相对比较优势较之于第 t-1 年中国与 j 国的相对比较优势的变化。取值上升，说明东道国相对于 j 国的制造产业比较优势上升，而初级产业比较优势有所下降，即存在中国向东道国的制造产业资本转移，以及东道国向中国的初级产业资本转移；反之亦然。

如表 5-1 所示，自 2003 年以来，东道国对中国的相对 RCA 指数 $RRCA_{cjt}$ 和中国对东道国的相对 RCA 指数 $RRCA_{jct}$ 都呈现了一定波动性。其中，东道国对中国的相对 RCA 指数从 2003 年的 7.2679 急剧下降至 2004 年的 3.7688 并在之后的 3 年内稳定保持在较低水平，而该阶段中国对东道国的相对 RCA 指数出现了明显上升，表现为两者比值 $RRRCA_{jt}$ 的下降和对外产业转移指数 $Trans_{jt}$ 的上升，意味着中国的制造产品出口比较优势较之于东道国有明显上升，或初级产品出口比较优势较之于东道国有明显下降，即存在中国对东道国的初级产业转移或东道国对中国的制造业转移。根据上述分析思路，我们发现 2008 年金融危机发生 3 年内，中国对东道国的相对 RCA 指数 $RRCA_{cjt}$ 较之于东道国对中国的相对 RCA 指数 $RRCA_{jet}$ 有所上升，体现于比值 $RRRCA_{jt}$ 的上升和对外产业转移指数 $Trans_{jt}$ 的上升，说明面临国际市场需求下降和要素成本上升的双重冲击，中国制造业比较优势逐渐下降，开始出现制造业对外转移。2011~2013 年，中国对外产业转移指数经历了一年剧增达到最高点之后（即存在大规模对外转制造业移），再次跌入为负且达到最低点（即存在大规模制造业资本回流），说明中国正将前期低附加值的传统制造业对外转移，并加大力度承接国际高附加值传统制造业，推进国内制造业"腾笼换鸟"式的结构升级。截至 2014 年，对外产业转移指数 $Trans_{jt}$ 依然为负但接近于 0，说明前期通过对外制造业转移之后，国内生产要素得到充分释放，制造业资本回流还存在一定空间。

表 5-1　2003~2014 年中国产业比较优势与对外产业转移的演变趋势（平均值）

年份	$RRCA_{cjt}$	$RRCA_{jet}$	$RRRCA_{jt}$	$Trans_{jt}$
2003	7.2679	4.2824	11.3213	—
2004	3.7688	6.7659	5.0228	−6.2959
2005	4.3005	12.8144	2.7638	−2.3637
2006	4.0107	4.9983	2.0267	−0.7368
2007	3.4433	6.1223	1.5821	−0.3973
2008	6.9899	4.1378	2.8891	1.2960
2009	7.2037	3.3134	3.5192	0.7030
2010	4.4662	4.0389	17.5268	14.1640
2011	7.3714	3.9219	2.8303	−14.4241
2012	6.5913	3.9284	36.6599	34.0441
2013	5.3675	4.3575	2.8662	−34.0067
2014	8.5186	8.4081	2.6516	−0.2085

资料来源：笔者自行计算整理得到。

（6）异质性动机的测度。对于不同 OFDI 动机，可通过东道国的经济特征予以反映。具体来看，资源寻求动机体现于东道国的自然资源禀赋，自然资源禀赋既取决于其化石能源矿产藏量，也表现于其化石能源消耗数量，本部分选择后者，使用东道国化石燃料能耗占总量的比重衡量；研究开发动机体现于东道国出口技术含量，在所有工业制成品中，高科技产品因其技术复杂和附加值高最能够反映一国工业技术水平，故使用东道国高科技产品出口额占制成品出口额比重衡量；当地生产动机体现于东道国劳动力成本，劳动力成本则取决于一国人口数量，人口数量越多的国家其劳动力成本越低，故使用东道国人口密度衡量；商贸服务动机体现于东道国的居民生活水平，拥有更多收入的居民往往会有更高的购买力，也决定了一国消费市场的繁荣与否，故使用东道国人均 GDP 衡量。

5.3.4 数据说明

在综合考虑数据的可获得性以及剔除缺失值较多的样本点和异常样本点之后，本章最终选取 2003~2014 年 152 国家面板数据集，样本点容量为 1824个。其中，中国对东道国的 OFDI 流量与 IFDI 流量数据分别来源于历年《中国对外直接投资统计公报》和《中国贸易外经统计年鉴》；制造业服务化核算所需的投入产出数据来源于 WIOD 数据库；异质性动机测算所需要的东道国化石燃料能耗、高科技产品出口额占比、人口密度与人均 GDP 数据来源于世界银行 WDI 数据库；同时，各国 GDP、人均 GDP、官方汇率、长期实际利率、短期利率、通货膨胀率、消费价格指数、工业出厂价格指数、工业增加值、R&D 费用支出等特征变量数据来源于世界银行 WDI 数据库；各国双边贸易额、物理距离、共同语言、共同边界和共同贸易区协定等数据来源于 CEP II 数据库；政治稳定性、政府效率、监管质量、法制规则、话语权与问责制以及腐败控制 6 维因素来源于 WGI 数据库；此外，中国进出口价格指数、金融机构贷款余额占比、政府预算公共财政支出占比、平均受教育年限、每年互联网上网人数等数据来自历年《中国统计年鉴》。主要变量的描述性统计结果如表 5-2 所示。

表 5-2　主要变量描述性统计

名称	样本量	平均值	标准差	最小值	最大值
制造业服务化指数	1824	3.1462	0.0633	3.0677	3.2759
IFDI 规模（亿美元）	1822	0.7377	2.1348	−3.1689	30.6366
OFDI 规模（亿美元）	1661	0.8492	3.1432	−14.8303	39.6569
有效汇率（人民币/外币）	1815	27.5241	702.5120	−100.0000	29567.2400
进口成本指数	1824	0.5032	1.5550	0.0000	17.8171
出口价格指数	1824	0.5454	1.8450	0.0000	22.3065

续表

名称	样本量	平均值	标准差	最小值	最大值
进口渗透指数	1824	0.5248	1.6140	0.0000	17.8766
对外产业转移（指数）	779	-3.7074	3.8787	-19.1658	8.454724
资源寻求动机（%）	1656	2.4348	1.6740	-4.6052	4.6043
研究开发动机（%）	1576	1.4492	1.5813	-4.6052	4.5000
当地生产动机（人/平方千米）	1811	15.8759	1.8125	11.2810	20.9822
商贸服务动机（美元）	1811	8.4795	1.5612	4.7324	11.6854

资料来源：根据 STATA 15.0 估计得到。

5.4 实证结果分析

5.4.1 初始检验

基于以上数据和方程，本部分重点研究中国 OFDI 是否影响了国内制造业服务化。基本的计量结果如表 5-3 所示。其中，（1）～（2）和（5）～（6）分别对应于差分 GMM 方法和系统 GMM 方法的全样本回归结果。中国制造业服务化水平滞后一阶的系数在 1% 显著性水平上均显著为正，说明制造业服务化的动态因素确实发挥了作用，前一期的制造业服务化对当期制造业服务化会产生正向影响，中国制造业服务化水平存在累积递增特征。我们关注的主要变量是中国 OFDI 规模。两类 GMM 方法的回归结果显示，中国 OFDI 规模对国内制造业服务化的影响为正，且在 1% 显著性水平上显著，这表明中国 OFDI 规模扩张确实提升了国内制造业服务化水平。具体来看，中国 OFDI 规模每上升 1 个百分点，国内制造业服务化水平将会提升 0.0002~0.0012 个百分点。然而，（1）～（2）和（5）～（6）的 Arelleno-Bond 序列相关检验也表明，统计上接受了方程误差项不存在二阶自相关的原假设；同时，（1）和（5）的 Sargan 检验拒绝了工具变量不存在过度识别的原假设，而（2）和（6）的结果相反，说明加入控制变量与否对方程估计效果存在较大的影响，且加入控制变量之后的方程估计结果更为理想。

在对中国 OFDI 的研究中，通常会考虑向周边国家投资的"边界效应"或

表 5-3　初始检验结果

解释变量	差分 GMM					系统 GMM		
	（1）	（2）	（3）	（4）	（5）	（6）	（7）	（8）
lnSER（-1）	1.1331*** （706.14）	0.7820*** （123.91）	0.7869*** （109.76）	0.7717*** （143.22）	1.1222*** （382.55）	0.8191*** （139.50）	0.8143*** （172.48）	0.8126*** （92.30）
lnOfdi	0.0006*** （7.51）	0.0002*** （3.09）	0.0003*** （5.99）	0.0002*** （3.40）	0.0012*** （8.72）	0.0004*** （5.78）	0.0005*** （6.11）	0.0003*** （4.00）
常数项	-0.4035*** （-85.61）	-1.5844*** （-33.71）	-1.5868*** （-36.65）	-1.5539*** （-39.76）	-0.3722*** （-42.89）	-1.6375*** （-58.40）	-1.5944*** （-46.02）	-1.6269*** （-36.01）
控制变量	否	有	有	有	否	有	有	有
国别固定效应	有	有	有	有	有	有	有	有
时间固定效应	有	有	有	有	有	有	有	有
AR（2）检验 p 值	0.7841	0.6096	0.8374	0.8698	0.4096	0.5469	0.3712	0.2812
Sargan 检验	61.9585***	62.5950	57.9520	57.6652	151.8006***	68.3709	64.1322	59.9563
观测值	1520	402	364	369	1672	497	453	457

注：括号中数值为对应变量估计系数的 z 统计量。*、** 和 *** 分别表示 10%、5% 和 1% 的水平上显著。AR（2）检验的原假设是 "误差项不存在二阶序列自相关"；Sargan 检验的原假设是 "工具变量不存在过度识别"。由于部分变量数据存在缺失，故观测值数量有所减少。如无特别说明，以下各表同。

资料来源：根据 STATA 15.0 估计得到。

向签订自贸区协议（FTA）国家投资的"临近效应"，容易造成中国对这类国家的 OFDI 规模偏高（Mele 和 Quarto，2017）。由于在本章样本中，与中国存在边界效应和临近效应的国家数量并不多，因而并未像一些文献那样，在基本的回归结果中将向周边国家和 FTA 国家的投资排除在外。但是，考虑到共同边界国家和 FTA 国家在地理区位和经济区位上的特殊性，中国对这类国家的投资较之于对其他国家的投资很可能存在差异，容易导致样本选择性偏误。因此，我们还是将其从样本中删除，以检验我们研究的稳健性，差分 GMM 和系统 GMM 的估计结果如表 5-3 中的（3）~（4）和（7）~（8）所示。删除了与中国存在共同边界和签订了 FTA 的国家样本点之后，中国 OFDI 对国内制造业服务化的影响在 1% 显著性水平上仍然显著为正，显示了我们结论的稳健性。

5.4.2 对外产业转移传导机制及异质性检验

（1）对外产业转移传导机制检验。在证实了中国 OFDI 规模扩张与其制造业服务化的因果关系之后，还需要回答中国 OFDI 影响其制造业服务化的对外产业转移机制是否存在。为此，我们对动态形式的拓展式（5-2）进行检验，回归结果如表 5-4 所示，其中，（1）~（2）和（3）~（4）分别对应于差分 GMM 和系统 GMM 的回归结果。在 1% 显著性水平上，所有方程中 lnSER 滞后一阶项的系数均显著为正，lnOfdi 的系数也均显著为正，与表 5-3 回归结果一致，此处不再赘述。所有方程中 lnTrans 的系数至少在 5% 显著性水平上均显著为正，说明中国对外产业转移加快了其制造业服务化进程。所有方程中交互项 lnOfdi×lnTrans 的系数至少在 10% 显著性水平上均显著为正，说明 OFDI 通过对外产业转移对母国制造业服务化具有正向促进作用，证实了中国 OFDI 能够引起对外产业转移，加快国内制造业生产模式的转变，从而推进其制造业服务化进程。

表 5-5 给出了异质性动机的回归结果，其中，（1）~（4）分别对应于资源寻求型 OFDI、技术寻求型 OFDI、效率寻求型 OFDI 和市场寻求型 OFDI 的回归结果。结果表明，三重交互项 lnOfdi×lnRes×lnTrans、lnOfdi×lnTec×lnTrans、lnOfdi×lnEff×lnTrans、lnOfdi×lnMar×lnTrans 的系数至少在 10% 显著性水平上均显著为正，说明中国四类异质性动机 OFDI 通过对外产业转移均推动了其制造业服务化水平提升，尤其来自于技术寻求型 OFDI 的推动作用最大。

表5-4 对外产业转移传导机制检验结果

解释变量	差分 GMM		系统 GMM	
	（1）	（2）	（3）	（4）
lnSER（-1）	0.5763***	0.6974***	1.0689***	0.7046***
	（17.98）	（50.20）	（98.78）	（70.85）
lnOfdi	0.0012***	0.0005***	0.0023***	0.0013***
	（2.72）	（3.27）	（5.22）	（17.57）
lnTrans	0.0042***	0.0004**	0.0036***	0.0004***
	（5.59）	（2.62）	（4.88）	（3.56）
lnOfdi × lnTrans	0.0001*	0.0001**	0.0002*	0.0002***
	（1.74）	（2.14）	（1.90）	（13.21）
常数项	1.3564***	-1.3307***	-0.1947***	-1.3815***
	（13.31）	（-9.91）	（-5.66）	（-37.24）
控制变量	否	有	否	有
国别固定效应	有	有	有	有
时间固定效应	有	有	有	有
AR（2）检验 p 值	0.0927	0.0812	0.8089	0.8207
Sargan 检验	86.4987	57.2435	122.7515	79.4479
观测值	336	174	779	412

资料来源：根据 STATA 15.0 估计得到。

表5-5 投资动机异质性检验结果

解释变量	系统 GMM			
	（1）	（2）	（3）	（4）
lnSER（-1）	0.6834**	0.7038**	0.7067**	0.7019*
	（2.55）	（2.03）	（2.02）	（1.95）
lnOfdi	0.0012**	0.0006**	0.0013**	0.0013**
	（2.19）	（2.36）	（2.26）	（2.32）
lnTrans	0.0002	0.0004	0.0003	0.0005
	（0.01）	（0.00）	（0.03）	（0.06）
lnOfdi × lnTrans	-1.42e-06	0.0001	0.0009	0.0002
	（-0.00）	（0.01）	（0.11）	（0.07）
lnOfdi × lnRes × lnTrans	0.0000**	—	—	—
	（2.03）			

续表

解释变量	系统 GMM			
	（1）	（2）	（3）	（4）
lnOfdi × lnTec × lnTrans	—	0.0001** （2.10）	—	—
lnOfdi × lnEff × lnTrans	—	—	0.0000** （2.09）	—
lnOfdi × lnMar × lnTrans	—	—	—	7.56e-06* （1.72）
常数项	−1.2114 （−0.18）	−0.9412 （−0.03）	−1.3767 （−0.66）	−1.3750 （−0.80）
特征控制变量	有	有	有	有
国别固定效应	有	有	有	有
时间固定效应	有	有	有	有
AR（2）检验 p 值	0.9958	0.7749	0.9980	0.9904
观测值	392	372	412	412

资料来源：根据 STATA 15.0 估计得到。

（2）中国 OFDI 通过对外产业转移对其制造业服务化方式的影响。依据对样本数据的分析发现，中国制造业增加值中的服务业增加值投入有国内服务业增加值投入和国外服务业增加值投入两种来源。那么自然可以提出一个问题：中国 OFDI 究竟是增加了制造业增加值中的国内服务业增加值投入还是国外服务业增加值投入？回答该问题能够更好地甄别中国 OFDI 对国内制造业服务化方式的影响。为此，我们在多国投入产出模型框架下分别测算了制造业国内服务化水平 $SER^{domestic}$ 和制造业国外服务化水平 $SER^{foreign}$：

$$SER^{domestic} = \frac{\sum_{p=28}^{54} v_8^p b_{88}^{pm} Y_8^p}{\sum_{i=1}^{44} \sum_{p=28}^{54} v_i^p b_{i8}^{pm} Y_8^p + \sum_{i=1}^{44} \sum_{p=5}^{26} v_i^p b_{i8}^{pm} Y_8^p} \tag{5-31}$$

$$SER^{foreign} = \frac{\sum_{i=1,i\neq8}^{44} \sum_{p=28}^{54} v_i^p b_{i8}^{pm} Y_8^p}{\sum_{i=1}^{44} \sum_{p=28}^{54} v_i^p b_{i8}^{pm} Y_8^p + \sum_{i=1}^{44} \sum_{p=5}^{26} v_i^p b_{i8}^{pm} Y_8^p} \tag{5-32}$$

其中，$SER^{domestic}$、$SER^{foreign}$ 分别表示中国制造业产出增加值中的国内服务业增加投入份额和国外服务业增加投入份额。本部分给出区分制造业服务化方式的回归结果如表 5-6 所示。其中，（1）~（4）和对应于系统 GMM 的回归结果。具体来看，（1）~（2）中 $lnSER^{domestic}$ 滞后一阶的系数在 1% 显著性水平上都显著为正，（3）~（4）中 $lnSER^{foreign}$ 滞后一阶的系数则在 1% 显著性水平上都显著为负，说明中国制造业国内服务化呈现累积递增的趋势，而制造业国外服务化则呈现累积递减的趋势。（1）~（2）中 lnOfdi 和 lnTrans 的系数至少在 1% 显著性水平上显著为正，而（3）~（4）中 lnOfdi 和 lnTrans 的系数符号及显著性都不稳健，说明中国 OFDI 规模扩张和对外产业转移对制造业国内服务化的促进作用存在，但对制造业国外服务化的影响却不确定。此外，（1）~（2）中交互项 lnOfdi × lnTrans 的系数在 5% 显著性水平上显著为正，而（3）~（4）中交互项 lnOfdi × lnTrans 的系数显著为负，说明中国 OFDI 通过对外产业转移对制造业国内服务化具有正向促进作用，但对制造业国外服务化则具有负向抑制作用。

表 5-6　中国 OFDI 通过对外产业转移对其制造业服务化方式的影响

解释变量	系统 GMM			
	$lnSER^{domestic}$		$lnSER^{foreign}$	
	（1）	（2）	（3）	（4）
$lnSER^{domestic}$（−1）	1.0448*** （74.01）	1.0379*** （114.04）	—	—
$lnSER^{foreign}$（−1）	—	—	−0.9195*** （−40.25）	−0.9083*** （−69.36）
lnOfdi	0.0038*** （3.81）	0.0014*** （18.88）	−0.0084*** （−4.69）	0.0009*** （24.54）
lnTrans	0.0127*** （7.71）	0.0003*** （3.57）	−0.0221*** （−9.32）	1.79e−06 （0.02）
lnOfdi × lnTrans	0.0002** （2.40）	0.0002*** （18.31）	−0.0007*** （−2.87）	−0.0001*** （−13.23）
常数项	−0.0636 （−1.53）	−4.1991*** （−55.65）	0.0619 （1.36）	0.7913*** （22.53）
控制变量	否	有	否	有
国别固定效应	有	有	有	有

续表

解释变量	系统 GMM			
	lnSER^domestic		lnSER^foreign	
	（1）	（2）	（3）	（4）
时间固定效应	有	有	有	有
AR（2）检验 p 值	0.0570	0.3672	0.0073	0.3895
Sargan 检验	109.269	78.12609	111.4848	81.4964
观测值	779	412	779	412

资料来源：根据 STATA 15.0 估计得到。

（3）区分东道国经济发展水平和双边经济联系。在中国 OFDI 区位选择的研究中，东道国经济发展水平是决定中国投资走向的重要条件之一，根据东道国经济发展水平可将中国 OFDI 划分为"顺梯度"和"逆梯度"两种类型，前者对应于中国对发展中国家的投资而后者则对应于中国对发达国家的投资（隋月红和赵振华，2012）。鉴于中国两种类型投资动机和模式都存在较大差异，对发展中国家和发达国家的产业转移呈现不同的特点，从而对中国制造业服务化的影响也不尽相同。为了提供经验上的证据，我们根据通常的划分方法，以东道国是否为 OECD 国家设定一个虚拟变量 N_{OECD}，发达国家取值为 1，发展中国家取值为 0。再将该虚拟变量与式（5-2）中的 lnOfdi、lnTrans 以及交互项 lnOfdi × lnTrans 分别相乘之后进行回归。表 5-7 中的（1）～（2）给出了区分东道国经济发展水平的回归结果。在 5% 显著性水平上，lnOfdi × N_{OECD}、lnOfdi × lnTrans × N_{OECD} 的系数均显著为正，而 lnTrans × N_{OECD} 的系数并不全部显著，说明中国对发达国家 OFDI 以及由此产生的对外产业转移对其制造业化存在更加明显的推动作用。

表 5-7　区分东道国经济发展水平和双边经济联系

解释变量	系统 GMM			
	OECD		BIT	
	（1）	（2）	（3）	（4）
lnSER（-1）	1.1348*** （53.62）	0.5161*** （7.01）	1.0890*** （43.86）	0.7194*** （5.14）
lnOfdi × N_{OECD}	0.0033** （2.47）	0.0011** （2.09）	—	—

续表

解释变量	系统 GMM			
	OECD		BIT	
	（1）	（2）	（3）	（4）
$\ln Ofdi \times N_{BIT}$	—	—	0.0010* （1.69）	0.0012** （2.22）
$\ln Trans \times N_{OECD}$	−0.0065** （−2.38）	−0.0079** （−2.14）	—	—
$\ln Trans \times N_{BIT}$			0.0049* （1.68）	−0.0016 （−0.16）
$\ln Ofdi \times \ln Trans \times N_{OECD}$	0.0007** （2.16）	0.0007** （2.24）	—	—
$\ln Ofdi \times \ln Trans \times N_{BIT}$	—	—	0.0002** （2.53）	0.0003** （2.20）
常数项	−0.3997*** （−6.24）	−0.1124*** （−12.37）	−0.2556*** （−3.28）	−1.4288*** （−3.33）
控制变量	否	有	否	有
国别固定效应	有	有	有	有
时间固定效应	有	有	有	有
AR（2）检验 p 值	0.6829	0.9215	0.7397	0.9965
观测值	779	412	779	412

资料来源：根据 STATA 15.0 估计得到。

　　双边经济联系紧密程度则是决定中国 OFDI 的另一个区位条件，表现为双边经济联系较为紧密的东道国倾向于降低或消除对中国企业投资的限制，推动中国对这些国家的产业转移，对中国制造业服务化可能具有更大的影响。在中国 OFDI 研究中，中国与东道国是否签署双边投资协定（Bilateral Investment Treatment，BIT）通常作为双边经济联系的主要象征。BIT 是指具有法律效力的协定，在非歧视原则上，约定给予对象国企业在当地投资平等待遇和必要保护，部分研究证实了 BIT 对于中国 OFDI 的促进作用（宗芳宇等，2012）。为了检验 BIT 的投资促进效应是否还会加快对外产业转移对中国制造业服务化产生更有利的影响，我们设定一个虚拟变量 N_{BIT}，与中方签署协议的东道国取值为 1，否则取值为 0。表 5-7 中（3）~（4）给出了区分双边经济联系的回归结果。$lnOfdi \times N_{BIT}$、$lnOfdi \times lnTrans \times N_{BIT}$ 的系数至少在 10% 显著性水平上均显著为正，而 $lnTrans \times N_{OECD}$ 的系数符号不稳健，说明中国对签署了 BIT 国家 OFDI 以及由此产生的对外产业转移对其制造业服务化存在更加明显的推动作用。

（4）区分制造业类型。中国 OFDI 影响其制造业服务化的对外产业转移机制是否存在行业异质性？考虑到不同类型制造行业的生产方式迥异，对服务要素的依赖程度不尽相同，制造业服务化受到 OFDI 和对外产业转移的影响程度也可能存在异质性。为此，我们基于式（5-5），将制造业具体划为劳动密集型、资本密集型和知识密集型三类，再分别计算三类制造业产出中的国内外服务业增加值份额，用以衡量各自的制造业服务化水平[①]，据此分别予以回归。表 5-8 中的（1）~（3）分别对应于劳动密集型制造业、资本密集型制造业和知识密集型制造业的系统 GMM 的回归结果。资本密集型制造业服务化水平 $lnSER^{capital}$ 一期滞后项和知识密集型制造业服务化水平 $lnSER^{knowledge}$ 一期滞后项的系数均显著为正，劳动密集型制造业服务化水平 $lnSER^{labor}$ 一期滞后项的系数却不显著，说明中国资本密集型、知识密集型制造业产出中的国内外服务业增加值份额呈现不断上升的动态演变趋势，其劳动密集型制造业产出中的国内外服务业增加值份额动态变化特征则不明显。所有方程中 $lnOfdi$ 的系数至少在 10% 显著性水平上均显著为正，说明中国 OFDI 对其三类制造业服务化均具有推动作用。此外，所有方程中交互项 $lnOfdi \times lnTrans$ 的系数在 5% 显著性水平上均显著为正，说明中国 OFDI 通过对外产业转移提升了其全制造行业服务化水平，对其资本密集型制造业服务化的推动作用最大。

---

① 参考马盈盈和盛斌（2018）的研究，劳动密集型制造业部门包括纺织及鞋帽制品业、木材加工及制品业、其他制造业；资本密集型制造业包括食品饮料制造业、造纸及印刷业、石油及核燃料加工业、橡胶及塑料制品业、非金属矿物制品业、金属制品业；知识密集型制造业包括化学原料及化学制品业、机械制造业、计算机及电子设备制造业、交通运输设备制造业。

表 5-8　区分制造业类型

解释变量	系统 GMM		
	劳动密集型	资本密集型	知识密集型
	（1）	（2）	（3）
lnSER^{labor}（−1）	−0.0025 （−0.01）	—	—
lnSER^{capital}（−1）	—	0.0657*** （4.17）	—
lnSER^{knowledge}（−1）	—	—	0.7243*** （3.13）
lnOfdi	0.0013** （2.37）	0.0028** （2.49）	0.0003** （2.06）
lnTrans	0.0010** （2.02）	0.0004** （2.02）	0.0001 （0.00）
lnOfdi × lnTrans	0.0001** （2.06）	0.0004** （2.36）	0.0001** （2.14）
常数项	−11.7214*** （−6.19）	−8.8512* （−1.76）	−4.8325** （−2.13）
控制变量	有	有	有
国别固定效应	有	有	有
时间固定效应	有	有	有
AR（2）检验 p 值	0.5973	0.9950	0.9167
观测值	412	412	412

资料来源：根据 STATA 15.0 估计得到。

5.4.3　汇率波动传导机制及异质性检验

（1）汇率波动传导机制检验。前文设定的联立方程组事实上是由 7 个相互嵌套的方程组成，变量之间的联立性特征比较明显，集中表现为变量之间相互决定，存在互为因果关系。对此，采用诸如最小二乘法（OLS）等一般性单方程估计方法极容易造成模型的内生性偏差，难以得到最优无偏估计量。参考现有研究的处理方法，将模型中所有外生变量的线性组合作为内生变量的工具变量，再采用三阶段最小二乘法（3SLS）这种系统估计方法对联立方程予以估计。其优势在于，将相互嵌套的多个方程作为一个整体，在保证工具变量可识别的基础上，可以最大限度地克服方程之间的联立性偏差。表 5-9 给出了联立方程模型的初始检验结果。

表 5-9　汇率波动传导机制检验结果

解释变量	IFDI 规模	OFDI 规模	汇率波动	进口成本	出口价格	进口渗透	制造业服务化
lnIfdi	—	—	-1.5107*** (-13.93)	—	—	—	0.0382*** (5.20)
lnOfdi	—	—	1.9035*** (24.25)	—	—	—	0.0187*** (3.08)
lnRrer	0.3397*** (4.53)	0.7157*** (9.65)	—	0.7652*** (27.38)	0.2733*** (11.42)	0.7651*** (27.36)	-0.0137*** (-5.77)
lnImpcost	—	—	—	—	—	—	0.4177*** (6.20)
lnExpprice	—	—	—	—	—	—	-0.0452*** (-10.60)
lnImpperm	—	—	—	—	—	—	-0.4146*** (-6.17)
常数项	-3.5198*** (-3.72)	-1.7669** (-2.02)	-3.7841*** (-20.75)	0.7824 (0.70)	-2.3690*** (-7.35)	0.6262 (0.56)	5.7349*** (9.16)
控制变量	有	有	有	有	有	有	有
国别固定效应	有	有	有	有	有	有	有
时间固定效应	有	有	有	有	有	有	有
样本量	1074	1074	1074	1074	1074	1074	1074

资料来源：根据 STATA 15.0 估计得到。

对于双向直接投资规模决定方程，汇率变量 lnRrer 的估计系数在 1% 显著性水平下均显著为正，说明汇率贬值对我国 IFDI 规模和 OFDI 规模的扩张均有着促进作用。其中，汇率贬值（升值）说明我国本土要素价格和资产价格有所下降（上升），外资企业将以更加低廉（高昂）的价格对我国进行投资进而会抑制（提升）其投资成本，对我国 IFDI 规模具有正向（负向）作用；同时，汇率贬值（升值）也意味着我国企业进口原材料和生产要素成本的提升（下降），我国企业会增加（削减）海外投资以获得更加低廉的原材料和生产要素，有利于（不利于）我国 OFDI 规模扩张。

对于汇率波动决定方程，解释变量 lnIfdi、lnOfdi 的估计系数分别显著为负和正，说明东道国对我国 IFDI 规模扩张对人民币汇率具有显著的压制作用，会带来人民币汇率升值，而我国对东道国 OFDI 规模扩张则对人民币汇率具有显著的提升作用，会带来人民币汇率贬值，符合均衡汇率决定理论中的资本与金融账户变化通过外汇储备变化引起汇率波动的一般规律。

对于进口成本、出口价格与进口渗透决定方程，解释变量 lnRrer 的估计系数显著为正，说明人民币汇率贬值会提高进口成本、出口价格与进口渗透。人民币汇率贬值会降低人民币的购买力，导致我国进口投入品的价格攀升和进口成本上升；人民汇率贬值都会出口价格与进口渗透的促进作用，这并不符合本书理论预期，说明人民币汇率波动对我国商品出口价格和进口商品渗透度具有非完全价格传递效应。主要原因在于，随着我国出口商品竞争力的提升，我国整体商品出口价格对汇率的敏感度在下降，导致人民币汇率波动对出口价格的传递存在非完全价格传递效应；非完全竞争也涉及国际市场分割，导致各国对华商品出口存在价格歧视，外国出口商会通过对华出口商品存在价格加成，导致人民币汇率波动对进口商品渗透度存在非完全价格传递效应。

对于制造业服务化决定方程，解释变量 lnImpcost 的估计系数显著为正，而解释变量 lnExpprice、lnImpperm 的估计系数显著为负，说明进口成本上升能促进我国制造业服务化，而出口价格和进口渗透度上升则对我国制造业服务化具有抑制作用。第一，进口成本上升会倒逼本土制造业企业增加服务要素投入，通过产品内在附加值上升来维持市场竞争力，对我国制造业服务化具有正向作用；进口成本下降则会对本土制造业企业带来创新"惰性"，导致其更满足于原材料、中间商品等投入品的成本优势而忽视技术研发、管理咨询等服务要素投入，对我国制造业服务化具有抑制作用。第二，出口价格变化对需求弹性较大的制造业企业收益影响则更加明显，表现为出口价格上升会减少需求价格弹性较大的制造业企业的出口单位商品收益，导致它们减少服务要素投入以维持成本优势，不利于我国制造业服务化，出口价格下降则会增加需求价格弹性较大的制造业企业的出口单位商品收益，推动它们增加服务要素投入以提高产品内在附加值，有利于我国制造业服务化。第三，进口商品渗透度上升将会形成对本土企业的市场掠夺效应，迫使本土企业更加注重生产环节的成本控制以压低销售价格，这会压缩部分服务要素投入，不利于我国制造业服务化；进口商品渗透度下降则会为本土制造业企业留出自主技术研发和改善管理咨询服务的市场空间，这会推动企业内涵价值的持续提升和加快制造业升级，有利于我国制造业服务化。双向直接投资的估计系数均显著为正，说明双向直接投资规模扩张对我国制造业服务化是外部驱动因素；同时，有效汇率 lnRrer 的估计系数显著为负，说明人民币汇率升值（贬值）对我国制造业服务化具有抑制（促进）作用，这与李新功（2017）的研究结论一致。因此，IFDI 规模和 OFDI 规模扩张会导致人民币汇率升值和贬值，通过价格传递会导致进口成本下降和上升，进而导致我国制造业服务化水平的下降和上升，证实了机制图 5-1 中的通径 1。

（2）分国别特征检验。双向直接投资通过汇率波动对我国制造业服务化的影响是否与东道国国别特征有关？回答该问题需要综合考虑东道国区位条件、资源禀赋和技术熟练度等特征。本部分将东道国区位条件分为经济区位条件和地理区位条件两类，体现于东道国的市场规模和东道国所在陆地板块的位置。前者参考世界银行的国别收入水平分类标准，将样本划分为低收入国家、中低收入国家、中高收入国家和高收入国家 4 个子样本[①]；后者根据陆地板块将样本划分为亚洲国家、非洲国家、欧洲国家、美洲国家和大洋洲国家 5 个子样本。东道国资源禀赋主要体现于其能源、矿产等资源丰度，本部分分别以东道国燃料资源丰度、矿石与金属资源丰度为标准将样本划分为资源丰富国家和资源贫乏国家 2 个子样本；东道国技术熟练度主要体现于其科

---

① 世界银行于 2017 年 7 月 1 日提出新的国别收入水平分类标准，分组及其对应的人均国民总收入（现价美元）限值为：低收入国家（<1005）、中低收入国家（1006~3955）、中高收入国家（3956~12235）、高收入国家（>12235）。

技创新能力和高技术产业竞争力，本部分分别以东道国科技期刊文章、高科技出口占比为标准将样本划分为技术先进国家和技术落后国家 2 个子样本①。基于上述分组，再分别予以检验。

分区位条件样本检验结果如表 5-10 所示。若按经济区位条件分组，低收入国家对我国 IFDI 规模扩张会引起人民币汇率的显著升值，我国对低收入国家、中低收入国家、中高收入国家和高收入国家 OFDI 规模扩张会引起人民币汇率的显著贬值。对于低收入国家子样本，人民币汇率波动会引起进口成本、进口渗透的同向变化以及出口价格的反向变化；对于中低收入国家子样本，人民币汇率波动会引起进口成本、进口渗透的反向变化以及出口价格的同向变化；对于中高收入国家和高收入国家 2 个子样本，人民币汇率波动会引起进口成本、出口价格和进口渗透的反向变化。同时，对于低收入国家、中低收入国家、中高收入国家和高收入国家 4 个子样本，进口成本和进口渗透度上升分别会引起我国制造业服务化水平的上升和下降；然而，对于中低收入国家、中高收入国家和高收入国家 3 个子样本，出口价格上升会引起我国制造业服务化水平的显著下降。若按地理区位条件分组，我国利用亚洲国家 IFDI 规模扩张会引起人民币汇率的显著升值，我国对亚洲国家、非洲国家、欧洲国家、美洲国家和大洋洲国家 OFDI 规模扩张会引起人民币汇率的显著贬值。即便本书对地理区位条件进行了划分，人民币汇率波动引起进口成本、出口价格和进口渗透的反向变化没有发生明显变化。另外，对于亚洲国家和非洲国家 2 个子样本，进口成本上升和进口渗透度上升分别会引起我国制造业服务化水平的上升和下降；对于大洋洲国家，进口成本上升和进口渗透度上升分别会引起我国制造业服务化水平的下降和上升；对于欧洲国家和美洲国家 2 个子样本，出口价格上升会分别会引起我国制造业服务化水平的上升和下降。总之，我国对中低收入、中高收入和高收入的亚非国家 OFDI 规模扩张会带来人民币汇率贬值，通过进口成本上升对国内制造业服务化均有着显著促进作用；中低收入、中高收入和高收入的亚洲国家对我国 IFDI 规模扩张则会带来人民币汇率升值进而通过进口成本下降对国内制造业服务化具有显著抑制作用。

① 当东道国燃料资源丰度、矿石与金属资源丰度高于总体均值时，定义该国为资源丰富国家；反之，则定义该国为资源贫乏国家。同理，当东道国科技期刊文章、高科技出口占比高于总体均值时，定义该国为技术先进国家；反之，则定义该国为技术落后国家。

表 5-10 分区位条件样本检验结果

按经济区位条件分组

类别	汇率波动 lnlfdi	lnOfdi	进口成本 lnImpcost	出口价格 lnRrer	进口渗透	制造业服务化 lnImpcost	lnExpprice	lnImpperm	样本量
低收入	-0.3235** (-2.22)	0.5226*** (3.16)	-0.8266*** (-3.21)	0.4142** (2.58)	-0.8251*** (-3.20)	0.5166*** (4.52)	0.0030 (0.22)	-0.5166*** (-4.52)	89
中低收入	-0.3764 (-1.34)	0.9171*** (4.95)	0.6691*** (7.28)	-0.3372*** (-7.02)	0.6711*** (7.30)	0.3334*** (2.88)	-0.0074** (-2.47)	-0.3393*** (-2.94)	274
中高收入	-0.3616 (-1.36)	1.1451*** (5.97)	1.1926*** (14.55)	0.6001*** (14.16)	1.1879*** (14.54)	0.2287** (2.38)	-0.0941*** (-7.90)	-0.2138** (-2.21)	292
高收入	0.4534 (1.50)	0.7368*** (3.33)	0.9919*** (19.96)	0.5780*** (15.82)	0.9937*** (19.96)	0.5198*** (5.04)	-0.0304*** (-3.50)	-0.5138*** (-4.98)	419

按地理区位条件分组

类别	汇率波动 lnlfdi	lnOfdi	进口成本 lnImpcost	出口价格 lnRrer	进口渗透	制造业服务化 lnImpcost	lnExpprice	lnImpperm	样本量
亚洲	-2.3044*** (-7.14)	2.1069*** (11.19)	0.7752*** (12.42)	0.0624** (2.07)	0.7741*** (12.39)	0.5169*** (4.87)	-0.0044 (-0.96)	-0.5167*** (-4.85)	291
非洲	0.4344*** (4.20)	0.8348*** (8.58)	0.8696*** (12.14)	0.7641*** (5.43)	0.8744*** (12.17)	0.6967*** (6.72)	0.0015 (0.38)	-0.6987*** (-6.74)	233
欧洲	1.5005*** (11.56)	0.3285*** (3.89)	0.6642*** (20.62)	0.3448*** (13.57)	0.6641*** (20.57)	0.0885 (0.62)	0.0304*** (3.40)	-0.1124 (-0.80)	338
美洲	0.8837** (2.11)	0.4806* (1.75)	0.8537*** (12.96)	0.3280*** (10.41)	0.8539*** (12.93)	0.1121 (0.55)	-0.0908*** (-6.11)	-0.1224 (-0.60)	180
大洋洲	0.5485*** (3.19)	0.6209*** (4.69)	1.0513*** (21.49)	-0.2306** (-2.24)	1.0458*** (22.58)	-0.2437*** (-2.87)	-0.0009 (-0.03)	0.2317** (2.39)	32

注：限于篇幅，双向直接投资规模决定方程的估计结果未列出。
资料来源：根据 STATA 15.0 估计得到。

分资源禀赋样本检验结果如表 5-11 所示。无论是按燃料资源丰度分组还是按矿石与金属资源丰度分组，我国利用资源贫乏国家 IFDI 规模扩张都会引起人民币汇率的显著升值，我国对资源丰富国家和资源贫乏国家 OFDI 规模扩张都会引起人民币汇率的显著贬值。对于资源丰富国家和资源贫乏国家 2 个子样本，汇率波动都会引起进口成本、出口价格和进口渗透的反向变化。同时，对于资源丰富国家子样本，出口价格上升均会引起我国制造业服务化水平的显著下降；对于资源贫乏国家子样本，进口成本上升均会引起我国制造业服务化水平的显著上升，进口渗透上升则均会引起我国制造业服务化水平的显著下降。因此，我国对资源丰富国家 OFDI 规模扩张会引起人民币汇率贬值，这会引起进口成本上升，但进口成本上升对国内制造业服务化的影响却不明显，机制图 5-1 中的通径 1 不存在；然而，我国与资源贫乏国家的双向直接投资规模扩张则分别会引起人民币汇率的升值和贬值，通过进口成本下降和上升引起国内制造业服务化水平的下降和上升。

分技术熟练度样本检验结果如表 5-12 所示。无论是按科技期刊文章分组还是按高科技出口占比分组，技术先进国家对我国 IFDI 规模扩张都会引起人民币汇率的显著升值，我国对技术先进国家和技术落后国家 OFDI 规模扩张都会引起人民币汇率的显著贬值。对于技术先进国家和技术落后国家 2 个子样本，汇率波动都会引起进口成本、出口价格和进口渗透的反向变化。其中，当按科技期刊文章分组时，对于技术先进国家子样本，进口成本上升对我国制造业服务化的影响不显著，而出口价格上升会引起我国制造业服务化水平的显著下降；对于技术落后国家子样本，进口成本上升和出口价格上升会都会引起我国制造业服务化水平的显著下降，而进口渗透上升则会引起我国制造业服务化水平的显著上升。当按高科技出口占比分组时，对于技术先进国家和技术落后国家，进口成本上升、出口价格上升和进口渗透上升分别对我国制造业服务化有着正向作用、负向作用和负向作用。由此可见，虽然我国不同技术水平国家的双向直接投资通过汇率波动对进口成本的影响符合预期，但进口成本变化对国内制造业服务化的影响显著性不强且稳健性不足，说明具有更大的不确定性。

表 5-11　分资源禀赋样本检验结果

按燃料资源丰度分组

类别	汇率波动		进口成本	出口价格	进口渗透	制造业服务化			样本量
	lnIfdi	lnOfdi		lnRrer		lnImpcost	lnExpprice	lnImpperm	
丰富	0.0836 （0.30）	0.9066*** （5.33）	0.7649*** （17.79）	0.3192*** （9.30）	0.7625*** （17.76）	0.1140 （1.11）	-0.0573*** （-7.16）	-0.1097 （-1.07）	492
贫乏	-2.0215*** （-9.51）	2.3386*** （16.28）	0.7497*** （19.88）	0.1907*** （5.99）	0.7522*** （19.89）	0.7140*** （6.44）	-0.0489*** （-8.97）	-0.7043*** （-6.43）	582

按矿石与金属资源丰度分组

类别	汇率波动		进口成本	出口价格	进口渗透	制造业服务化			样本量
	lnIfdi	lnOfdi		lnRrer		lnImpcost	lnExpprice	lnImpperm	
丰富	0.0436 （0.17）	0.9886*** （6.23）	0.7626*** （19.38）	0.2037*** （5.83）	0.7614*** （19.32）	-0.1127 （-1.12）	-0.0807*** （-13.02）	0.1203 （1.20）	503
贫乏	-1.5491*** （-7.63）	2.0134*** （14.61）	0.7413*** （18.72）	0.2865*** （8.96）	0.7427*** （18.76）	0.6013*** （9.07）	-0.0060 （-1.33）	-0.6024*** （-9.09）	571

资料来源：根据 STATA 15.0 估计得到。

表 5-12 分技术熟练度样本检验结果

按科技期刊文章分组

类别	汇率波动		进口成本	出口价格	进口渗透	制造业服务化			样本量
	lnIfdi	lnOfdi	lnImpcost	lnRrer		lnImpcost	lnExpprice	lnImpperm	
先进	-1.6131*** (-6.04)	1.9717*** (12.74)	0.7081*** (17.94)	0.1583*** (4.58)	0.7082*** (17.94)	0.0809 (1.27)	-0.0084** (-2.23)	-0.0808 (-1.26)	492
落后	-0.7702*** (-6.91)	1.4829*** (19.10)	0.7870*** (20.40)	0.3934*** (11.71)	0.7875*** (20.39)	-1.0095*** (-14.77)	-0.0186*** (-5.04)	1.0061*** (14.69)	582

按高科技出口占比分组

类别	汇率波动		进口成本	出口价格	进口渗透	制造业服务化			样本量
	lnIfdi	lnOfdi	lnImpcost	lnRrer		lnImpcost	lnExpprice	lnImpperm	
先进	-1.6870*** (-7.02)	2.0793*** (12.69)	0.7262*** (18.61)	0.1808*** (5.12)	0.7254*** (18.57)	0.7023*** (6.61)	-0.0112** (-2.31)	-0.7037*** (-6.62)	458
落后	-0.2753 (-1.43)	1.1407*** (9.46)	0.7923*** (20.00)	0.3388*** (10.60)	0.7928*** (20.01)	0.2861*** (3.15)	-0.0497*** (-9.11)	-0.2825*** (-3.13)	616

资料来源：根据 STATA 15.0 估计得到。

（3）分行业特征检验。我国与各国双向直接投资规模的制造行业分布迥异，这会造成不同制造行业双向直接投资对汇率波动的作用大小有所不同；况且，不同制造行业的生产模式存在较大差别，对海外进口投入品的依赖度和出口商品的国际市场依赖度有强弱之分，对进口商品的市场准入度的限制有差别，会造成汇率波动对进口成本、出口价格和进口渗透的影响具有制造行业异质性；还应看到，我国不同制造行业生产过程中的服务投入规模也相差较大，造成不同制造行业的完全消耗系数本身便存在较大差异。据此，本部分根据 WIOD 数据库中的 ISIC Rev 4.0 分类标准，将制造业分为 22 个细分行业，根据行业属性合并为 18 个制造行业集，再分别予以检验，结果如表 5-13 所示。

对于所有制造行业，IFDI 规模和 OFDI 规模扩张引起人民币汇率升值和贬值的结论均成立；人民币汇率波动引起进口成本、出口价格和进口渗透的反向变化的结论也都稳健成立。然而，对于不同的制造行业，进口成本、出口价格和进口渗透对制造业服务化的影响不尽相同。一方面，进口成本、出口价格和进口渗透的上升对食品、饮料和烟草制品的制造业，纺织品、服装、皮革和相关产品的制造业，化学品及化学制品的制造业，药品、药用化学品及植物药材的制造业，基本金属的制造业，计算机、电子和光学产品的制造业，电力设备的制造业，家具的制造和其他制造业的服务化水平存在正向作用、负向作用和负向作用，说明 IFDI 规模和 OFDI 规模扩张分别通过人民币汇率升值和人民币汇率贬值的进口价格效应对这些制造行业服务化的抑制作用和促进作用均显著成立。原因在于，当人民币汇率升值时，这些制造行业倾向于依赖廉价的进口投入品转而替代研发、管理咨询等服务要素，将会抑制这些制造行业服务化水平；当人民币汇率贬值时，这些制造行业生产转型的动力较足，会倾向于依赖技术研发和管理咨询等服务要素投入来提升产品内在附加值，将会提升这些制造行业服务化水平。另一方面，进口成本、出口价格和进口渗透的上升对草编制品及编织材料物品的制造业，纸和纸制品的制造业，记录媒介物的印制及复制业，橡胶和塑料制品的制造业，未另分类的机械和设备的制造业，汽车、挂车和半挂车的制造业，其他运输设备的制造业的服务化水平存在负向作用、正向作用和正向作用；进口成本、出口价格和进口渗透的上升对焦炭和精炼石油产品的制造业，其他非金属矿物制品的制造业，金属制品的制造业（机械和设备除外）的服务化水平存在负向

表5-13 行业异质性检验结果

行业代码	汇率波动		进口成本	出口价格	进口渗透	制造业服务化			样本量
	lnIfdi	lnOfdi		lnRrer		lnImpcost	lnExpprice	lnImpperm	
C10~C12	-1.4854*** (-13.69)	1.8967*** (24.17)	0.7661*** (27.41)	0.2901*** (12.07)	0.7660*** (27.38)	0.9005*** (8.95)	-0.0392*** (-6.58)	-0.8964*** (-8.92)	1074
C13~C15	-1.4891*** (-13.72)	1.8951*** (24.14)	0.7667*** (27.43)	0.2874*** (11.94)	0.7666*** (27.40)	0.6710*** (7.98)	-0.0313*** (-6.23)	-0.6688*** (-7.98)	1074
C16	-1.4853*** (-13.69)	1.8964*** (24.16)	0.7668*** (27.43)	0.2919*** (12.16)	0.7667*** (27.41)	-2.4827*** (-21.11)	0.0497*** (7.15)	2.4749*** (21.08)	1074
C17	-1.4895*** (-13.73)	0.7665*** (27.42)	0.7665*** (27.42)	0.2895*** (12.09)	0.7664*** (27.40)	-0.6324*** (-15.03)	0.0217*** (8.60)	0.6292*** (14.99)	1074
C18	-1.4756*** (-13.60)	1.8887*** (24.06)	0.7683*** (27.48)	0.2975*** (12.32)	0.7683*** (27.46)	-0.1621*** (-3.13)	0.0038 (1.31)	0.1619*** (3.13)	1074
C19	-1.5005*** (-13.83)	1.8965*** (24.17)	0.7671*** (27.45)	0.2849*** (11.86)	0.7672*** (27.43)	-3.7249*** (-15.83)	-0.1116*** (-7.57)	3.7286*** (15.89)	1074
C20	-1.5336*** (-14.14)	1.9149*** (24.40)	0.7625*** (27.29)	0.2546*** (10.71)	0.7623*** (27.26)	0.4240*** (3.98)	-0.1145*** (-16.04)	-0.4155*** (-3.91)	1074
C21	-1.4998*** (-13.82)	1.9026*** (24.24)	0.7655*** (27.39)	0.2790*** (11.66)	0.7653*** (27.36)	2.5552*** (17.35)	-0.0967*** (-10.55)	-2.5439*** (-17.32)	1074
C22	-1.4979*** (-13.81)	1.9018*** (24.23)	0.7660*** (27.40)	0.2829*** (11.84)	0.7658*** (27.38)	-0.7264*** (-14.58)	0.0317*** (10.34)	0.7223*** (14.53)	1074

续表

行业代码	汇率波动		进口成本	出口价格	进口渗透	制造业服务化			样本量
	lnlfdi	lnOfdi		lnRrer		lnImpcost	lnExpprice	lnImpperm	
C23	-1.4968*** (-13.80)	1.8960*** (24.16)	0.7669*** (27.44)	0.2865*** (11.90)	0.7670*** (27.42)	-0.7737*** (-6.52)	-0.0428*** (-5.94)	0.7744*** (6.55)	1074
C24	-1.5144*** (-13.96)	1.9048*** (24.27)	0.7654*** (27.38)	0.2701*** (11.31)	0.7652*** (27.36)	1.4576*** (7.98)	-0.1384*** (-11.83)	-1.4459*** (-7.94)	1074
C25	-1.5039*** (-13.86)	1.8977*** (24.18)	0.7666*** (27.43)	0.2805*** (11.69)	0.7667*** (27.41)	-1.7989*** (-12.73)	-0.0756*** (-8.51)	1.8021*** (12.79)	1074
C26	-1.4853*** (-13.69)	1.8941*** (24.13)	0.7674*** (27.45)	0.2900*** (12.06)	0.7672*** (27.42)	4.3428*** (21.15)	-0.0812*** (-6.65)	-4.3313*** (-21.13)	1074
C27	-1.4960*** (-13.79)	1.8991*** (24.19)	0.7665*** (27.42)	0.2820*** (11.77)	0.7662*** (27.39)	2.1921*** (18.35)	-0.0681*** (-9.28)	-2.1841*** (-18.33)	1074
C28	-1.5055*** (-13.88)	1.9060*** (24.29)	0.7646*** (27.36)	0.2761*** (11.57)	0.7645*** (27.34)	-0.5433*** (-6.25)	0.0669*** (12.18)	0.5360*** (6.19)	1074
C29	-1.4837*** (-13.67)	1.8931*** (24.12)	0.7676*** (27.46)	0.2906*** (12.09)	0.7674*** (27.43)	-2.3207*** (-19.43)	0.0463*** (6.56)	2.3132*** (19.41)	1074
C30	-1.4819*** (-13.66)	1.8923*** (24.10)	0.7677*** (27.46)	0.2918*** (12.13)	0.7676*** (27.44)	-2.7988*** (-19.69)	0.0504*** (6.03)	2.7903*** (19.67)	1074
C31~C32	-1.5053*** (-13.80)	1.9035*** (24.25)	0.7644*** (27.35)	0.2755*** (11.50)	0.7643*** (27.33)	1.1478*** (2.74)	-0.2698*** (-10.26)	-1.1310*** (-2.71)	1074

资料来源：根据 STATA 15.0 估计得到。

作用、负向作用和正向作用，说明 IFDI 规模和 OFDI 规模扩张分别通过人民币汇率升值和人民币汇率贬值的进口价格效应对这些制造行业服务化的促进作用和抑制作用成立。原因在于，当人民币汇率升值时，这些制造行业倾向于购进更高质量的原材料、中间商品等进口投入品来提高研发效率，并留存足够的资金用于管理咨询等服务要素支出，推动产业链升级和产品附加值提升，将会提升这些制造行业服务化水平；当人民币汇率贬值时，这类行业倾向于购买低质量的原材料、中间商品来降低成本，并通过稀释管理咨询服务投入以实现成本控制，从而陷入低端锁定陷阱，将会抑制这些制造行业的服务化水平。

5.4.4 稳健性检验

（1）其他制造业服务化指标。为了检验本部分研究结论是否对制造业服务化的具体计算方法存在敏感性，还需要利用其他指标予以检验。制造业直接消耗系数 SER^{direct} 和完全消耗系数 SER^{total} 是制造业服务化的另外两类广泛使用的代理指标。接下来，我们采用这两类指标进行检验。通过制造行业加总便可得到中国制造业直接消耗系数和制造业完全消耗系数。基于上述两类消耗系数的回归结果如表 5-14 所示。观察发现，$lnSER^{direct}$ 和 $lnSER^{total}$ 滞后一阶的系数均显著为正，说明中国制造业生产过程中对服务要素的直接消耗和间接消耗都呈现递增趋势。所有 lnOfdi 的系数均显著为正，中国 OFDI 规模与其制造业服务化的正相关关系仍然成立。然而，所有 lnTrans 的系数均不显著。我们比较关心的（1）~（4）中交互项 lnOfdi × lnTrans 的系数均显著为正，说明中国 OFDI 通过对外产业转移能够实现其制造业直接消耗系数和制造业间接消耗系数的同步上升，证明中国 OFDI 促进其制造业服务化的对外产业转移机制是稳健存在的。

（2）对外产业转移传导机制敏感性检验。为检验对外产业传导机制对方程具体设定形式的敏感性，本部分结合静态方程形式进行回归分析。在使用面板 OLS 方法对静态方程进行估计时，我们在国家层面进行聚类（Cluster）调整，回归结果如表 5-15 所示。结果显示，虽然静态方程形式下 lnOfdi、lnTrans 及其交互项 lnOfdi × lnTrans 的系数明显减小，但至少在 5% 显著性水平上显著为正且与其制造业服务化高度拟合，说明对外产业转移传导机制对模型设定形式不存在敏感性。

表 5-14 行业异质性检验结果

解释变量	系统 GMM			
	$\ln SER^{direct}$		$\ln SER^{total}$	
	（1）	（2）	（3）	（4）
$\ln SER^{direct}$（-1）	0.5393*** （26.48）	0.2235*** （2.86）	—	—
$\ln SER^{total}$（-1）	—	—	0.6796*** （21.36）	0.2156*** （3.24）
lnOfdi	0.0033*** （2.98）	0.0012** （2.32）	0.0051*** （3.51）	0.0009** （2.17）
lnTrans	-0.0010 （-0.51）	0.0001 （0.00）	0.0022 （0.75）	0.0010 （0.09）
lnOfdi × lnTrans	0.0004* （1.78）	0.0002** （2.29）	0.0002** （2.07）	0.0001** （2.14）
常数项	0.5160*** （19.90）	-2.9929** （-2.01）	-0.2531*** （-8.84）	-5.6889*** （-3.62）
控制变量	否	有	否	有
国别固定效应	有	有	有	有
时间固定效应	有	有	有	有
AR（2）检验 p 值	0.8818	0.9394	0.9562	0.9766
观测值	779	412	779	412

资料来源：根据 STATA 15.0 估计得到。

表 5-15 对外产业转移传导机制敏感性检验

解释变量	（1）	（2）
lnOfdi	6.81e-18*** （4.61）	2.27e-16*** （2.65）
lnTrans	2.27e-17*** （4.78）	1.99e-15** （2.40）
lnOfdi × lnTrans	4.11e-21** （2.50）	1.34e-17** （2.24）
常数项	3.0677*** （6.20）	-1.7558*** （-3.70）
控制变量	否	有

续表

解释变量	（1）	（2）
国别固定效应	有	有
时间固定效应	有	有
聚类数量	142	93
R^2	0.9999	0.9999
观测值	779	412

资料来源：根据 STATA 15.0 估计得到。

（3）汇率波动传导机制敏感性检验。为了检验实证结果是否受到联立方程模型中关键变量的指标选取方式影响，还需要进行敏感性检验。基于现有文献，本部分重新对联立方程组中的汇率波动、进口成本指数、出口价格指数、进口渗透度指数和制造业服务化指数进行再测算，再予以检验。具体说明如下：

1）汇率波动的再测算。借鉴黄繁华和徐国庆（2017）的研究，利用增加值出口测算 2003~2014 年中国对东道国的制造业层面的实际有效汇率。在实际有效汇率测算方面，几何加权平均法无论从理论上还是在实际分析过程中都具有一定优势，受到各国中央银行及国际机构高度推崇，本部分也使用该方法测算实际有效汇率，公式如下：

$$\text{Rrer}_{ijt} = \left(\text{Rer}_{ijt}\right)^{\frac{\text{Mexp}_{ijt}}{\sum\limits_{j=1}^{N}\text{Mexp}_{ijt}}} = \left(\frac{\text{Ner}_{ijt}}{\text{Ner}_{ij0}} \times \frac{P_{it}}{P_{jt}}\right)^{\frac{\text{Mexp}_{ijt}}{\sum\limits_{j=1}^{N}\text{Mexp}_{ijt}}} \quad (5\text{-}33)$$

其中，Rrer_{ijt} 表示第 t 年我国与东道国 j 的制造业实际有效汇率，Rrer_{ijt} 表示第 t 年我国与东道国 j 的双边实际汇率，Mexp_{ijt} 表示第 t 年我国对东道国 j 的制造业出口贸易额，数据来源于 CEPII-BACI 数据库；Ner_{ijt}、Ner_{ij0} 分别为第 t 年和基期（2003 年为基期）的我国与东道国 j 的双边名义汇率，P_{it}、P_{jt} 分别表示第 t 期中国与东道国 j 的价格指数，使用 2003 年为基期的消费者物价指数表示。

2）进口成本指数的再测算。借鉴 Edmond 等（2015）的研究，以科布—道格拉斯（C—D）生产函数为基础，进行一阶求导来获得厂商利润最大化条件，推导得到成本加成与劳动所占收入份额的关系式，最终可估计出内生可变成本。转换过后的基本公式如下：

$$m_{it} = \frac{(1-\rho)\,p_{it}y_{it}}{w_{it}l_{it}} \tag{5-34}$$

其中，m_{it} 表示第 t 年我国制造企业的成本加成；w_{it} 表示第 t 年我国制造企业的工资水平；l_{it} 表示第 t 年我国制造业企业的雇佣劳动力数量；p_{it} 表示第 t 年我国制造企业的产品价格；y_{it} 表示第 t 年我国制造企业的产出水平；ρ 表示资本的产出弹性，不失一般性，取值为 2/3。我国制造业企业的工资水平、雇佣劳动力数量、产品价格、产出水平均来源于历年《中国统计年鉴》[①]。然后，本部分将我国对各国的制造业进口占比作为权重，对我国企业的制造企业的成本加成相乘获得制造业进口成本加成指数如下：

$$Impcost_{ijt} = \frac{Mimp_{ijt}}{\displaystyle\sum_{j=1}^{N} Mimp_{ijt}} \times m_{it} \tag{5-35}$$

其中，$Impcost_{ijt}$ 表示第 t 年我国对东道国 j 的制造业进口成本加成指数；$Mimp_{ijt}$ 表示第 t 年我国对东道国 j 的制造业进口规模。

3）出口价格指数的再测算。借鉴张莹和朱小明（2018）的研究，基于 CEPII-BACI 数据库，利用我国对各国制造业出口总额与我国制造业出口量之比表示。

4）进口渗透度指数的再测算。借鉴钱学锋等（2016）的研究，进口商品渗透度表现于进口市场竞争程度，利用我国对各国制造业进口额与我国制造业产出额之比衡量，数据来源于 CEPII-BACI 数据库。

汇率波动传导机制敏感性检验结果如表 5-16 所示。在对汇率波动、进口成本、出口价格、进口渗透和制造业服务化进行重新测算之后，IFDI 规模和 OFDI 规模扩张通过人民币汇率升值和人民币汇率贬值的进口成本效应对我国制造业服务化的抑制作用和促进作用仍然成立，关键变量的回归系数及显著性的变化不大。敏感性检验结果显示，更换联立方程模型中的关键变量的测度方法并不会对本书研究结论产生实质性的影响。

---

① 制造业企业的工资水平和雇佣劳动力数量分别使用城镇制造业单位就业人员平均工资和年底城镇制造业单位就业人员数表示；式（5-34）中的分子 $p_{it}y_{it}$ 部分为历年我国制造业企业的产品价格与产出水平的乘积，使用我国制造业增加值表示。

表 5-16　汇率波动传导机制敏感性检验

模型	汇率波动		进口成本	出口价格	进口渗透	制造业服务化			样本量
	lnIfdi	lnOfdi		lnrer		lnImpcost	lnExpprice	lnImpperm	
模型 1	-0.0075***	0.0013**	244.3501***	-63.1938***	-244.7342***	0.3275***	-0.0480***	-0.3277***	1074
	(-7.52)	(2.01)	(13.32)	(-10.21)	(-13.33)	(4.38)	(-11.48)	(-4.37)	
模型 2	-0.1580**	1.2183***	0.9472***	0.0298	0.8134***	0.0178**	0.0014	-0.0024	1074
	(-1.95)	(10.91)	(13.85)	(0.56)	(15.05)	(1.99)	(0.15)	(-0.50)	
模型 3	-1.6576***	1.9448***	0.7867***	0.2418***	0.7869***	0.0155***	-0.0800***	-0.0403	1074
	(-15.57)	(24.70)	(27.42)	(13.05)	(27.40)	(3.19)	(-13.21)	(-0.50)	
模型 4	-0.1646**	1.2237***	0.8136***	0.0259	0.9486***	0.0013***	-0.0050	-0.0095	1074
	(-1.99)	(10.97)	(15.09)	(0.49)	(13.90)	(3.31)	(-0.53)	(-0.99)	

注：表中模型 1 至模型 4 分别对应于再测算后的汇率波动、进口成本、出口价格、进口渗透的检验结果。

资料来源：根据 STATA 15.0 估计得到。

5.5 小结

本章基于对外产业转移和汇率波动视角剖析了中国 OFDI 对其制造业服务化的影响。研究结果表明：OFDI 提高了其制造业服务化水平，对外产业转移和汇率波动在其中起到了重要的传导作用。从对外产业转移传导机制来看，OFDI 规模扩张的对外产业转移过程能够有效提升制造业国内服务化水平，但对制造业国外服务化的影响不确定；中国对属于 OECD 的发达国家 OFDI 通过对外产业转移对其制造业化存在更加显著的推动作用，并对签署了 BIT 的双边经济联系紧密国家 OFDI 通过对外产业转移对其制造业服务化存在更明显的推动作用；OFDI 通过对外产业转移推动了全制造行业服务化，对资本密集型制造业服务化的推动作用最强；各类动机 OFDI 通过对外产业转移均推动了其制造业服务化水平提升，来自于技术寻求型 OFDI 的推动作用最强。从汇率波动传导机制来看，IFDI 规模和 OFDI 规模扩张作为资本与金融账户的借贷方，其变化会通过外汇储备增减引起人民币汇率升值和贬值，进而造成进口中间商品成本下降和上升，对我国制造业服务化具有负向和正向作用；我国与资源贫乏国家的双向直接投资规模扩张会引起人民币汇率的升值和贬值，通过进口成本下降和上升引起国内制造业服务化水平的下降和上升；我国双向直接投资通过汇率波动的进口成本效应对国内不同制造行业的影响存在异质性。

本章研究结论不仅有助于理解中国 OFDI 与制造业服务化之间的关系，同时也具有重要的政策启示。面对人口红利消失、资源环境约束增强以及以美国为首的西方国家制造业回流，制造业服务化也就成为了当下中国实现制造业转型升级"破局"的必然选择。中国正试图通过"走出去"加快全球范围内的生产布局来实现其 GVCs 重组，这为推动其制造业服务化水平上升到新的高度提供了前所未有的契机。在国内生产性服务业发展滞后的现实情况下，政府应在采取相关财税措施和产业政策促进制造业发展关联程度较高服务业繁荣的同时，还要不断完善贸易自由化，削减服务贸易壁垒和放松国内管制，充分利用国外高端服务要素，促进制造业生产中的国内外服务要素投入全面提升。发达国家和对华签署了 BIT 的国家正成为中国 OFDI 和进行对外产业转移的"热点"地区，政府全方位审视企业的投资动机和诉求，提供针对性的信息推介和投资指导。在"走出去"的同时，要充分利用境外投资所获得的资源、技术、效率和市场等优势用于推动生产由低附加值向高附加值转型，增强与生产性服务业的垂直关联，提升制造业服务化水平。此外，我国人民币汇率波动与双向直接投资联系紧密，而汇率波动通过价格传递产生的贸易效应是作用于国内制造业服务化的重要渠道。因此，推动"引进来"和"走出去"协调发展，将汇率波动控制在适度范围内，对于促进我国制造业服务化转型具有重要的现实意义。

6 OFDI 对制造业高质量发展经济增长的影响效应及实证研究

6.1 问题提出

自改革开放以来，中国经济长期保持了两位数增速，创造了人类历史上的经济增长"奇迹"。2008 年国际金融危机以后，世界经济遭遇新一轮"逆全球化"浪潮，随着出口导向经济的日益疲软，中国经济增长速度日渐式微，世界经济萎靡和外需不振令中国经济由过往高速增长向中低速增长换挡，倒逼中国进入了供给侧结构性调整的重要"关口"，以谋求经济高质量发展的新"引擎"。新形势下，如何在保证中国经济稳定增长的同时，进一步提升中国经济增长质量便是当下各界关注的重点话题。产业是经济增长的牢固根基，制造业作为中国经济增长的"命脉"，制造业结构调整的成败关乎中国国民经济能否平稳健康发展。在当前阶段，中国制造业结构调整面临服务化和金融化两类截然不同的抉择。制造业服务化代表着传统制造与服务要素的融合，这种服务型制造业的崛起将摆脱过去单纯依赖"人口红利"的低端制造业，助推中国制造业结构的新一轮转型升级；制造业金融化则预示着资本开始加速脱离实业转向资本市场，这是中国金融过度扩张蚕食实体经济的表现，经济"脱实向虚"反而会导致制造业陷入低端锁定的陷阱。鉴于当前中国制造业转型沿着两个不同方向发展，须正视制造业高质量发展对经济增长的影响效应。开放经济条件下中国制造业的结构性调整从来未独立于国际直接投资活动，相较于过去中国通过"引进来"承接发达国家的劳动密集型的加工制造业，当前中国通过"走出去"主动对外转移过剩资本所引发的国内产业结构调整问题是新问题，理应密切关注。在探究中国 OFDI 对制造业高质量发展的影响效应问题的基础上，还要分析制造业高质量发展可能引发的系列经济增长效应问题。具体来看，OFDI 是否会作用于中国经济增长规模与质量？

制造业服务化还是制造业金融化的影响机制是否成立？孰大孰小？对此问题进行研究有助于我们从制造业高质量发展视角理解 OFDI 对中国经济增长基本面的影响机理，对于中国在推动"走出去"战略时合理调控制造业高质量发展政策来驱动经济增长规模和质量的双上升具有重要的启示。

OFDI 与经济增长的关系是国内外学者争相讨论的问题。Gilbert 等（2006）提出了国际资本流动利益分配模型，认为国际资本流动具有逐利性，国际资本流动将引导资本边际生产力趋向平衡，优化生产要素的跨国配置，带动一国社会福利水平的提高。Musgrave（1975）研究发现，美国 OFDI 通过提升企业生产率水平能够促进国内产出水平的长期持续增长。Herzer（2008）利用1971~2005 年 14 个工业化国家的数据研究发现，OFDI 是增加母国产出的重要动因之一。Elia 等（2009）利用 1996~2002 年意大利微观企业数据研究发现，流向高收入国家的 OFDI 会带动熟练工人的需求和提高工资收入，对本土经济增长有益。Cui 和 Xu（2019）研究发现，新兴经济体企业 OFDI 有助于其获取更多的无形资产和提升利润率。部分研究认为 OFDI 通过逆向技术溢出提升母国生产率，进而刺激经济增长（Seyoum 等，2015；Cozza 等，2015）。在国内研究方面，魏巧琴和杨大楷（2003）研究发现，OFDI 的内部作用和外溢作用能够对经济增长产生积极的影响。张伟如等（2012）结合 2003~2009 年的非平衡面板数据研究发现，省级层面 OFDI 绩效与经济增长率之间存在着显著的正向关系。孟寒和李平（2016）运用 14 个发展中投资大国（地区）1993~2013 年的数据实证检验发现，发展中国家 OFDI 对经济增长的促进作用存在一定滞后性。陈虹和陈韬（2018）对金砖国家与发达国家 OFDI 经济增长效应进行比较研究发现，发达国家 OFDI 对经济增长具有显著正向效应，金砖国家 OFDI 对经济增长的促进作用并不明显。

制造业高质量发展与经济增长存在何种联系？现有研究围绕制造业服务化和金融化两个角度进行了一些探讨。一方面，普遍的观点是制造业服务化对经济增长具有提振作用。陈晓光和龚六堂（2005）基于经济结构变化表述了欠发达国家的卡尔多事实，并将制造业和服务业的相对比重变化作为经济增长的动力。高传胜等（2008）指出经济服务化是世界性规律，推动生产者服务外部化和专业化发展是中国经济增长的必由之路。吕越等（2017）基于微观企业数据研究发现，制造业服务化水平有利于提高企业的全要素生产率，尤其是在 GVCs 中嵌入程度较高的企业。另一方面，现有研究关于制造业金融化对经济增长的影响结论并不确定。持有支持观点的学者多从"金融深化"角度阐述银行等金融机构对实体企业融资的支撑作用（Rajan 和 Zingales，2003），而持有负面观点的学者认为金融化放大了金融市场的泡沫，使欠发达国家的核心产业为发达国家金融资本所操控，经济增长因缺乏信贷支持而停滞（Epstein，2005）。国内学者的研究观点更倾向于后者。如张成思和张步昙（2016）构建金融化环境下的微观企业投资决策模型并对此进行实证研究发现，经济金融化所引起的风险收益错配显著降低了企业的实业投资率，并弱化了货币政策对于提振实体经济的效果。谢富胜和匡晓璐（2020）基于中国2007~2018 年 A 股上市制造业企业数据检验发现，我国制造业企业扩大金融活动显著抑制了企业经营利润率。

鉴于 OFDI 和制造业高质量发展的关系在诸多研究中已被证实，制造业高质量发展在 OFDI 和经济增长之间发挥着"纽带"作用，这使 OFDI 的制造业高质量发展经济增长效应是亟待验证的话题。结合当前中国经济增长的阶段性变化，"稳增速、重质量"并举，在谈及 OFDI 通过制造业高质量发展对经济增长的影响效应时，应对规模效应和质量效应进行全面分析。尽管经济增长是宏观经济理论的经典内容，但根据已有的实证研究，由于宏观经济增长的背后实则体现的是各类微观企业的经济活动和市场行为，故有学者认为经济增长的微观基础研究是经济增长理论未来发展的重要方向（严成樑，2020）。遵循这一思路，本章在阐释 OFDI 通过制造业高质量发展对经济增长规模和质量的影响机制基础上，从企业柯布—道格拉斯（C—D）生产函数与超越对数（Translog）生产函数着手构建计量模型进行实证检验。为达成上述研究目的，本章主要采用 2007~2014 年《国泰安数据库》和《境外投资企业（机构）名录》进行手工匹配生成一套合并微观企业数据。其中，《国泰安数据库》为本章提供企业经济增长规模和质量的各项指标，《境外投资企业（机构）名录》则为本章提供企业 OFDI 的基本信息。本章可能的边际贡献体现如下：首先，相较之前 OFDI 对制造业高质量发展的影响效应和制造业高质量发展经济增长的影响效应的分析无疑是将已有的研究边界拓宽，其意义在于，除理解 OFDI 会对国内制造业结构调整产生价值判断层面的利弊影响之外，还评估了由 OFDI 引起的制造业高质量发展对经济增长的基本面的作用。其次，聚焦于制造业服务化和金融化的双重视角剖析了 OFDI 的经济增长效应，并区分了其规模效应与质量效应，将研究问题的高度由"是什么"层面上升到

"为什么"层面。最后,基于微观企业的生产、就业和投资行为分析 OFDI 的制造业高质量发展经济增长规模效应,基于微观企业的生产率分析 OFDI 的制造业高质量发展经济质量效应,实现了宏观经济增长问题的微观化。

6.2 机制分析

OFDI 对制造业高质量发展经济增长的影响效应具体包含经济增长规模效应和质量效应。其中,规模效应主要体现于 OFDI 通过制造业高质量发展对经济增速的影响,而质量效应则体现为 OFDI 通过制造业高质量发展对经济潜力的影响。通常而言,经济增速反映了企业短期内的景气情况,而经济潜力则反映了企业未来的产出能力。无论是经济增速还是经济增长潜力,依据企业生产函数的基本形式,取决于企业的就业、投资和生产率,这也是本部分机制分析的落脚点。

6.2.1 OFDI 对制造业高质量发展经济增长规模的影响效应

OFDI 引起的制造业服务化和制造业金融化两类制造业转型结果,对经济增长规模会产生促进和抑制作用。一方面,OFDI 对制造业服务化的影响效应对企业产出规模具有提振作用,从而增加经济增长规模。OFDI 构建了母公司与海外子公司之间的垂直一体化分工关系,充分汲取国外先进技术和战略性资产,并为企业产品海外销售渠道创造条件,形成出口创造效应,为适应新的组织方式、技术和市场需求,母公司将增加服务要素投入,培育新型竞争优势。OFDI 在推动母公司的经营业务由传统生产职能向"生产 + 服务协同生产"转变之后,就业和投资都会获得提升,产出规模增长,经济增速得以加快。另一方面,OFDI 对制造业金融化的影响效应对企业产出规模具有抑制作用,从而抑制经济增长规模。企业利用海外绿地投资还是股权注入式投资都会加重自身的债务负担,对企业资金来源提出了更高的要求,企业会寻求购买金融资产的收益以实现加杠杆;同时,在企业 OFDI 过程中,部分主营业务转移至海外,母公司出于填补业务空白的现实诉求,会将更多的资金转向金融市场,出现"脱实向虚"现象。OFDI 在诱发母公司的产业资本向金融资本转变之后,就业和投资都会获得提升,企业的产出规模将受到削弱,经济增速也会陷入停滞。据此,提出如下理论假说:

H_{1a}：OFDI 对制造业服务化经济增长规模的影响效应为正；

H_{1b}：OFDI 对制造业金融化经济增长规模的影响效应为负。

6.2.2 OFDI 的制造业高质量发展经济增长质量的影响效应

OFDI 引起的制造业服务化和制造业金融化两类制造业转型结果，对经济增长质量会产生促进和抑制作用。一方面，OFDI 对制造业服务化的影响效应对企业产出效率具有提振作用，从而提高经济增长质量。作为国际产业转移的重要手段之一，OFDI 能将企业低效率、低附加值的边际部门转移出去，母公司则专注于 GVCs 顶端的研发和销售环节，而在这些高端生产领域需要使用大量的专业性服务要素，有助于企业专业性的服务功能的培育与成长，通过加快企业内部资源的整合与优化配置，从而形成更富效率的生产模式。从长远来看，这类高效率的生产模式会提升企业产出，吸纳更多就业和投资，经济增长质量得以提高。另一方面，OFDI 对制造业金融化的影响效应对企业产出效率具有拉低作用，从而降低经济增长质量。企业在境外直接投资所形成的债务"黑洞"和转移部门之后形成的业务空缺诱发其金额投资，会挤占企业原本用于改善内部管理、技术成果推广等资金需求，副业取代主业在未来较长时间内会削弱企业在产品质量上的进取性，逐渐沦为"僵尸"企业。企业产出效率下降对就业、投资的贡献不足，经济增长质量恶化。据此，提出如下理论假说：

H_{2a}：OFDI 对制造业服务化经济增长质量的影响效应为正；

H_{2b}：OFDI 对制造业金融化经济增长质量的影响效应为负。

6.3 研究设计

6.3.1 计量模型设定

（1）OFDI 对制造业高质量发展经济增长规模影响效应识别。定义柯布—道格拉斯（C—D）生产函数的基本形式如下：

$$Y = AK^{\alpha}L^{1-\alpha} \tag{6-1}$$

其中，Y 表示企业产出，K、L 分别表示企业投入的资本存量和劳动力，参数 α、1-α 分别表示资本和劳动力的产出份额，且 $\alpha \in (0, 1]$。对式（6-1）

两边同时取对数求导数可得：

$$\frac{\Delta Y}{Y} = \frac{\Delta A}{A} + \alpha \times \frac{\Delta K}{K} + (1-\alpha) \times \frac{\Delta L}{L} \tag{6-2}$$

其中，$\Delta Y/Y$ 表示经济增速，用以表征经济增长规模；$\Delta A/A$ 表示企业全要素生产率（也称为索洛余项）；$\Delta K/K$ 表示企业投资增长率；$\Delta L/L$ 表示企业就业增长率。将上式简化成简约形式的面板计量方程：

$$\ln Output_{i,t}^{scale} = \beta_1 \ln Inv_{i,t} + \beta_2 \ln Emp_{i,t} + \varepsilon_{i,t} \tag{6-3}$$

其中，下标 i、t 分别表示企业和年份。$\ln Output_{i,t}^{scale}$ 表示企业 i 第 t 年工业增加值的对数形式；$\ln Inv_{i,t}$ 表示企业 i 第 t 年固定资产投资存量的对数形式；$\ln Emp_{i,t}$ 表示企业 i 第年 t 职工人数的对数形式；全要素生产率进入随机扰动项 $\varepsilon_{i,t}$。已有大量研究表明，企业的投入变量 $\ln put_{i,t}$ 均会受到 OFDI 的影响，将企业资本和劳动力投入表示为企业 OFDI 的函数形式，并将其带入式（6-3）进行合并同类项后便可得到 OFDI 对企业经济增长规模的连续型双重差分（Difference-In-Difference，DID）模型如下：

$$\ln Output_{i,t}^{scale} = \rho_1\, ofdi_i \times post_t + Z_{i,t}\gamma + \varepsilon_{i,t} \tag{6-4}$$

由于企业 OFDI 可被视为自然实验，根据商务部《境外投资企业（机构）名录》公布的相关信息，使用虚拟变量 $ofdi_i$ 表示：实验组（OFDI 企业，$ofdi_i=1$）和控制组（非 OFDI 企业，$ofdi_i=0$）。考虑到企业进行 OFDI 的时点存在差异，使用虚拟变量 $post_t$ 加以区分，OFDI 发生之前取值为 0，OFDI 发生之后则取值为 1。$Z_{i,t}$ 为控制变量集，主要包括：①企业年龄（age），使用企业当年所处年份减去开业年份表示。②所有权性质（soe），使用虚拟变量表示（0= 非国有企业，1= 国有企业）表示。③股权集中度（con），使用企业前十大股东持股比例表示。④杠杆率（lev），使用所有者权益与总资产的比值表示。⑤净资产利润率（roa），使用企业净利润与企业总资产的比值表示。以上变量均通过对数变换。本部分还在上式中加入企业固定效应 μ_i、时期固定效应 v_t 来控制不可观测因素，$\varepsilon_{i,t}$ 为随机扰动项。式（6-4）中的交互项 $ofdi_i \times post_t$ 的待估系数 ρ_1 反映了 OFDI 对企业产出规模的总效应。在开放经济条件下，OFDI 通过制造业转型结果会对经济增速产生反馈效应，并且考虑单一方程难以对传导机制进行检验，本部分采用结构方程——中介效应模型进行分析。公式如下：

$$dei_{i,t} = \eta_1 ofdi_i \times post_t + Z_{i,t}\gamma + \varepsilon_{1i,t} \tag{6-5}$$

$$\ln \text{Output}_{i,t}^{\text{scale}} = \theta_1 \text{ofdi}_i \times \text{post}_t + \theta_2 \text{dei}_{i,t} + Z_{i,t} \gamma + \varepsilon_{2i,t} \qquad (6\text{-}6)$$

其中，$\text{dei}_{i,t}$ 为中介变量，表示制造业企业转型成效，包含制造业服务化 $\text{dei}_{i,t}^{\text{ser}}$ 和制造业金融化 $\text{dei}_{i,t}^{\text{cf}}$。在指标选取方面，金融化的测度借鉴杨筝等（2019）的研究，采用制造业企业金融化水平衡量，即 $\text{dei}_{i,t}^{\text{cf}}$=（制造业企业交易性金融资产 + 可供出售金融资产 + 持有至到期投资 + 发放贷款及垫款 + 衍生金融资产 + 长期股权投资 + 投资性房产）/ 制造业企业总资产；制造业企业服务化的测度借鉴陈洁雄（2010）的研究，根据经营范围将制造业上市公司涉及的服务业务划分为 15 种[①]，采用服务业务收入与总收入的比重衡量。式（6-5）中的待估系数 η_1 检验 OFDI 的制造业转型结果；式（6-6）中的待估参数 θ_2 则反映了制造业转型结果与企业产出规模的关系。在 OFDI 对制造业转型的影响显著成立的前提下（$\eta_1 > 0$），预期制造业服务化引致的经济增长规模效应显著为正（$\theta_2 > 0$），以及制造业金融化引致的经济增长规模效应显著为负（$\theta_2 < 0$）。式（6-6）中的待估参数 θ_1 衡量 OFDI 对企业产出规模的直接效应。若该系数显著异于 0，说明制造业转型发挥了局部中介效应；若该系数不显著，则说明制造业转型发挥了全局中介效应。

（2）OFDI 对制造业高质量发展经济增长质量的影响效应识别。经济增长质量取决于企业的产出效率，本部分采用随机前沿分析（Stochastic Frontier Analysis，SFA）方法对企业的产出效率进行估计。值得一提的是，SFA 方法作为参数估计法，在实际运用中须对企业生产函数的形式进行严格界定，而超越对数生产函数是广为使用的一种函数形式，基本形式设定如下：

$$\ln Y_{i,t} = \vartheta_0 + \vartheta_t t + \vartheta_K \ln K_{i,t} + \vartheta_L \ln L_{i,t} + \frac{1}{2}\vartheta_{tt} t^2 + \frac{1}{2}\vartheta_{KK}(\ln K_{i,t})^2 + \frac{1}{2}\vartheta_{LL}(\ln L_{i,t})^2 +$$
$$\vartheta_{tK} t \ln K_{i,t} + \vartheta_{tL} t \ln L_{i,t} + \vartheta_{KL} \ln K_{i,t} \ln L_{i,t} + \epsilon_{i,t} - u_{i,t}$$
$$(6\text{-}7)$$

其中，$Y_{i,t}$ 表示企业产出，$K_{i,t}$、$L_{i,t}$ 表示前文定义的资本和劳动力，t 表示时间趋势。$\epsilon_{i,t} - u_{i,t}$ 表示复合扰动项，由两部分构成：$\epsilon_{i,t}$ 是对称随机扰动项，服从均值为 0，标准差为 σ_ϵ 的正态分布，记为 $\epsilon_{i,t} \sim N(0, \sigma_\epsilon^2)$；$u_{i,t}$ 为非对称扰动项，且 $u_{i,t} > 0$，通常服从半正态分布，记为 $u_{i,t} \sim N^+(X'\gamma, \sigma_u^2)$。要求

---

① 服务业务包括咨询服务、设计与开发服务、金融服务、安装和执行服务、租赁服务、维修和保养服务、外包和运营服务、采购服务、财产和投资服务、销售服务、解决方案服务、物流服务、软件开发、进出口服务、废旧物资回收。

两部分扰动项相互独立。式（6-7）又可转化为随机前沿生产函数 $Output_{i,t} = f(Input_{i,t}) \exp(\epsilon_{i,t} - u_{i,t})$。这里，$Output_{i,t}$ 表示企业的实际产出，$Input_{i,t}$ 表示企业的投入项（含资本、劳动等）。$f(Input_{i,t}) \exp(\epsilon_{i,t})$ 表示随机前沿产出［$Output_{i,t}^{*} = f(Input_{i,t})$ 表示确定性前沿产出］，$\exp(-u_{i,t})$ 为无效性，取值范围为 0~1，反映了企业实际产出与理想产出之间的距离。企业生产效率是可观测产出与相应随机前沿产出之比：

$$TE_{i,t} = \frac{Output_{i,t}}{f(Input_{i,t}) \exp(\epsilon_{i,t})} = \frac{f(Input_{i,t}) \exp(\epsilon_{i,t} - u_{i,t})}{f(Input_{i,t}) \exp(\epsilon_{i,t})} = \exp(-u_{i,t}) \qquad （6-8）$$

其中，i、t 分别表示企业和年份。$TE_{i,t}$ 表示企业 i 第 t 年的产出效率。在 $\epsilon_{i,t}$、$u_{i,t}$ 的假设成立时，可使用最大似然法（ML）对式（6-7）予以估计。由于随机前沿非对称扰动项 $u_{i,t}$ 的均值会随 $X_{i,t}$ 而变化，故还需对企业生产效率的决定形式进行估计，基本函数形式如下：

$$Output_{i,t}^{quality} = E(TE_{i,t} | X_{i,t}) = \tau_1 \, ofdi_i \times post_t + Z_{i,t} \gamma + \varepsilon_{i,t} \qquad （6-9）$$

其中，$Output_{i,t}^{quality}$ 表示企业 i 第 t 年产出效率衡量的经济增长质量；双重差分项 $ofdi_i \times post_t$ 用以识别企业 OFDI 事件的冲击，其估计系数 τ_1 反映了 OFDI 对企业产出效率的总效应。$Z_{i,t}$ 表示之前定义的控制变量集。本部分还在上式中加入企业固定效应 μ_i、时期固定效应 v_t 来控制不可观测因素，$\varepsilon_{i,t}$ 为随机扰动项。为检验开放经济条件下的 OFDI 的制造业高质量发展经济增长质量效应，本部分同样构建中介效应模型对传导机制进行检验。公式如下：

$$Output_{i,t}^{qulity} = \xi_1 \, ofdi_i \times post_t + \xi_2 \, Dei_{i,t} + Z_{i,t} \gamma + \varepsilon_{3i,t} \qquad （6-10）$$

其中，$Dei_{i,t}$ 为中介变量，表示制造业企业转型成效，定义同式（6-5）。在 OFDI 对制造业转型的影响显著成立的前提下（$\eta_1 > 0$），预期制造业服务化引致的经济增长质量效应显著为正（$\xi_2 > 0$），以及制造业金融化引致的经济增长质量效应显著为负（$\xi_2 < 0$）。式（6-10）中的待估参数 ξ_1 能够衡量 OFDI 对企业规模的直接效应。若该系数显著异于 0，说明制造业转型发挥了局部中介效应；若该估计系数不显著，则说明制造业转型发挥了全局中介效应。

6.3.2 数据说明

鉴于 2007 年起上市公司采用《新会计准则》，本部分样本包含中国 1159 家沪深两市 A 股上市制造业公司 6510 个观测值的非平衡面板数据，时间跨度为 2007~2014 年。其中，OFDI 企业有 217 家，样本量为 1308 个①；非 OFDI 企业有 942 家，样本量为 5202 个。主要变量的描述性统计结果如表 6-1 所示。上市公司财务数据来源于《国泰安数据库》，企业 OFDI 信息数据来源于商务部《境外投资企业（机构）名录》。为消除异常样本点，对连续变量在前后 1% 的极端值进行了缩尾调整；按照证监会 2001 年发布的上市公司行业分类指引》对制造业企业行业进行了规整统一，剔除了金融类上市公司、明显存在异常值与缺失值的公司和研究窗口期被 ST、PT 处理的公司；考虑到部分企业的投资去向是百慕大群岛、开曼群岛等避税港和中国香港、中国澳门等"临近地区"，将这些样本点删除。借鉴田巍和余淼杰（2013）的研究，采用"两步法"对《国泰安数据库》和《境外投资企业（机构）名录》进行手工匹配：第一步，利用制造业企业名称和年份首次进行匹配；第二步，利用制造业企业的邮政编码和电话号码将未匹配成功的制造业企业再次进行合并。

表 6-1 主要变量的描述性统计

变量	定义	观测值	平均值	标准差
$Output^{scale}$	经济增长规模（元）	6509	5.927e+09	2.007e+10
$Output^{qulity}$	经济增长质量（指数）	6510	7.2449	0.8829
$ofdi \times post$	企业 OFDI（虚拟变量）	6510	4.7974	2.1448
dei^{ser}	制造业服务化（%）	6509	4.7905	8.7066
dei^{cf}	制造业金融化（%）	6510	13.2316	5.0791
age	企业年龄（年）	6510	3.396e+10	9.329e+10
soe	所有权性质（虚拟变量）	6510	58.1151	15.6000
con	股权集中度（%）	6510	51.3495	156.7309
lev	杠杆率（%）	6510	5.0854	28.5005
roa	净资产利润率（%）	6509	5.927e+09	2.007e+10

资料来源：根据 STATA 15.0 估计得到。

---

① 样本中企业 OFDI 事件平均发生于 2010~2014 年。

6.4 实证结果分析

6.4.1 基准回归

为了从微观层面检验OFDI是否会影响经济增长，本部分根据前文设定的双重差分模型进行回归分析，回归结果如表6-2所示。其中，（1）~（2）和（3）~（4）分别对应于经济增长规模和经济增长质量的回归结果。（1）~（3）未纳入控制变量，可以发现，OFDI对企业产出规模的影响在5%水平上显著为正，而OFDI对企业产出效率的影响为正但不显著；但这一研究结论可能会受到遗漏重要变量的影响而导致结果有偏，因此，本部分在（2）和（4）中进一步分批加入了一系列可能影响经济增长的微观因素，结果显示，交互 ofdi×post 项的估计系数虽然有所下降，但总体降幅不大，且显著性水平保持稳定。在给定其他条件不变的情况下，相较于其他企业，OFDI能使企业的产出规模平均提高6.90%~7.68%，这表明OFDI能够为提振中国经济增长规模提供强大动力；遗憾的是，OFDI未能明显提升企业的产出效率，表明OFDI助力中国经济增长质量提升的作用有限。控制变量结果表明，企业经营年限越长，产出规模越大；股权集中度较高的企业在战略上更容易达成一致，对自身产出规模和产出绩效的正向作用较大；拥有较高杠杆率的企业受制于债务压力，产出规模和效率均会下降；利润率提升有助于企业产出效率提升。

表6-2　基准回归结果

解释变量	经济增长规模		经济增长质量	
	（1）	（2）	（3）	（4）
ofdi×post	0.0768** （2.22）	0.0690** （2.09）	0.0097 （0.38）	0.0207 （0.87）
lnage	—	0.3261*** （4.44）	—	−0.0248 （−0.56）
soe	—	−0.2748 （−1.33）	—	−0.0816 （−0.74）
lncon	—	0.8735*** （5.18）	—	0.4702*** （4.97）

续表

解释变量	经济增长规模		经济增长质量	
	（1）	（2）	（3）	（4）
lnlev	—	-0.1172^{**} （-2.16）	—	-0.0449^{**} （-2.57）
lnroa	—	0.0036 （0.28）	—	0.0250^{***} （3.82）
个体固定效应	是	是	是	是
时期固定效应	是	是	是	是
样本数	6 495	6 444	6 496	6 445
R^2	0.9103	0.9183	0.8885	0.8957

注：由于控制变量中有部分值缺失，故加入之后样本数有所减少。*、** 和 *** 分别表示在 10%、5% 和 1% 的水平上显著，括号内为对应变量估计系数的 t 值，聚类到企业层面。如无特殊说明，以下各表同。

资料来源：根据 STATA 15.0 估计得到。

6.4.2 稳健性检验

（1）平行趋势与动态效应检验。需要注意的是，使用双重差分模型的一个重要前提条件是需要满足平衡趋势假设，即在 OFDI 事件发生之前处理组企业和控制组企业的经济增长规模和质量变化趋势应保持一致。否则，就可以质疑企业产出规模和质量的提升并非是由 OFDI 冲击所带来的，而是由其自身发展趋势差异所引起的。因此，本部分借鉴 Debaere 等（2010）的做法，采用事件分析法进行检验，并构建如下动态效应模型：

$$Y_{i,t} = \alpha + \sum_{k \geqslant -3}^{4} \beta_k D_{i,t_0+k} + Z_{i,t}\gamma + u_i + \lambda_t + \varepsilon_{i,t} \qquad (6\text{-}11)$$

其中，$Y_{i,t}$ 表示企业的产出规模和产出效率，分别用以表征经济增长规模和质量；D_{i,t_0+k} 表示 OFDI 这一事件的虚拟变量，t_0 表示企业 i 进行 OFDI 的事件当年，k 表示该事件发生后的第 k 年，其他变量与前文保持一致。本部分研究样本包含 OFDI 事件发生的前 3 年和后 4 年，对于超过 OFDI 事件发生前 5 年的统一归并到 OFDI 事件发生前的第 5 年，设置为一个虚拟变量，同时为了避免多重共线性，本部分将 OFDI 事件发生前一年作为基准年份。式（6-11）中 β_k 是本部分关注的核心系数，表示 OFDI 事件发生后的第 k 年处理组和对照组城市产出规模和产出效率的差异，当k<0时，若β_k不显著异于0，则说明处理组和对照组在OFDI事件发生前企业产出规模和产出效率的发展趋势不存在显著性差异，则通过平衡趋势假设检验，反之，则不满足平衡趋势假设。

检验结果如图6-1所示。无论是对于经济增长规模还是经济增长质量，当k<0时，估计系数β_k均接近于0且未达到显著性水平，说明在OFDI事件发生前，OFDI企业和非OFDI企业的产出规模和产出效率发展趋势并不存在显著性差异，因此满足平衡趋势假设。同时根据k≥0的部分可以看出，OFDI事件发生后的首年OFDI对企业产出规模和产出效率均有抑制作用，这与境外投资初期需要大量资源调配，造成短期内企业资金流的困难，不利于企业产出规模和产出效率的上升，OFDI对企业产出规模的提升效应在事件发生后的第二年开始显现，而且具有逐年增强的趋势，说明随着后续企业资金流回归平稳，OFDI对经济增长规模和质量的长期提振作用开始显现。

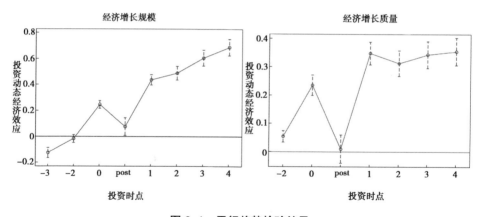

图6-1 平行趋势检验结果

资料来源：根据 STATA 15.0 绘制得到。

（2）安慰剂检验。为了进一步排除OFDI的经济增长效应是受到其他随机因素或遗漏变量干扰的可能性。本部分借鉴吕越等（2019）的做法，采用随机选取处理组的方式进行安慰剂检验，即在本部分研究的1159家企业样本中，随机选取与真实进行OFDI的企业同等数量的处理组企业，其他企业则作为控制组，构造虚假的交互项 DID^{false} 进行回归分析，理论上看，如果不存在其他随机因素和遗漏变量的干扰，虚假交互项 DID^{false} 的估计系数应不显著异于0，换而言之，随机选取的处理组企业产出规模和产出效率不会受到OFDI的影响。为确保估计结果的稳健性，本部分对样本进行了500次的随机抽样。

图6-2绘制了估计系数的核密度。可以发现，估计系数集中分布在0左右，而且其对应的p值基本上都大于0.1，而对于经济增长规模和经济增长质量的估计系数分布迥异。对于经济增长规模，本部分真实的DID估计系数（2.09，左图中虚线标示）明显异于安慰剂检验中得到的估计值，属于异常值；然而，对于经济增长质量，本文真实的DID估计系数（0.87，右图中虚线标示）更加接近于0，因此，OFDI对经济增长规模的正向影响未受到随机因素和遗漏变量问题的干扰，是真实存在的。

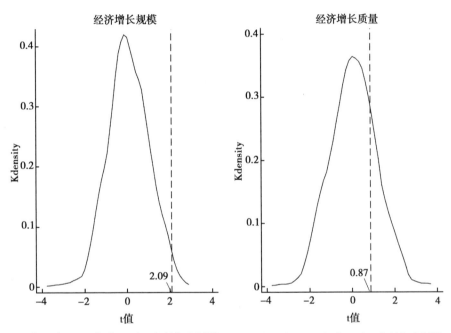

图 6-2　安慰剂检验结果

资料来源：根据STATA 15.0绘制得到。

（3）样本选择性偏差（PSM-DID）。由于企业OFDI是自发的、有选择性的行为，OFDI企业与非OFDI企业很可能在各项经济指标上存在先天差异，造成OFDI事件并不能严格满足随机选择的假设条件，且OFDI企业与非OFDI企业的先天差异可能会导致本部分的估计结果存在选择性偏差，因此，本部分进一步采用倾向得分匹配双重差分法（PSM-DID）进行稳健性检验。具体来看，选取已定义的企业年龄、所有权性质、股权集中度、杠杆率、净资产利润率等因素作为协变量，遵循投资事件发生前一年逐年匹配的原则，匹配时需要用到的数据年份为 2007~2013 年。本部分选择较为常用的最小邻近匹配方法对选定年份的样本数据进行匹配，结果如图 6-3 所示。限于篇幅，图 6-3 只展示了 2013 年的匹配结果。在样本匹配前处理组和控制组的协变量之间存在较大的偏差，而在匹配后两组样本的协变量标准化偏差均位于 0 线附近，表明在匹配后两组样本之间不存在显著的特征性差异，因此匹配效果较好，适合采用 PSM-DID 估计。

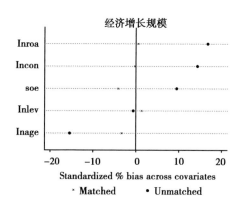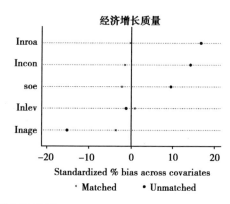

图 6-3　平衡性检验结果

注：企业年龄（age）、所有权性质（soe）、股权集中度（con）、杠杆率（lev）、净资产利润率（roa）均为协变量，定义同前文。

资料来源：根据 STATA 15.0 绘制得到。

根据最小邻近匹配实验的结果，我们将处于共同域范围内的实验组和控制组保留，删除了不符合双重差分形式的样本点。基于匹配后样本的基准回归结果如表 6-3 所示。（1）~（2）结果显示，无论加入控制变量与否，OFDI 对企业产出规模的影响均显著为正；（3）~（4）结果显示，OFDI 对企业产出质量的影响均不显著，匹配后样本也证实了 OFDI 对经济增长规模的正向作用显著，而 OFDI 对经济增长质量的影响不显著。

表 6-3　基于匹配后样本的基准回归结果

解释变量	经济增长规模		经济增长质量	
	（1）	（2）	（3）	（4）
ofdi × post	0.0732** （2.10）	0.0690** （2.09）	0.0079 （0.31）	0.0204 （0.85）
控制变量	否	是	否	是

续表

解释变量	经济增长规模		经济增长质量	
	（1）	（2）	（3）	（4）
个体固定效应	是	是	是	是
时期固定效应	是	是	是	是
样本数	6444	6444	6444	6444
R^2	0.9102	0.9183	0.8886	0.8958

资料来源：根据 STATA 15.0 估计得到。

（4）双重聚类回归。面板数据还存在"整群相关"的通病，即相同整群内部的相关性一般较强。在基准模型中我们通过企业聚类来缓解此问题，但仍需看到，企业指标通常会随着年份发生变化，以及不同行业和地区的企业指标亦有所不同，使用企业层面的聚类回归或许存在不足，将会降低模型的估计效率。根据现有文献中的流行做法，本部分分别采用企业—年份、企业—行业和企业—地区的双重聚类回归予以检验，若要确保模型稳健性，在模型估计系数无明显变化的前提下，模型估计系数的显著性应与前文一致。双重聚类回归结果如表 6-4 中（1）~（6）所示，与预期结果一致，交互项 ofdi×post 的估计系数未发生变化，OFDI 对经济增长规模的正向影响仍至少在 10% 水平上显著，OFDI 对经济增长质量的影响不显著，说明不同时点、行业和地区的企业"整群相关"对本书结论的影响甚微。

表 6-4　双重聚类回归结果

解释变量	企业—年份		企业—行业		企业—地区	
	经济增长规模	经济增长质量	经济增长规模	经济增长质量	经济增长规模	经济增长质量
	（1）	（2）	（3）	（4）	（5）	（6）
ofdi × post	0.0690[*] （1.87）	0.0208 （0.88）	0.0690[**] （2.17）	0.0208 （1.31）	0.0690[***] （3.03）	0.0208 （1.18）
控制变量	是	是	是	是	是	是
个体固定效应	是	是	是	是	是	是
时期固定效应	是	是	是	是	是	是
样本数	6444	6445	6444	6445	6444	6445
R^2	0.9183	0.8957	0.9183	0.8957	0.9183	0.8957

资料来源：根据 STATA 15.0 估计得到。

6.4.3　异质性分析

（1）投资动机异质性。企业通常会根据未来发展的战略需求选择不同动机 OFDI。国内学者李磊等（2016）根据中国企业境外投资的实际情况，提出了商贸服务型、当地生产型、研究开发型和资源寻求型的划分标准，这类标准也在后续中国 OFDI 问题的微观实证研究中得到了广泛使用。其中，商贸服务型 OFDI 是指企业以出口服务为目标的市场寻求型投资，此类投资不在东道国（地区）生产产品，而是从母公司进口商品到东道国（地区）市场进行销售并提供售后服务；当地生产型 OFDI 是指企业在不同的国家（地区）复制相同的生产行为；研究开发型 OFDI 是指企业在技术领先的东道国（地区）建立研发机构以获取技术优势的投资行为；资源寻求型 OFDI 是指企业对油气、矿产资源丰富的东道国（地区）进行投资的行为。为了能够从数据层面甄别企业的投资动机，我们根据《境外投资企业（机构）名录》中的经营范围对企业投资动机进行了初次筛选，对无法确定的企业进行二次筛选，将其名称、投资国家、投资年份等信息于互联网进行交叉搜索，最终确定了企业的研究开发型、当地生产型、资源寻求型和商贸服务型的投资动机[①]，分别使用虚拟变量 rd、lc、re、pl 表示。接下来，我们将四类动机变量与企业 OFDI 的交互项分别代入双重差分模型中进行估计，回归结果如表 6-5 中（1）~（4）所示。观察发现，只有交互项 ofdi × post × lc 和 ofdi × post × pl 的估计系数至少在 10% 水平上显著为正，说明只有制造业企业当地生产型和商贸服务型 OFDI 能够有效地促进经济增长规模。原因在于，制造业企业当地生产型 OFDI 将上游和下游生产过程转移至国外，实现了母公司与海外子公司之间的垂直一体化分工，这种内部化优势降低了市场的交易成本，提高了企业产出规模；制造业企业商贸服务型 OFDI 则为企业提供了稳定的海外营销网络，海外市场规模的扩张对企业扩大产能形成了正向激励，从而提高了企业产出规模。

[①]　对《境外投资企业（机构）名录》的经营范围初步筛选时，将含商贸、贸易、出口、进口、进出口、租赁、批发、零售、销售、商务、服务等关键词的投资定义为商贸服务型，将含生产、制造、制作、加工、组装、改装、安装、维护、修理、包装等关键词的投资划分为当地生产型，将含采矿、矿业、矿山、开采、矿产、勘探、能源、采选等关键词的投资划分为资源寻求型，将含研究、开发、研发、技术、设计、研制等关键词的投资划分为研究开发型。

表 6-5　投资动机异质性

解释变量	研究开发型	当地生产型	资源寻求型	商贸服务型
	（1）	（2）	（3）	（4）
ofdi × post × rd	0.0088	—	—	—
	（0.15）			
ofdi × post × lc	—	0.1304**	—	—
		（2.17）		
ofdi × post × re	—	—	0.1106	—
			（1.37）	
ofdi × post × pl	—	—	—	0.0716*
				（1.65）
控制变量	是	是	是	是
个体固定效应	是	是	是	是
时期固定效应	是	是	是	是
样本数	6444	6444	6444	6444
R^2	0.9182	0.9182	0.9182	0.9182

资料来源：根据 STATA 15.0 估计得到。

（2）制造行业异质性。为检验 OFDI 对经济规模的影响是否具有行业差异，借鉴马盈盈和盛斌（2018）的研究，根据上市公司的行业代码将制造业区分为劳动密集型、资本密集型和技术密集型三种行业类型[①]，分别采用虚拟变量 labor、capital、technology 表示。接下来，我们将三类行业变量与企业 OFDI 的交互项分别代入双重差分模型中进行估计，回归结果如表 6-6（1）~（3）所示。观察发现，交互项 ofdi × post × capital 的估计系数在 10% 水平上显著为正，而其他交互项的估计系数均不显著，相较于劳动密集型和技术密集型制造行业企业 OFDI，资本密集型制造行业企业 OFDI 对经济增长规模的促进作用更明显，究其原因，资本密集型制造行业企业拥有雄厚的资金条件，在境外投资过程中受到的资本约束较小，能够综合运用国际资源与市场，实现全球化生产布局的战略目标，达到提升经济增长规模的目的；反观劳动密

---

① 劳动密集型制造业部门包括纺织及服装制造业，皮革、毛皮、羽毛及鞋类制品业，木材加工及木、竹、藤、棕、草制品业，其他制造业及废弃资源和废旧材料回收加工业；资本密集型制造业包括烟草业，印刷业和记录媒介的复制业，石油加工、炼焦及核燃料加工业，非金属矿物制品业，金属制品业；技术密集型制造业包括机械制造业、电气及电子机械器材制造业以及交通运输设备制造业。

集型和技术密集型制造行业企业，由于受海外技术获取的动力和吸收能力不足的双重制约，OFDI 对经济增长规模的提升作用不明显。

表 6-6　制造行业异质性

解释变量	劳动密集型	资本密集型	技术密集型
	（1）	（2）	（3）
ofdi × post × labor	0.0258 （0.27）	—	—
ofdi × post × capital	—	0.0806* （1.87）	—
ofdi × post × technology	—	—	0.0584 （1.19）
控制变量	是	是	是
个体固定效应	是	是	是
时期固定效应	是	是	是
样本数	6444	6444	6444
R^2	0.9182	0.9182	0.9182

资料来源：根据 STATA 15.0 估计得到。

（3）OFDI 区位选择异质性。东道国的经济区位和地理区位在企业 OFDI 区位选择方面往往起到了重要的作用，因此有必要进行区分考察。根据 OECD 将东道国经济区位划分为成员国和非成员国，使用虚拟变量 oecd 定义；同时，"一带一路"倡议是当前中国对外加强与周边国家的政治联系和力推的核心区域一体化战略，这种地缘联系为中国制造业企业通过对 OFDI 进行国际产能合作提供了历史性契机，据此将东道国地理区位划分为沿线国家和非沿线国家，使用虚拟变量 belt 定义。接下来，我们将两类区位变量与企业 OFDI 的交互项分别代入双重差分模型中进行估计，回归结果如表 6-7 中（1）~（2）所示。经济区位方面，交互项 ofdi × post × oecd 的估计系数在 5% 水平上显著为正，说明中国制造业企业对 OECD 成员国的 OFDI 对产出规模存在促进作用；地理区位方面，交互项 ofdi × post × belt 的估计系数在 5% 水平上显著为正，说明中国制造业企业对 "一带一路" 沿线国家的 OFDI 对产出规模存在促进作用。结果表明，随着中国对 OECD 成员国和 "一带一路" 沿线国家 OFDI

均对国内经济增长规模产生了良性刺激作用。

表 6-7　OFDI 区位选择异质性

解释变量	经济区位	地理区位
	（1）	（2）
ofdi × post × oecd	0.1064[**]	—
	（1.97）	
ofdi × post × belt	—	0.0548[**]
		（1.95）
控制变量	是	是
个体固定效应	是	是
时期固定效应	是	是
样本数	6444	6444
R^2	0.9182	0.9182

资料来源：根据 STATA 15.0 估计得到。

6.5　机制检验

在前文分析中，我们证实了 OFDI 对经济增长规模的正向作用，为检验制造业企业 OFDI 影响经济增长规模的制造业企业转型中介效应，还需要对影响机制进行检验。我们采用逐步法对中介效应式（6-5）和式（6-6）进行估计，回归结果如表 6-8 所示。其中，（1）~（2）分别为制造业服务化和制造业金融化两类转型结果决定方程的回归结果。观察发现，至少在 10% 水平上，OFDI 对制造业服务化和金融化的影响均显著为正，说明 OFDI 的制造业转型效应存在。（3）~（4）为经济增长规模决定方程的回归结果。观察发现，制造业服务化对企业产出规模的影响在 5% 水平上显著为正，而制造业金融化对企业产出规模的影响为负但不显著，说明制造业服务化能促进经济增长规模，但制造业金融化尚不足以抑制经济增长规模。结果显示，OFDI 对制造业服务化经济增长规模的影响效应存在，但 OFDI 的制造业金融化经济增长规模效应不存在，证实了本章理论假说 H_{1a}。

表 6-8　OFDI 对制造业高质量发展经济增长规模的影响效应检验结果

解释变量	制造业服务化	制造业金融化	经济增长规模	
	（1）	（2）	（3）	（4）
ofdi × post	0.0061**	0.1709*	0.0690**	0.0714**
	（2.52）	（1.70）	（2.09）	（2.14）
dei^{ser}	—	—	0.0735**	—
			（2.18）	
dei^{cf}	—	—	—	−0.0140
				（−1.03）
控制变量	是	是	是	是
个体固定效应	是	是	是	是
时期固定效应	是	是	是	是
样本数	6460	6444	6444	6444
R^2	0.7960	0.7474	0.9183	0.9186

资料来源：根据 STATA 15.0 估计得到。

　　根据企业生产函数，产出规模取决于劳动力就业、固定资产投资等生产要素投入。这意味着经济增长规模除了可通过企业产出直接进行观测，通过就业和投资等相关指标同样可进行观测。为检验 OFDI 通过制造业转型会影响经济增长规模基本面的就业抑或投资，本章分别将就业、投资作为中介效应模型的终点变量，其中，就业变量体现于微观企业雇佣的员工人数，投资变量体现于微观企业的资本密集度。回归结果如表 6-9 所示。（1）~（2）给出了 OFDI 的制造业转型就业效应的回归结果。观察发现，OFDI 对本国就业的影响在 5% 的水平上显著为正，说明 OFDI 会引起中国制造业企业雇佣员工人数的上升，具有就业促进效应。相较于制造业金融化，制造业服务化对就业的影响在 1% 水平上显著为正且通过了显著性检验，说明制造业服务化对就业的正向作用占主导。（3）~（4）给出了 OFDI 对制造业转型投资的影响效应的回归结果。观察发现，至少在 10% 水平上，OFDI 对本国投资的影响显著为正，说明 OFDI 会引起中国制造业企业固定资产投资规模的上升，具有投资促进效应。在 5% 水平上，制造业服务化对投资的影响显著为正，而制造业金融化对投资的影响为负但不显著，说明制造业服务化对投资起到了主要促进作用。结合表 6-8 中的制造业转型结果决定方程的回归结果不难发现，OFDI 不仅通过制造业服务化对中国经济增长规模产生了推动作用，而且通过制造业服务化实现了中国就业、投资等相关指标的繁荣。由此可见，OFDI 对制造业服务化经济增长规模的影响效应主要来源于就业促进效应和投资促进效应。

表 6-9　OFDI 通过制造业转型对经济增长规模相关指标的影响

解释变量	就业		投资	
	（1）	（2）	（3）	（4）
ofdi × post	0.0705**	0.0745**	0.0277*	0.0294**
	（2.52）	（2.61）	（1.91）	（2.01）
dei^{ser}	0.0417***	—	0.0371**	—
	（2.90）		（2.34）	
dei^{cf}	—	−0.0212*	—	−0.0100
		（−1.68）		（−1.40）
控制变量	是	是	是	是
个体固定效应	是	是	是	是
时期固定效应	是	是	是	是
样本数	6444	6444	6444	6444
R^2	0.8317	0.8352	0.7357	0.7372

资料来源：根据 STATA 15.0 估计得到。

6.6　小结

随着中国制造业企业"走出去"加快，其对国内经济增长的反馈作用越发明显。本章从制造业服务化和金融化双重视角区分研究了 OFDI 对中国经济增长规模和质量的影响效应，采用 2007~2014 年沪深 A 股制造业上市公司的数据给予了经验上的证据。实证结果表明，OFDI 总体上推动了制造业企业产出规模的增长，平均提升幅度达 6.90%，但对制造业企业产出效率的影响不明显，说明 OFDI 对经济增长规模的促进作用明显强于其对经济增长质量的促进作用。平行趋势与动态效应检验、安慰剂检验、考虑样本选择性偏差和双重聚类回归等稳健性检验均证实了基准回归结论的可靠性。从投资动机角度来看，制造业企业当地生产型和商贸服务型 OFDI 能够有效地促进经济增长规模；从制造行业角度来看，资本密集型制造行业企业凭借其资金优势"走出去"对经济增长规模的贡献作用尤为明显；从区位选择来看，中国制造业企业对 OECD 国家和"一带一路"沿线国家的 OFDI 均对国内经济增长规模增长产生了良性刺激作用。进一步对制造业转型传导机制进行检验发现，OFDI 通过制造业服务化对中国经济增长规模的局部正向传导作用存在；同时，结合经济增长基本面的相关指标分析发现，OFDI 对制造业服务化经济增长规模的影响效应源于就业促进效应和投资促进效应。本章实证结论实际上支持了 OFDI 是推动国内经济增长的"发动机"，而反驳了关于资本外移会引起国内经济增长停滞的悲观声音。中国制造业企业"走出去"顺应了当前供给侧结构性改革，是纵深嵌入 GVCs 分工的体现。资本外移实现了国内、国外两个要素和市场的综合利用，制造业企业在全球范围内的分工也日益细化，这也为本土企业进行产能扩张奠定了基础，成为了支撑中国经济复苏的重要力量。也应看到，当前 OFDI 对中国经济增长质量的作用效果不理想，体现了制造业企业在积极参与全球产业分工的同时，却忽视了自身的产业链升级和服务要素重组。要实现中国经济高质量发展，在继续推动制造业企业"走出去"的同时，还需要政策引导服务要素由传统制造部门向新兴服务型制造部门转移，培育和发展服务型制造新业态，提高供给效率，使之成为吸纳就业和投资的新市场主体。

本章研究结论在中国制造业企业"走出去"策略及其生产方式优化上具有重要的政策启示。第一，在企业"走出去"策略上，应重视企业 OFDI 的动机异质性和投资区位异质性，鉴于当前中国企业 OFDI 的背后存在普遍的市场寻求和效率寻求的现实诉求，中国应加强与 OECD 成员国和"一带一路"沿线国家的高层互动、投资互惠协议签署，降低中资企业进入门槛，为制造业企业进行国际产能合作铺平道路。由于中国资本密集型制造行业企业在前期高速扩张中积累了大量的过剩产能，应将 OFDI 作为契机，合理利用自身的资本禀赋优进行产能输出，将企业无效供给转化为有效供给。第二，在企业生产方式优化上，一方面，企业应正视服务型制造业已成大势所趋的基本事实，在服务部门规划和产业链融合上要出台具有前瞻性的战略规划；另一方面，企业应站在全球生产布局的新高度，具体在进行 OFDI 时要关注母公司服务导向性，使母公司与海外子公司之间形成彼此互补与紧密协作的一体化关系。只有中国制造业企业形成"走出去"与制造业服务化转型的良性互促关系，实现在服务型制造业领域的"弯道超车"，促进国内就业和投资，才能将制造业高质量发展转化为中国经济增长规模增长的持久动力。

7 OFDI 对制造业高质量发展 GVCs 的影响效应及实证研究

7.1 问题提出

自中国工业化进程进入新阶段，国内"成本洼地"优势日渐式微，制造业发展面临着劳动力成本提升、贷款利率上升等成本冲击，同时发达国家的贸易保护主义兴起增强了经济全球化的不确定性，严重制约了中国加工制造业的发展。面临内忧外患的严峻形势，"调结构、转方式"已然成为中国经济发展的"主旋律"。然而，中国制造业企业通过长期参与 GVCs 分工中的代工、贴牌等低附加值环节的生产，受到成本上升和国际市场需求不振的双重影响，近年来出现了部分制造业企业将生产资本用于金融、房地产等行业投资的现象，涌现了一批"僵尸"企业，这些制造业企业偏离其主营业务而过度依赖金融投资而导致的资金空转现象是制造业企业金融化的显现，造成了其分工地位的"低端锁定"现象；也有部分制造业企业做出了不同的选择，它们更加关注产品制造与技术研发设计、管理咨询等生产服务业有机融合，通过服务要素支出来提高自身产品差异化水平和竞争优势，这种基于创新驱动的制造业服务化过程是推动其 GVCs 分工地位提升的潜在因素。制造业企业金融化和制造业服务化作为当前阶段中国制造业转型的主要表现，如何调节制造业企业选择合理的转型策略以推动其 GVCs 分工地位提升便是摆在学者面前的一道现实命题。近年来中国制造业企业如火如荼的"走出去"趋势是值得关注的切入点。商务部统计数据显示，截至 2017 年末，中国非金融类 OFDI 累计达 16062.5 亿美元，制造业 OFDI 所占比重达 12.6%。事实上，制造业企业 OFDI 发挥着对外产业转移的"催化剂"，也为其俘获东道国相关行业的技术溢出的关键渠道，对于制造业高质量发展的双重影响是显而易见的，也关乎制造业企业 GVCs 分工地位升级的成败。除了以上事实外，我们比较关注的是：制造业企业 OFDI 是否会对其 GVCs 分工地位产生影响？如果存在，转型策略选择的内在机理是什么？以及是否存在异质性的促进作用——例如主要投资动机、重点产业、目标国家类型等差异？对此进行研究有助于我们厘清制造业企业 OFDI、制造业高质量发展和 GVCs 分工地位的逻辑关联，对于中国通过制造业企业"走出去"实现实体经济繁荣和发展方式转变具有重要的政策意涵。

一般认为，GVCs 是一个复杂的现象，其不依赖一个先行的供应链而是使用以网络为基础的途径，在此过程中，零件和组件的生产过程中在不同国家进行，并且完成最终产品的装配（李磊等，2017）。Humphrey 和 Schmitz（2002）提出了企业 GVCs 地位升级的四种序贯方式，即工艺升级、产品升级、功能升级和链条升级。目前针对中国 GVCs 问题的研究主要从两个方面展开：第一，着重考察了封闭经济条件下的技术创新（Pietrobelli 和 Rabellotti，2011）、融资约束（Lu 等，2018）、集聚经济（Cainelli 等，2018）等因素对中国 GVCs 分工地位的影响。第二，部分研究基于进口质量（高敬峰和王彬，2019）、关税减让（刘斌等，2015）、贸易摩擦（王聪和林桂军，2019）、区域贸易协定（韩剑和王灿，2019）等因素分析了中国 GVCs 分工地位升级的动力。遗憾的是，现有研究尚未从制造业企业 OFDI 的制造业高质量发展效应着手分析其对 GVCs 分工地位的影响，尤其以此作为因果识别机制的切入点，这为本章的研究提供了可能的突破空间。

中国制造业企业"走出去"的蓬勃发展，为我们评估制造业企业 OFDI 对其 GVCs 分工地位的效果提供了有效的随机实验，我们采用双重差分法准确评估该效果及作用机制。为了配合识别方法的需要，我们将 2007~2014 年《国泰安数据库》《中国海关数据库》《境外投资企业（机构）名录》进行手工匹配生成一套合并数据。其中，《国泰安数据库》中包括沪深 A 股上市公司的详细资产配置信息和经营范围信息，这是计算制造业企业金融化程度和服务化水平的必要数据，同时该数据还包括上市公司的各项绩效指标，能够保证我们控制影响 GVCs 分工地位的其他因素；之所以要用到《中国海关数据库》，是因为该数据库包括企业进出口贸易数据，是采用增加值方法计算上市公司 GVCs 分工地位指标的必要数据；商务部《境外投资企业（机构）名录》是微观研究中普遍用以刻画企业 OFDI 的基础数据库，涵盖有资格进行 OFDI 企业的证书编号、投资国家或地区、境内投资主体、境外投资企业、省市、经营范围、核准日期、境外注册日期等信息，是识别上市公司 OFDI 行为的关键。

在已有研究基础上，本部分研究可能的边际贡献主要体现如下：第一，较之于以往研究对 OFDI 的母国产业空心化效应或母国产业结构效应的分析，如胡立君等（2013）考察了后工业化时代 OFDI 所引发的美国"离制造化"和日本制造业"离本土化"问题，以及赵云鹏和叶娇（2018）考察了中国 OFDI 的产业结构效应，本章从制造业高质量发展角度整合分析了制造业企业 OFDI 对其 GVCs 分工地位的影响机理，将研究深度从"是什么"推进到"为什么"的维度，是目前较早关于该问题的研究，在一定程度上拓宽了该研究领域的边界；第二，本章首次基于手工合成的沪深 A 股上市公司数据采用双重差分法考察了制造业企业 OFDI 对其 GVCs 分工地位的效应，较之于宏观总量分析，研究结论更加精准可靠。

7.2　机制分析

为数不多但日益增加的针对企业 OFDI 与 GVCs 问题的讨论，是与我们的研究最相关的一支文献。Koopman 等（2012）提出 GVCs 理论以及分工地位的具体测算方法。基于此，已有相当后续研究从宏微观层面证实了中国 OFDI 对其 GVCs 分工地位的影响。如李超和张诚（2017）通过使用 2000~2014 年世界投入产出表数据研究发现，2008 年以后，中国 OFDI 显著促进了其制造业 GVCs 升级。刘斌等（2015）测算了企业产品与最终品的加权平均距离来衡量企业在价值链体系中的参与地位，同时测度了企业的产品升级和功能升级，利用倾向得分匹配的方法研究发现，OFDI 对上述三者均有显著的促进作用。郑丹青（2019）利用 2004~2011 年中国微观企业数据，采用基于倾向得分匹配的双重差分法研究发现，OFDI 明显促进了企业 GVCs 分工地位的提升。王杰等（2019）分析了 OFDI 对企业 GVCs 四种升级方式的机制，研究发现 OFDI 明显降低了企业退出 GVCs 的概率。据此，提出如下理论假说：

H_1：制造业企业 OFDI 能够显著提升其 GVCs 分工地位。

制造业企业转型策略与其 GVCs 分工地位有何关联呢？来自于金融化和服务化的影响存在差异。一种观点是，制造业企业金融化本质上属于"恶性去工业化"，对其 GVCs 分工提升具有抑制作用。伍戈和殷斯霞（2015）认为金融化的直接后果是，制造业企业自身比较优势无法实现动态演进而陷入停滞状态；刘英和吴军（2015）认为金融化会引起制造业企业将资本转移至金融业、房地产业等服务业，形成投机性副业对生产性主业的替代；王展祥和魏琳（2012）系统总结了中国区域去工业化对产业升级的阻碍效应，表现为三次产业结构失衡和主导产业低级化、要素配置结构失衡和经济发展金融化、价值链结构失衡和产业低端锁定等。Stockhammer 和 Grafl（2010）、刘贯春（2017）认为，制造业企业金融化削弱了实体经济的社会产品供给能力，也侵蚀了金融部门对实体经济的服务功能，加大了经济活动的不确定性和引发金融危机的潜在风险。另一种观点是，制造业企业服务化是制造业转型成功的体现，对其 GVCs 分工地位提升具有促进作用。龙飞扬和殷凤（2019）制造业投入服务化能够显著提升企业出口产品质量；王思语和郑乐凯（2019）研究发现，制造业服务化对出口产品质量和技术复杂程度均有明显的提升作用；杜新建（2019）基于数理推导和理论推演，证实了制造业服务化能够推动 GVCs 升级，并主要通过技术创新效应、规模经济效应、差异化竞争效应等机制实现。

在影响制造业企业 GVCs 分工地位的因素错综复杂情况下，现有研究已经关注到了 OFDI 的作用，不过对于影响机理却没能展开系统分析。同时制造业企业转型策略深受其 OFDI 的影响，并与其 GVCs 分工地位之间存在紧密关联，这为我们从制造业转型角度分析企业 OFDI 对其 GVCs 分工地位的影响及因果机制识别提供了可能的突破空间。值得一提的是，现有研究已经从 OFDI 视角归纳了对外产业转移和逆向技术溢出的动因（Cantwell 和 Tolentino，1990），这构成制造业企业 OFDI 的高质量发展效应及其影响 GVCs 分工地位的基石。鉴于制造业企业转型存在金融化和服务化两种迥然不同的表现形式，分别从两个方面展开进行机制分析，具体来说：

一方面，为了更好地利用海外廉价生产要素和开拓国际市场，制造业企业通常会采用绿地投资的方式在国外建立工厂和加工基地，引起其劳动密集型生产职能部门对外转移，使制造业企业生产脱钩和劳动生产率下降，同时国外生产与销售业务增长则会形成对自身同类产品的出口替代，也会对其主营业务产生冲击。为了追求更高收益，制造业企业热衷于将闲置资金用以购买保值增值能力更强的金融产品，由实体企业沦为"准金融企业"，导致其金融化。根据 Wind 资讯统计数据，截至 2018 年 6 月 30 日，2018 年认购理财产品的上市公司达 1089 家，共认购理财产品的数量达 10015 个，合计金额为 7859.65 亿元。金融化使制造业企业缺乏足够的生产性资金用于技术研发和新产品制造，产业链升级受阻，不利于培育更高附加值的主营业务竞争优势，从而造成制造业企业 GVCs 分工地位低端锁定。据此，提出如下理论假说：

H₂：制造业企业 OFDI 通过金融化不利于其 GVCs 分工地位提升。

另一方面，制造业企业 OFDI 产生的对外产业转移有利于其与海外子公司建立起垂直分工关系，垂直分工一体化不仅通过内部化交易降低了制造业企业获取海外生产要素的成本，保障了其服务要素投入的必要资金，同时垂直分工一体化拓宽了制造业企业海外销售渠道和市场份额，具有出口创造效应，使其有动力增加服务要素支出提升出口产品质量，对制造业企业服务化具有促进作用。制造业企业利用在海外建立研发中心，或通过合资、跨国并购的股权注入方式能够有效地获取专利、知识、品牌、管理和人才等。为了使这些战略性资源在制造业企业的本土运作上适用，制造业企业管理层会更加重视技术创新来吸收能力，而技术创新是一种人才培养、品牌服务、信息服务和研发服务等服务要素高度聚合的过程，这会带来服务要素支出的迅速增加，对制造业企业服务化具有促进作用。服务化转型使制造业企业摒弃了单一的加工生产等低附加值环节，转而从事以服务为核心的高附加值环节主营业务，有利于制造业企业培育新型竞争优势，从而推动其 GVCs 分工地位攀升。据此，提出如下理论假说：

H₃：制造业企业 OFDI 通过服务化有利于其 GVCs 分工地位提升。

7.3 研究设计

7.3.1 计量模型设定

中国制造业企业 OFDI 本质上可被视为随机实验，我们所要研究的是这项随机实验发生以后给制造业企业 GVCs 分工地位带来的变化，即所谓的项目评估效应。为此，我们将 OFDI 企业作为实验组，将从未进行 OFDI 企业作为对照组。在实验发生之后比较两组制造业企业 GVCs 分工地位变化的差异。然而，这样的方法并不能完全消除内生性，因为制造业企业进行 OFDI 与否很可能取决于自身的特定优势，即自我选择的过程，如果只对数据进行普通面板回归，由于两组企业的初始条件的不同，将会出现严重的选择偏误。目前克服选择偏误的最好方法是，将全部的对照组通过相应的指标进行处理，寻找到情况与实验组情况类似的控制组个体来构建"反事实"模型，通过比较两组之间的差异可以得出制造业企业 OFDI 对于其 GVCs 分工地位的影响。为此，我们引入实验组虚拟变量 $ofdi_i$，用以表示制造业企业是否 OFDI，是取 1，否取 0；同时引入时期虚拟变量 $post_t$，制造业企业 OFDI 之后取值为 1，之前则取值为 0。然而，设定制造业企业 GVCs 分工地位变量 $gvc_{i,t}$，将 OFDI 事件发生前后制造业企业 GVCs 分工地位的变化记作 $\Delta gvc_{i,t}$。通过下式便可以衡量制造业企业 OFDI 带给其 GVCs 分工地位的变化（ξ）：

$$\xi = E(\Delta gvc_i^1 \mid ofdi_i = 1) - E(\Delta gvc_i^0 \mid ofdi_i = 1) \qquad (7\text{--}1)$$

其中，下标 i，t 分别表示制造业企业（i=1，2，3，…，N）和时期（t=1，2，3，…，T）。gvc_i^1 和 Δgvc_i^0 分别表示制造业企业进行 OFDI 和未进行 OFDI 情况下的 GVCs 分工地位的变化。需要说明的是，式（7--1）中的 $E(\Delta gvc_i^0 \mid ofdi_i=1)$ 的含义是，对于实验组，若制造业企业未进行 OFDI 时 GVCs 分工地位的变化，显然是无法观测到的，构成一般意义上的"反事实"。在控制两组差异前提下，通过使用匹配得到的最接近非 OFDI 制造业企业前后 GVCs 分工地位的变化式子 $\hat{E}(\Delta gvc_i^0 \mid ofdi_i=1)$ 近似替代，计算制造业企业 OFDI 对于其 GVCs 分工地位的平均处理效应（Average Treatment Effect on the Treated，ATT）如下：

$$ATT = E(\Delta gvc_i^1 \mid ofdi_i = 1) - \hat{E}(\Delta gvc_i^0 \mid ofdi_i = 0) \qquad (7\text{--}2)$$

此处 ATT 能够拟合式（7--1）的 ξ。根据 PSM--DID 方法的原理，匹配成功的企业需要在年份和时间跨度上均保持一致。然而，制造业企业 OFDI 的年份并不统一，因此我们选取对制造业企业在进行 OFDI 的前一期进行逐年匹配。例如，如果制造业企业在 2007 进行第一次 OFDI，则以企业 2006 年的情况为基期匹配 2006 年非对照组的企业。在筛选出制造业企业进行投资前一年的数据之后，选取合适的特征变量进行 Logit 回归计算出 pscore 的值。再保留所有实验组企业和匹配成功的控制组企业，对各年匹配结构进行平衡性检验。构建双重差分基准模型如下：

$$gvc_{i,t} = \beta_1 ofdi_i + \beta_2 post_t + \beta_3 ofdi_i \times post_t + Z_{i,t}\gamma + \varepsilon_{i,t} \qquad (7\text{--}3)$$

其中，β_i 表示待估参数。$gvc_{i,t}$ 表示第 t 期制造业企业 i 的 GVCs 分工地位，为结果变量，鉴于绝大多数企业未参与 GVCs，我们对 GVCs 指标加 1 后取对数。本部分的控制变量 $Z_{i,t}$ 包含：企业年龄（age），使用企业当年所处年份减去开业年份表示；企业规模（sca），使用企业总资产表示；所有权性质（soe），使用虚拟变量表示（0= 非国有企业，1= 国有企业）表示；股权集中度（con），使用企业前十大股东持股比例表示；营业收入增长率（inc），使用（本年度企业营业收入 / 上年度企业营业收入）–1 表示；杠杆率（lev），使用所有者权益与总资产的比值表示；净资产利润率（roa），使用企业净利润与企业总资产的比值表示。以上变量均通过对数变换。

考虑到上述模型只适用于两期模型，就本书而言，制造业企业 OFDI 是多期事件，故将其转化为连续型双重差分基准模型如下：

$$gvc_{i,t} = \beta_1\, ofdi_i \times post_t + Z_{i,t}\gamma + \alpha_i + \psi_t + \varepsilon_{i,t} \qquad (7\text{-}4)$$

其中，α_i 表示个体固定效应，ψ_t 表示时期固定效应，$\varepsilon_{i,t}$ 表示随机扰动项。关于制造业企业 GVCs 分工地位指标，借鉴 Kee 和 Tang（2016）的研究，使用制造业企业国内增加值与总出口的比值（DVAR）方法衡量。

7.3.2 数据说明

鉴于 2007 年起上市公司采用《新会计准则》，本章样本包含 2007~2014 年中国 1159 家沪深两市 A 股上市制造业公司 6510 个观测值的非平衡面板数据。其中，OFDI 企业有 217 家，样本量为 1308 个；非 OFDI 企业有 942 家，样本量为 5202 个。上市公司财务数据来源于《国泰安数据库》，企业 OFDI 信息数据来源于商务部《境外投资企业（机构）名录》，企业进出口贸易数据来源于中国海关《中国海关数据库》。为了消除异常值，对连续变量在前后 1% 的极端值进行了缩尾调整；按照证监会 2001 年发布的《上市公司行业分类指引》对制造业企业行业进行了规整统一，剔除了金融类上市公司、明显存在异常值与缺失值的公司和研究窗口期被 ST、PT 处理的公司；为了计算企业 GVCs 分工地位，将 HS 编码转化为 BEC 编码进行中间产品的识别。借鉴田巍和余淼杰（2013）的研究，采用"两步法"对《国泰安数据库》和《中国海关数据库》进行手工匹配：第一步，利用制造业企业名称和年份，对两个数据库进行匹配；第二步，利用制造业企业的邮政编码和电话号码将未匹配成功的制造业企业再次进行合并。考虑到相当一部分的制造业企业的投资去向是百慕大群岛、开曼群岛等避税港和中国香港、中国澳门等"临近地区"，我们将这部分的投资数据删除，再将《境外投资企业（机构）名录》与上述两套已经合并完成的数据合并。

7.4 实证结果分析

7.4.1 样本匹配实验

为了消除实验组和对照组的初始差异，我们采用倾向性得分匹配（PSM）的思路，根据协变量来估计控制组的倾向得分和频数权重，以获得满足平衡性检验的匹配控制组。选取企业年龄、企业规模、所有权性质、股权集中度、营业收入增长率、杠杆率、净资产利润率等因素作为协变量，遵循投资事件发生前一期逐年匹配的原则，匹配时需要用到的数据年份为 2007~2013 年。常用的 PSM 方法有最小临近匹配、半径匹配、核匹配、局部线性回归匹配和马氏距离匹配五种，便于比较，我们分别使用五种方法对选定年份样本进行匹配，结果如表 7-1 所示。表 7-1 展示了 2007 年实验组样本和 2013 年实验组样本匹配实验结果。结果表明，对于五种方法匹配之后的两组样本，z 统计量在 1% 显著性水平上高度接受了 ATT 的估计系数大于 0 的原假设，证实了制造业企业 OFDI 对其 GVCs 分工地位提升的促进作用是存在的。对于任何一种 PSM 方法，2013 年实验组 ATT 的估计系数要明显大于 2007 年实验组 ATT 的估计系数，说明制造业企业 OFDI 对其 GVCs 分工地位提升的促进作用总体呈现递增的态势。

表 7-1　样本匹配实验结果

匹配方法	ATT（2007 年）				
	估计系数	bootstrap 标准误	z 统计量	p>|z|	95% 置信区间
最小近邻匹配	0.2324***	0.0771	3.02	0.003	［0.0813, 0.3834］
半径匹配	0.3044***	0.0564	5.40	0.000	［0.1939, 0.4149］
核匹配	0.2750***	0.0537	5.12	0.000	［0.1698, 0.3802］
局部线性回归匹配	0.2942***	0.0539	5.46	0.000	［0.1887, 0.3998］
马氏距离匹配	0.2964***	0.0615	4.82	0.000	［0.1760, 0.4169］

续表

匹配方法	ATT（2013 年）				
	估计系数	bootstrap 标准误	z 统计量	p>|z|	95% 置信区间
最小近邻匹配	0.3568***	0.0698	5.11	0.000	［0.2199，0.4937］
半径匹配	0.3474***	0.0460	7.56	0.000	［0.2573，0.4374］
核匹配	0.3259***	0.0416	7.84	0.000	［0.2444，0.4073］
局部线性回归匹配	0.3411***	0.0449	7.60	0.000	［0.2531，0.4290］
马氏距离匹配	0.3447***	0.0505	6.83	0.000	［0.2459，0.4436］

注：①马氏距离匹配比例为 1∶3，由于我们已经剔除了部分重复配对的企业样本，故匹配结果中并未按 1∶3 比例呈现。另外，我们也按照 1∶1 和 1∶2 的比例进行了稳健性检验，匹配结果均较为稳健。其他匹配实验方法均采取默认匹配比例和函数形式。②为确保估计结果在异方差条件下仍然保持一致性，我们在进行马氏距离匹配时采取的是偏差校正匹配估计量。③估计倾向性得分的默认方法为 Probit 模型。④表中 z 检验原假设为"平均处理效应不存在"，通过 bootstrap 方法计算得到。

资料来源：根据 STATA 15.0 估计得到。

要确保样本匹配实验的可靠性，对历年的匹配得分进行平衡性检验十分必要。平衡性检验结果表明，对于 2007 年实验组样本，除了企业年龄和营业收入增长率，匹配后的实验组和对照组的大部分协变量均值都出现了明显趋近，误差减少幅度较大；同时，除了营业收入增长率，t 值均接受了匹配后的两组其他协变量均值相等的原假设。对于 2013 年实验组样本，匹配后的实验组和对照组的所有协变量均值都出现了明显趋近，误差减少幅度较大，且 t 值均接受了匹配后的两组协变量均值相等的原假设。为了直观地反映匹配前后协变量均值分布情况，我们结合统计学意义上的"标准化偏差"予以说明。令 $\bar{x}_{treat}$ 和 $\bar{x}_{control}$ 分别表示实验组和对照组的协变量均值，使用 $s^2_{x,\ treat}$ 和 $s^2_{x,\ control}$ 分别表示实验组和对照组的协变量方差，然后进行"无量纲"处理，得到公式如下：

$$\text{bias} = \frac{\left| \bar{x}_{treat} - \bar{x}_{control} \right|}{\sqrt{\dfrac{s^2_{x,\ treat} - s^2_{x,\ control}}{2}}} \qquad (7-5)$$

其中，bias 为实验组和对照组的协变量标准化偏差，取值越接近于 0 说明匹配效果越好。基于马氏距离匹配实验的协变量标准化偏差如图 7-1 所示。对于 2007 年实验组样本，除了企业年龄和营业收入增长率，匹配后的其他协变量标准化偏差较之于匹配前更趋近于 0 轴；对于 2013 年实验组样本，匹配后的所有协变量标准化偏差较之于匹配前都趋近于 0 轴。标准化偏差显示的匹配前后协变量分布情况与平衡性检验是一致的，可以认定在进行马氏距离匹配后的实验组和对照组不存在显著差异，可以确保所选择的协变量和匹配方法是合理的。

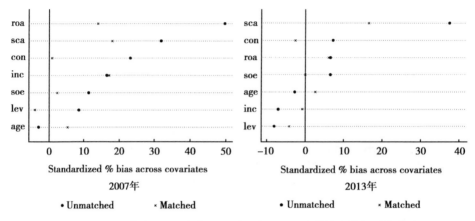

图 7-1　2007 年和 2013 年基于马氏距离匹配实验的协变量标准化偏差
资料来源：根据 STATA 15.0 绘制得到。

7.4.2　基准回归

根据马氏距离匹配实验的结果，我们将处于共同域范围内的实验组和对照组保留，并删除了不符合双重差分形式的样本点，如只有一年数据的企业，以及实验组的时期虚拟变量 $post_t$ 全部取值为 0 或 1 的企业，从而得到匹配后 2007~2013 年 1006 家沪深两市 A 股上市制造业公司 4963 个观测值的缩减样本集，其中 OFDI 企业数量为 158 家，观测值为 862 个。基于匹配后样本的基准回归结果如表 7-2 所示。（1）~（8）结果显示，无论是否加入控制变量，制造业企业 OFDI 对其 GVCs 分工地位的影响均稳健为正。在加入个体固定效应之后的系数取值明显较小以及显著性下降，但系数至少在 10% 显著性水平上为正，说明不随时间变化的企业个体特征对回归结果存在一定的影响。在同时控制了其他因素和双向固定效应之后，OFDI 对制造业企业 GVCs 分工地位的平均提升幅度为 3.17%，证实了理论假说 H_1。

表 7-2 基于匹配后样本的基准回归结果

解释变量	（1）	（2）	（3）	（4）	（5）	（6）	（7）	（8）
ofdi × post	0.4898***	0.0306**	0.2320***	0.0266*	0.2632***	0.0355**	0.2557***	0.0317*
	（32.17）	（2.22）	（14.20）	（1.88）	（13.61）	（2.03）	（12.93）	（1.80）
控制变量	否	否	否	否	是	是	是	是
个体固定效应	否	是	否	是	否	是	否	是
时期固定效应	否	否	是	是	否	否	是	是
样本数	4963	4963	4963	4963	3265	3265	3265	3265
R^2	0.1079	0.9331	0.3864	0.9332	0.4682	0.9443	0.4708	0.9445

注：由于控制变量中有部分值缺失，故加入之后样本数有所减少。*、** 和 *** 分别表示在 10%、5% 和 1% 的水平上显著，括号内为对应变量估计系数的 t 值。如无特殊说明，以下各表同。

资料来源：根据 STATA 15.0 估计得到。

7.4.3 异质性分析

考虑到制造业企业 OFDI 行为在很多维度上存在异质性，本部分详细讨论异质性因素在制造业 OFDI 对其 GVCs 分工地位影响时所发挥的作用。

（1）投资动机分类。鉴于制造业企业 OFDI 背后存在异质性动机，而制造业企业不同动机 OFDI 对自身 GVCs 分工地位的影响效果亦存在差异，需要加以区分。根据李磊等（2016）的研究，将企业 OFDI 动机具体分为商贸服务型、当地生产型、研究开发型和资源寻求型四种类型。为了能够从数据上甄别制造业企业投资动机，我们根据《境外投资企业（机构）名录》中的经营范围对制造业企业投资动机进行了初次筛选，对无法确定的制造业企业进行二次筛选，将其名称、投资国家、投资年份等信息于互联网进行交叉收缩确定不同投资动机的实验组以及各自的投资时点，再分别代入双重差分模型中进行估计，回归结果如表 7-3 所示。其中（1）~（4）为研究开发型、当地生产型、资源寻求型和商贸服务型的投资动机分组回归。当地生产型实验组虚拟变量与时期虚拟变量的交互项的系数在 5% 显著性水平上显著，而其他动机实验组虚拟变量与时期虚拟变量的交互项的系数均不显著，说明只有制造业企业当地生产型 OFDI 能够有效提升其 GVCs 分工地位。制造业企业当地生产型 OFDI 将生产过程转移至国外，包括上游转移、水平转移和下游转移。其中上游过程的转移可以实现国内母公司中间品进口贸易壁垒的消除，而水平转移和下游转移反而会导致母公司生产环节的剥离，从结果分析来看，前者的影响应该占主导。事实上，上游转移加快了制造业企业进行全球生产布局，实现母公司和海外子公司的垂直一体化，这种优势互补的全球化生产网络更有效率，有利于制造业企业将更多资源用于高附加值的主营业务培育，从而推动 GVCs 分工地位升级。

表 7-3　投资动机分类

解释变量	（1）	（2）	（3）	（4）
	研究开发型	当地生产型	资源寻求型	商贸服务型
ofdi × post	0.0231 （0.95）	0.0558** （2.04）	0.0232 （0.65）	0.0145 （0.74）
控制变量	是	是	是	是
个体固定效应	是	是	是	是
时期固定效应	是	是	是	是
样本数	2865	2871	2667	3061
R²	0.9487	0.9452	0.9472	0.9461

注：鉴于部分制造业企业 OFDI 动机具有多重性，（1）~（4）中实验组有重合样本点。
资料来源：根据 STATA 15.0 估计得到。

（2）制造行业分类。不同制造行业企业的生产率、规模和资本禀赋等都存在差异，OFDI 的多寡和模式也存在差异，对各自 GVCs 分工地位的影响深度也可能存在异质性，那么从制造业行业上进行区分尤为必要。借鉴马盈盈和盛斌（2018）的研究，根据上市公司的行业代码将制造行业区分为劳动密集型、资本密集型和技术密集型三种类型。回归结果如表 7-4 所示。其中，（1）~（3）为劳动密集型、资本密集型和技术密集型的制造行业分组回归。结果显示，在 10% 显著性水平上，技术密集型制造业企业 OFDI 对其 GVCs 分工地位具有明显的提升作用，而劳动密集型和资本密集型制造业企业 OFDI 对其 GVCs 分工地位的影响都不明显。原因在于，技术制造业企业通过跨国并购以及在海外建立研发机构等 OFDI 获取先进技术的动力较强，同时拥有足够的吸收能力将这些技术转化为自身的竞争优势，这种"模仿—吸收—转化"过程确保了制造业企业 OFDI 产生的逆向技术溢出效应对其 GVCs 分工地位的提升作用。反观劳动密集型和资本密集型制造业企业，受到海外技术获取的动力不足和吸收能力有限的双重制约，OFDI 对其 GVCs 分工地位的提升作用不明显。

表 7-4 制造行业分类

解释变量	（1）	（2）	（3）
	劳动密集型	资本密集型	技术密集型
ofdi × post	0.1555 （1.66）	−0.0031 （−0.11）	0.0395* （1.73）
控制变量	是	是	是
个体固定效应	是	是	是
时期固定效应	是	是	是
样本数	181	1404	1680
R^2	0.9704	0.9469	0.9412

资料来源：根据 STATA 15.0 估计得到。

（3）东道国的区位分类。从制造业企业对外直接流向来看，东道国经济区位和地理区位往往起到了重要的作用。其中经济区位体现于东道国经济发展水平，会影响中国制造业企业的投资方向。地理区位不单纯表示东道国所处的大陆板块，而是基于政治关系和区域经济一体化所处的地理位置，如邻近国、伙伴国和同盟国等，地理位置临近的东道国对于中国制造业企业进入当地投资的顾虑较少，倾向于降低制造业企业投资的行业进入限制和给予其必要的政策支持。受到东道国经济区位和地理区位的影响，中国制造业企业 OFDI 流向的差异性较为普遍，对自身 GVCs 分工地位的影响存在异质性，因此有必要进行区分考察。鉴于 OECD 国家主要为经济发展水平较高的发达国家，据此将东道国经济区位划分为成员国和非成员国，另外，部分制造业企业 OFDI 目的地兼具 OECD 成员国和非成员国，将其作为第三类组合国家情况。"一带一路"倡议是当前中国对外加强与周边国家的政治联系和力推的核心区域一体化战略，这种地缘联系为中国制造业企业通过 OFDI 进行国际产能合作提供了历史性契机，据此将东道国地理区位划分为沿线国家和非沿线国家，对于部分制造业企业 OFDI 目的地兼具沿线国家和非沿线国家，将其视为第三类组合国家情况。东道国的区位分组回归结果如表 7-5 所示。其中，（1）~（3）为成员国、非成员国和组合国家的经济区位分组回归，（4）~（6）为沿线国家、非沿线国家和组合国家的地理区位分组回归。从回归结果来看，在经济区位方面，中国制造业企业对非成员国的 OFDI 对其 GVCs 分工地位提升的促进作用在 1% 显著性水平上显著，对成员国和组合国家的 OFDI 对其 GVCs 分工地位的效应尚未显现。在地理区位方面，中国制造业企业对"一带一路"沿线国家的 OFDI 对其 GVCs 分工地位提升的促进作用在 5% 显著性水平上显著，对非沿线国家和组合国家的 OFDI 对其 GVCs 分工地位的效应尚未显现。

表 7-5 东道国的区位分类

解释变量	经济区位：OECD			地理区位："一带一路"		
	（1）	（2）	（3）	（4）	（5）	（6）
	成员国	非成员国	组合国家	沿线国家	非沿线国家	组合国家
ofdi × post	−0.0313 （−1.35）	0.1136*** （3.35）	−0.0255 （−1.16）	0.0911** （2.54）	−0.0163 （−0.69）	0.0497 （0.95）
控制变量	是	是	是	是	是	是
个体固定效应	是	是	是	是	是	是
时期固定效应	是	是	是	是	是	是
样本数	2881	2827	2667	2780	2905	2690
R^2	0.9472	0.9432	0.9473	0.9445	0.9468	0.9456

注：回归过程中剔除了 OFDI 目的地不明的制造业企业。

资料来源：根据 STATA 15.0 估计得到。

（4）东道国的政治风险分类。在投资不可逆性情况下，东道国的政治风险通常是制造业企业进行 OFDI 决策时考虑的关键因素。一般而言，投资目的地政治风险越低，制造业企业投资存在的不确定性越小，在理性投资决策驱使下，制造业企业更倾向于将政治风险较低的目的地作为投资的首选，更有利于实现自身的全球化生产布局，对其 GVCs 分工地位提升具有更强的作用。因此，在本部分中将引入东道国政治风险因素，考察制造业企业对高低风险东道国的 OFDI 影响其 GVCs 分工地位的异质性。为了更好地区分东道国政治风险，借鉴 Conconi 等（2016）的研究，采用 ICRG（International Country Risk Guide）数据库中提供的政治风险评级指标，涵盖政府稳定、投资项目、政治以及民主化程度四个指标，通过匹配最终获得 36 个经济体的研究样本。按照政治风险评级指标进行分类设置，若各指标值位于中位数以上，即为高风险经济体，反之为低风险经济体（吕越等，2019）。东道国的政治风险分组回归结果如表7-6所示。其中，（1）、（3）、（5）和（7）表示政治风险较低的经济体，（2）、（4）、（6）和（8）表示政治风险较高的经济体。从回归结果来看，制造业企业对低风险东道国 OFDI 对其 GVCs 分工地位的影响为正且至少在10% 显著性水平上显著，而制造业企业对高风险东道国 OFDI 对其 GVCs 分工地位的影响为负且不显著。因此，我国在推动制造业企业"走出去"时应加强风险管控，为更多制造业企业提供保障，避免信息不对称所导致的不确定性，推动制造业企业优化资源配置，从而提升其 GVCs 分工地位。

表7-6　东道国的政治风险分类

解释变量	政府稳定		投资项目		宗教政治		民主化程度	
	（1）	（2）	（3）	（4）	（5）	（6）	（7）	（8）
	低风险	高风险	低风险	高风险	低风险	高风险	低风险	高风险
ofdi × post	0.0390*	−0.0049	0.0588**	−0.0110	0.0669**	−0.0214	0.0742**	−0.0068
	（1.65）	（−0.16）	（2.01）	（−0.45）	（2.14）	（−1.02）	（2.21）	（−0.30）
控制变量	是	是	是	是	是	是	是	是
个体固定效应	是	是	是	是	是	是	是	是
时期固定效应	是	是	是	是	是	是	是	是
样本数	2833	2897	2859	2871	2861	2869	2806	2924
R^2	0.9442	0.9477	0.9447	0.9474	0.9437	0.9485	0.9455	0.9466

注：回归过程中剔除了 OFDI 目的地不明的制造业企业；部分国家的政治风险评级指标缺失，将其从样本中剔除。

资料来源：根据 STATA 15.0 估计得到。

7.4.4　稳健性检验

（1）滞后效应。由于制造业企业在东道国建立生产基地和营销网络到正式运转，以及制造业企业在接触到国外先进的技术和管理经验之后，进行吸收转化都需要一段时间，并且制造业企业 GVCs 分工地位的提升往往是缓慢和潜移默化的过程，并非持续性提升，因此，制造业企业 OFDI 对其 GVCs 分工地位的影响可能存在滞后效应。我们分别将交互项 $ofdi_i × post_t$ 进行了五期滞后，对滞后效应进行检验，结果如表7-7所示。结果表明，交互项的 1~2 期滞后项和 4~5 期滞后项的系数均不显著，只有交互项的 3 期滞后项的系数在 10% 显著性水平上显著为正，说明制造业企业 OFDI 影响其 GVCs 分工地位的滞后效应存在，表现为制造业企业 OFDI 事件发生之后的第四年（即滞后 3 期），前期投资对其 GVCs 分工地位的正向提升作用显现；值得注意的是，这种提升作用具有瞬时特征，在之后的第五年和第六年消失。这不仅证实了制造业企业 OFDI 对其 GVCs 分工地位的提升作用不是"立竿见影"的，而且该提升作用仅具有一年持续期，符合制造业企业 GVCs 分工地位的渐进式演变规律。

表 7-7　滞后效应

解释变量	（1）	（2）	（3）	（4）	（5）
	滞后 1 期	滞后 2 期	滞后 3 期	滞后 4 期	滞后 5 期
L1.（ofdi × post）	0.0317 （1.16）	—	—	—	—
L2.（ofdi × post）	—	−0.0104 （−0.39）	—	—	—
L3.（ofdi × post）	—	—	0.0536* （1.84）	—	—
L4.（ofdi × post）	—	—	—	0.0375 （0.97）	—
L5.（ofdi × post）	—	—	—	—	−0.0101 （−1.13）
控制变量	是	是	是	是	是
个体固定效应	是	是	是	是	是
时期固定效应	是	是	是	是	是
样本数	2387	1819	1442	957	544
R^2	0.9541	0.9666	0.9706	0.9774	0.9923

注：基于样本期限为 2007~2013 年以及 2008 年首次投资事件发生的事实，我们选择滞后 1~5 期。
资料来源：根据 STATA 15.0 估计得到。

（2）累积效应。除制造业企业投资与否对其 GVCs 分工地位的影响之外，我们还比较关心制造业企业投资次数的作用。根据我们获得样本期间制造业企业投资次数的信息，自 2008 年起，最短的投资次数为 1 年，最长的投资次数为 6 年。基于投资次数的差异我们可以考察制造业企业 OFDI 影响其 GVCs 分工地位的累积效应。为了从整体上获得经验证据，在表 7-8 中的（4）中另外加入累积投资次数变量，取值区间为 [1, 6]，回归结果如表 7-8 中（1）~（2）所示。无论是否考虑控制变量，交互项 $ofdi_i \times post_t$ 的系数均在 10% 显著性水平上显著为正，制造业企业 OFDI 对其 GVCs 分工地位的提升作用仍然成立。累积投资次数的系数至少在 10% 显著性水平上均显著为正，表现为累积投资次数每上升 1 次，制造业 GVCs 分工地位将提升 0.0082~0.0102 个百分点。进一步地，我们对制造业企业不同投资次数情况下的边际效应进行考察，根据投资次数将实验组分为 6 组，再分别对（4）进行估计，分组回归结果如表 7-8 中（3）~（8）所示。结果表明，当投资次数 =1 时，交互项 $ofdi_i \times post_t$ 的系数不显著，当投资次数 =2，3，…，6 时，交互项 $ofdi_i \times post_t$ 的系数均显著为正，且系数随着投资次数增加而逐渐递增，说明制造业企业 OFDI 对其 GVCs 分工地位的边际提升作用在 2 次投资之后显现，且投资频率越高，边际提升作用越大，证实了累积效应的存在。

（3）内生性检验。受到互为因果、模型设定以及遗漏变量等因素的影响，模型（7-4）可能出现内生性偏差。对此，本部分主要采用以下方法予以检验：

第一，工具变量。将交互项的 1 期滞后项 L1.（$ofdi_i \times post_t$）作为工具变量，使用两阶段最小二乘法（2SLS）予以回归，结果如表 7-9 中（1）所示。第一阶段回归结果中 F 值在 1% 显著性水平上接受了交互项 $ofdi_i \times post_t$ 与其工具变量的正相关性，第二阶段回归结果中 $ofdi_i \times post_t$ 的系数在 10% 显著性水平上显著为正，且通过了识别不足检验、弱工具变量检验和过度识别检验。

第二，动态方程。将结果变量的 1 期滞后项 L1.lngvc 引入模型（7-4）中以将其转化为动态方程形式，同时使用采用差分和系统广义矩估计（GMM）方法予以回归，结果如表 7-9 中（2）~（3）所示。结果变量的 1 期滞后项 L1.lngvc 的系数至少在 10% 显著性上均显著为正，说明制造业企业 GVCs 分工地位表现为动态递增的趋势。交互项 $ofdi_i \times post_t$ 的系数在 5% 显著性水平上均显著为正，且两类 GMM 方法 AR（2）接受了随机扰动项不存在二阶自相关性的原假设。

第三，调整固定效应。将省份固定效应、行业固定效应以及两类固定效应分别放置模型（7-4）中予以回归，结果如表 7-9 中（4）~（6）所示。即便在调整固定效应之后，交互项 $ofdi_i \times post_t$ 的系数在 10% 显著性水平上显著为正的事实没有改变且回归结果高度稳健。

表 7-8 累积效应

解释变量	1≤投资次数≤6		投资次数 =1	投资次数 =2	投资次数 =3	投资次数 =4	投资次数 =5	投资次数 =6
	(1)	(2)	(3)	(4)	(5)	(6)	(7)	(8)
ofdi × post	0.0268*	0.0318*	0.0014	0.0060*	0.0110***	0.0409**	0.0779*	0.0815*
	(1.88)	(1.80)	(0.05)	(1.81)	(2.79)	(2.60)	(1.91)	(1.88)
累积投资次数	0.0082*	0.0102**	—	—	—	—	—	—
	(1.85)	(2.31)						
控制变量	否	是	是	是	是	是	是	是
个体固定效应	是	是	是	是	是	是	是	是
时期固定效应	是	是	是	是	是	是	是	是
样本数	4963	3265	2840	2742	2732	2698	2704	2654
R²	0.9332	0.9445	0.9477	0.9475	0.9441	0.9436	0.9461	0.9463

资料来源：根据 STATA 15.0 估计得到。

表 7-9　内生性检验

解释变量	工具变量	动态方程		调整固定效应		
	（1）	（2）	（3）	（4）	（5）	（6）
	2SLS	差分 GMM	系统 GMM	省份	行业	省份＋行业
L1.lngvc	—	0.2188* （1.71）	0.5239*** （3.33）	—	—	—
ofdi × post	0.0579* （1.76）	0.0090** （2.59）	0.0039** （2.25）	0.0302* （1.71）	0.0302* （1.71）	0.0302* （1.71）
控制变量	是	是	是	是	是	是
个体固定效应	是	是	是	是	是	是
时期固定效应	是	是	是	是	是	是
省份固定效应	—	—	—	是	否	是
行业固定效应	—	—	—	否	是	是
样本数	2223	1220	2387	3265	3265	3265
R^2	0.0003	—	—	0.9445	0.9445	0.9445
第一阶段 F 值	504.48*** （0.0000）	—	—	—	—	—
识别不足检验	384.036*** （0.0000）	—	—	—	—	—
弱工具变量检验	504.484*** （0.0000）	—	—	—	—	—
过度识别检验	0.0000 （0.000）	—	—	—	—	—
AR（2）	—	1.4570 （0.1451）	1.2646 （0.2060）	—	—	—

注：括号内为 p 值。限于篇幅，使用工具变量对方程进行估计时，第一阶段回归结果未列出。识别不足检验（Anderson canon. corr. LM statistic）的原假设为：工具变量识别不足。弱工具变量检验（Cragg–Donald Wald F Statistic）的原假设为：存在弱工具变量问题。过度识别检验（Sargan Statistic）的原假设为：不存在工具变量过度识别问题。AR（2）的原假设为：随机扰动项不存在二阶自相关性。由于差分 GMM 和系统 GMM 均使用稳健标准误，故 Sargan 检验无法显示，我们也使用非稳健标准对动态方程进行了估计，Sargan 统计量均接受了工具变量不存在过度识别的原假设。

资料来源：根据 STATA 15.0 估计得到。

7.5 机制检验

在前文分析中，我们证实了制造业企业 OFDI 对其 GVCs 分工地位的提升作用，那么该作用形成的内在机制是什么呢？基于文献综述和机制分析，主要从金融化和服务化两个角度对制造业企业 OFDI 提升其 GVCs 分工地位的机制进行了探索。由于制造业企业 OFDI 通过转型策略选择对其 GVCs 分工地位的影响是间接的，单一方程无法刻画传导链条，故借鉴 Baron 和 Kenny（1986）等学者提出的中介效应模型进行检验。中介效应模型本质上属于结构方程，适用于分析基于中介因子的变量之间的关联路径。本部分将制造业服务化和金融化作为中介变量，构建如下回归模型：

$$gvc_{i,t} = \beta_1\, ofdi_i \times post_t + Z_{i,t}\pi + \varepsilon_{1i,t} \tag{7-6}$$

$$dei_{i,t} = \theta_1\, ofdi_i \times post_t + Z_{i,t}\sigma + \varepsilon_{2i,t} \tag{7-7}$$

$$gvc_{i,t} = \phi_1\, ofdi_i \times post_t + \phi_2 Dei_{i,t} + Z_{i,t}\omega + \varepsilon_{3i,t} \tag{7-8}$$

其中，$dei_{i,t}$ 表示制造业企业转型策略，为中介变量，具体可分为金融化 $dei_{i,t}^{cf}$ 和服务化 $dei_{i,t}^{ser}$ 两种类型。在指标选取方面，金融化的测度借鉴杨筝等（2019）的研究，采用制造业企业金融化水平衡量，即 $dei_{i,t}^{cf}$ =（制造业企业交易性金融资产 + 可供出售金融资产 + 持有至到期投资 + 发放贷款及垫款 + 衍生金融资产 + 长期股权投资 + 投资性房产）/ 制造业企业总资产；制造业企业服务化的测度借鉴陈洁雄（2010）的研究，根据经营范围将制造业上市公司涉及的服务业务划分为 15 种[①]，采用服务业务收入与总收入的比重衡量。其他变量的定义与前文一致。式（7-6）表示制造业企业 OFDI 对其 GVCs 分工地位的总效应，待估参数 β_1 衡量总效应的大小；式（7-7）表示制造业企业 OFDI 的转型结果，若待估参数 θ_1 为正，存在金融化程度提升和服务化水平提升两种结果；式（7-8）中的待估参数 ϕ_1 衡量制造业企业 OFDI 对其 GVCs 分工地位的直接效应。将式（7-7）代入式（7-8）式获得：

$$gvc_{i,t} = (\phi_1 + \theta_1\phi_2)\, ofdi_i \times post_t + Z_{i,t}\rho + \varepsilon_{4i,t} \tag{7-9}$$

---

① 服务业务包括咨询服务、设计与开发服务、金融服务、安装和执行服务、租赁服务、维修和保养服务、外包和运营服务、采购服务、财产和投资服务、销售服务、解决方案服务、物流服务、软件开发、进出口服务、废旧物资回收。

其中，$\rho=\phi_2\sigma+\omega$，$\varepsilon_{4i,\ t}=\phi_2\varepsilon_{2i,\ t}+\varepsilon_{3i,\ t}$。系数 $\theta_1\phi_2$ 表示中介效应，反映制造业企业 OFDI 通过制造业转型影响其 GVCs 分工地位的程度。对于金融化转型机制，由于制造业企业 OFDI 通过提升金融化程度对其 GVCs 分工地位具有抑制作用，预期 $\theta_1>0$ 和 $\phi_2<0$ 同时成立，即 $\theta_1\phi_2<0$ 条件成立；对于服务化转型机制，由于制造业 OFDI 通过提升服务化水平对其 GVCs 分工地位具有提升作用，预期 θ_1、ϕ_2 均显著大于 0，即 $\theta_1\phi_2>0$ 条件成立。

本部分采用逐步法对制造业转型机制进行回归，结果如表 7–10 所示。（1）~（3）为金融化中介效应的回归结果。观察发现，制造业企业 OFDI 对其金融化的影响显著为正，在考虑了金融化的中介效应之后，制造业企业 OFDI 对其 GVCs 分工地位的直接效应仍然显著为正，金融化对其 GVCs 分工地位的影响显著为负。结果显示，制造业企业 OFDI 通过金融化中介效应对其 GVCs 分工地位的影响为负，表明存在制造企业对外转移生产职能部门和出口替代导致的生产脱钩现象，会促使它们购买保值增值能力较强的金融产品，形成

表 7–10　制造业转型机制检验

解释变量	金融化中介效应			服务化中介效应		
	（1）	（2）	（3）	（4）	（5）	（6）
ofdi × post	0.2638*** （12.71）	0.2026* （1.69）	0.2679*** （12.99）	0.2622*** （12.60）	0.0667** （2.03）	0.2632*** （12.64）
dei^{cf}	—	—	−0.0199*** （−6.62）	—	—	—
dei^{ser}	—	—	—	—	—	0.0147** （2.32）
控制变量	是	是	是	是	是	是
间接效应	−0.0040* （−1.69）			0.0010* （2.03）		
直接效应	0.2679*** （12.99）			0.2632*** （12.64）		
总效应	0.2638*** （12.71）			0.2622*** （12.60）		
样本数	3265	3265	3265	3217	3217	3217
R^2	0.0808	0.1053	0.0930	0.0811	0.0123	0.0816

注：表中结果基于马氏距离匹配实验之后的缩减样本回归得到。

资料来源：根据 STATA 15.0 估计得到。

金融投资对生产性主营业务投资的替代，这会增强企业生产转型的资本约束，导致其 GVCs 分工地位的低端锁定，证实了理论假说 H_2。（4）~（6）为服务化中介效应的回归结果。观察发现，制造业企业 OFDI 对其 GVCs 的总效应显著为正，制造业企业 OFDI 对其服务化的影响显著为正，在考虑服务化的中介效应之后，制造业企业 OFDI 对其 GVCs 分工地位的直接效应仍然显著为正，服务化对其 GVCs 分工地位的影响显著为正。结果显示，制造业企业 OFDI 通过服务化中介效应对其 GVCs 分工地位具有提升作用，表明制造业企业对外产业转移能够与海外子公司建立起垂直分工一体化关系，拓宽出口渠道，获取战略性资源对自身具有逆向技术溢出效应，加快制造业企业以服务为核心的高附加值环节的核心优势形成，有利于提升 GVCs 分工地位，证实了理论假说 H_3。

7.6 小结

在中国制造业企业"走出去"加速和转型加快的双重现实背景下，制造业企业 OFDI 通过转型策略的选择如何影响其 GVCs 分工地位提升是时下亟须探讨的问题。对此，本章基于 2007~2014 年《国泰安数据库》《中国海关数据库》《境外投资企业（机构）名录》手工匹配的微观数据，将制造业企业 OFDI 作为随机实验，运用 PSM–DID 方法准确评估了制造业企业 OFDI 对其 GVCs 分工地位的影响，主要结论包括：

首先，制造业企业 OFDI 显著推动了其 GVCs 分工地位的提升，平均提升幅度达 3.17%，且提升作用随着投资时点推移总体呈现递增的态势。平衡性检验和协变量标准化偏差变动均证实了该实证结果的有效性。其次，制造业企业 OFDI 通过转型策略选择对其 GVCs 分工地位存在差异化影响。一方面，OFDI 会引起制造业企业金融化转型，增强其生产转型的资本约束，阻碍其 GVCs 分工地位升级；另一方面，制造业企业 OFDI 还会通过垂直分工一体化促进制造业企业向以服务为中心的生产转型，构成了其 GVCs 分工地位提升的推力。通过异质性分析，我们发现制造业企业当地生产型 OFDI 是提升其 GVCs 分工地位的主要投资类型；从行业层面来看，受益于强有力的吸收能力，化学、机械、电子行业等技术密集型领域制造业企业通过 OFDI 产生逆向技术溢出效应推动其 GVCs 分工地位的效果更为显著；当东道国经济体为 OECD 非成员国、"一带一路"沿线国家以及存在较低政治风险时，制造业企业 OFDI 引起其 GVCs 分工地位提升的效果更明显。在稳健性检验部分，本章着重考察了滞后效应和累积效应发现，制造业企业 OFDI 对其 GVCs 分工地位的提升作用具有 3 年滞后期，且不具有持续性，制造业企业累积投资次数越多，对其 GVCs 分工地位的提升效果越明显，且在投资次数达到 2 次之后，投资对其 GVCs 分工地位的边际提升作用明显增加；在对企业 GVCs 分工地位进行再测度以及考虑了内生性问题之后，研究结论依旧稳健成立。

企业"走出去"不仅关乎中国制造业核心竞争力，也关乎中国实体经济繁荣和经济发展方式转变成败，在政策层面值得重视。近年来制造业企业日益频繁的 OFDI 使中国成为全球第四次产业大转移的参与主体。开始有担心的声音出现，认为制造业企业加速外移会使中国重蹈美日等发达国家产业空心化的覆辙，导致制造业釜底抽薪和过度虚拟化。虽然本章研究发现部分制造业企业 OFDI 会导致资本配置更偏向于金融资产，但这种情况仍只是一方面，另一方面是制造业企业 OFDI 通过全球生产布局来优化资源配置，通过生产业务与服务要素融合，有效提升其分工地位。因此，需要注意在当前"走出去"战略实施中，应积极引导制造业企业通过当地生产型对 OECD 非成员国、"一带一路"沿线国家进行对外产业转移，并加强有效的风险防控，鼓励制造业企业在海外投资与自身主营业务存在垂直关联的项目。对于技术密集型领域制造业企业，应积极获取先进技术成果而增加人才培养、品牌服务、信息服务和研发服务等服务要素支出，以创新驱动来巩固提升其主营业务竞争优势。鉴于制造业企业"走出去"对其分工地位的提升作用兼具滞后期长和持续期短的双重特点，相关政策调节既不可操之过急也需要有连贯性，制造业企业在选择境外投资项目时也应避免短视，要进行有利于自身可持续性发展的投资。制造业企业还要重视"走出去"的广延边际，应不失时机的增加投资次数，提升投资对自身 GVCs 分工地位的边际作用，相关服务保障仍需加强。

8 结论、对策与展望

8.1 研究结论

8.1.1 中国 OFDI、制造业高质量发展、经济增长和全球价值链的发展现实

（1）中国制造业企业"走出去"加快了对外产业转移和汇率波动。当前，制造业等非金融部门已经成为了中国产业资本输出的主要部门，中国制造业企业 OFDI 规模迅速增长的背后受到了多种动机的驱动，既存在对发达国家的市场和技术寻求型 OFDI，也有对欠发达国家的效率和资源寻求型 OFDI，这从中国 OFDI 国别分布不均匀的特征可见一斑。事实上，自 2014 年中国由资本净输入国变成资本净输出国以来，制造业企业便开始在全球范围内积极谋划生产与分工布局，通过在境外设立了分销机构、生产基地、研发机构和矿产开采公司等来实现自身的全球化目标；在产业资本输出的助推下，中国制造业企业日益成为了第四次产业转移的主体。同时，中国产业资本对外输出的加快也正改变资本项目结构，贷方项目的持续增长使之逐渐成为全球的主要债权国之一，随着人民币浮动的市场化机制日益健全，中国制造业企业 OFDI 规模扩张也引起了汇率的相应波动。

（2）企业"走出去"成为了中国制造业高质量发展的主要力量。近年来中国工业化进程进入新阶段之后，制造业结构呈现出金融化和服务化同步上升的态势。国内制造业转型的演变固然与生产要素禀赋、政策干预等因素有关，开放经济条件下的企业产业资本输出的作用同样不容忽视。一方面，制造业企业 OFDI 将自身失去竞争优势的边际部门对外转移出去之后，企业既可通过专注于服务部门的建设来实现"腾笼换鸟"，也能将多余的资金用于金融市场投资；另一方面，制造业企业 OFDI 在引起汇率波动之后，企业面临的进

口成本和输入型竞争压力都会发生变化，企业既可专注于服务要素投入来提高生产效率来节约成本，形成良好的产品口碑来抵御输入型压力，也可将资金用于高收益的金融部门投资来对冲汇率波动风险。因此，中国制造业企业OFDI规模扩张会使其面临服务化和金融化的转型策略权衡取舍。

（3）制造业转型对中国经济增长、GVCs具有重要的传导作用。在当前阶段，工业增加值对GDP的贡献率仍保持在高位，制造业仍被视为中国经济增长的"发动机"，制造业企业对转型策略的选择关乎中国经济表现。较为积极的信号是，近年来中国制造业转型的主流向着服务化向好方向演进，虽然也有部分企业进行金额资产投资的现象，但尚未造成系统性金融风险，基于服务化导向的制造业转型无疑对当前中国经济复苏至关重要。自金融危机以来，中国制造业GVCs参与指数和分工指数均出现了明显的上升过程，而同期国内制造业转型的速度也在加速。仍需看到当前中国制造业企业处于"微笑曲线"的底部，而近期的变化说明其正在突破所谓的"低端锁定"而向更高附加值的两端升级，对此背后的国内制造业服务化的作用应予以关注。

8.1.2 中国OFDI对制造业高质量发展效应影响的基本结论

（1）本书从汇率波动和对外产业转移双重视角分析了OFDI影响制造业金融化的理论机制，利用微观数据进行实证检验发现：制造业企业OFDI对其金融化总体上具有抑制作用。其中，高龄的国有制造业企业OFDI对其金融化的抑制作用更明显，同时低增速和低金融深化地区的制造业企业OFDI能够显著抑制其金融化。制造业企业OFDI对其金融化的影响具有"天花板"效应。制造业企业OFDI通过汇率传导机制对其金融化的影响尚不明显，制造业企业研究开发型OFDI通过对外产业转移传导机制对其金融化的抑制作用则已经显现。

（2）本书从汇率波动和对外产业转移双重视角分析了OFDI影响制造业服务化的理论机制，利用国别数据进行实证检验发现：OFDI会对中国制造业服务化产生正向促进作用。一方面，OFDI通过汇率波动产生的进口成本传递效应和进口渗透传递效应对中国制造业服务化的推动作用较为明显。其中，OFDI通过汇率波动产生的进口成本传递效应、出口价格传递效应和进口渗透传递效应对中国制造业国内服务化具有显著的正向促进作用，对中国制造业国外服务化则具有显著的负向抑制作用。"顺梯度"OFDI通过汇率波动产生的进口成本传递效应和进口渗透传递效应对中国制造业服务化的推动作用较明显。另一方面，OFDI 通过对外产业转移推动了制造业服务化，进而提升制造业国内服务化水平，而对制造业国外服务化的影响则不确定。其中，中国对属于 OECD 的发达国家和对签署 BIT 的双边经济联系紧密国家 OFDI 加速了对外产业转移，对其制造业服务化的推动作用更加理想。OFDI 通过对外产业转移对全制造行业服务化水平均具有显著推动作用，对资本密集型制造业服务化推动作用最强。OFDI 通过对外产业转移对全制造行业服务化水平均具有显著推动作用，对资本密集型制造业服务化推动作用最强。

8.1.3 中国 OFDI 对制造业高质量发展经济效应影响的基本结论

（1）本书从制造业服务化和金融化双重视角分析了制造业企业 OFDI 对经济增长的影响机制，利用微观数据进行实证检验发现：OFDI 显著推动了制造业企业产出规模上升，对中国经济增长规模具有显著的促进作用，但对制造业企业产出效率的影响不明显，尚未发挥对中国经济增长质量的促进作用。在进行平行趋势和动态效应检验、安慰剂检验、考虑样本选择性偏差和双重固定效应回归之后，该结论仍稳健成立。其中，资本密集型制造行业企业对 OECD 国家和"一带一路"沿线国家的当地生产型、商贸服务型 OFDI 均对国内经济增长规模增长产生了良性刺激作用。进一步地，制造业服务化在 OFDI 对中国经济增长规模的影响中起到了局部正向传导作用；结合经济增长基本面的相关指标分析发现，OFDI 的制造业服务化经济增长规模效应源于就业促进效应和投资促进效应。

（2）本书从制造业服务化和金融化双重视角分析了制造业企业 OFDI 对 GVCs 分工地位的影响机制，利用微观数据进行实证检验发现：OFDI 显著促进了制造业企业 GVCs 分工地位的提升，平均提升幅度达 3.17%。具体来看，金融化和服务化这两类制造业转型策略因分别发挥着负向和正向的中介作用。其中，技术密集型制造业企业对 OECD 非成员国、"一带一路"沿线国家以及存在较低政治风险的经济体当地生产型 OFDI 能够显著推动其 GVCs 分工地位提升。另外，随着 OFDI 次数的增加，OFDI 对制造业企业 GVCs 分工地位的提升效果越明显。

8.2　优化对策

8.2.1　构建中国制造业企业"走出去"与国内制造业高质量发展良性互促的关系

（1）持续推进人民币汇率市场化改革，以实现降成本和稳预期，巩固和强化制造业企业"走出去"助力国内制造业服务化的汇率传导机制。自 2015 年中国人民银行启动人民币对美元汇率中间价报价机制以及加大参考一篮子货币力度等多项改革以来，人民币汇率形成机制的市场化水平得到了不断提升。人民币汇率市场化改革使人民币汇率弹性有所增大，在合理区间内浮动，表现出高度的币值稳定性。事实表明，人民币汇率随着外汇市场供求关系的变化而出现升降，不仅有利于人民币与国际货币市场接轨，而且为中国外向型经济和产业发展提供了良好的外汇市场环境，充当着中国经济应对外部冲击的"减震器"。从微观企业层面来看，汇率弹性提升也有助于培育企业的汇率风险意识和汇率管理能力，提高对汇率波动的适应性。迄今为止，中国已经成为全球产业资本输出的主要来源国，资本账户变化已经成为影响国际收支平衡的主要来源。由此可见，中国应围绕市场化改革的方向，在宏观审慎政策框架内加强对企业外汇融资、支付环境等方面的支持力度，降低企业"走出去"的交易成本；同时，还应注重预期管理，引导企业树立"风险中性"的意识。结合当前汇率波动与中国制造业服务化的联结性，需要企业应根据汇率波动对原材料及中间品进口成本、出口产品价格和进口产品在本土市场的渗透度产生合理预期，在此基础上形成自身对服务要素使用的最优决策。

（2）持续推进国际产能合作，通过对外产业转移形成全球化生产布局，促进国内制造业向服务化发现转型和抑制"脱实向虚"。中国制造业企业要树立全球化意识，遵循比较优势的原则进行国际产能合作。尤其对于国内遭遇技术瓶颈的资本密集型制造业部门企业，应通过 OFDI 来推进对外产业转移。一方面要在发达国家设立研发部门，加强与当地相关机构的合作来获取先进的生产技术，实现逆向技术溢出；另一方面也要加速推进对已经签署 BIT 和"一带一路"沿线国家的过剩产能输出，以基础设施建设的形式向当地转移生产部门。对于对外转移出去的生产部门，母公司应立足于长远发展，合理配置资本，实现向服务化方向转型，谨防落入过度金融化的陷阱。这要求企业在推进对外产业转移的同时，母公司和海外子公司之间要形成垂直分工或水平分工的内部化联系，增强主营业务的互补性，母公司可增设服务型部门，为自身及海外子公司的研发、生产和售后等产业链各个环节提供服务支持；同时，母公司在金融资产配置上要有限度，避免产业转移出去之后的生产性资金流入资本市场造成母公司的资金短缺和金融"泡沫"。我国政府应与相关国家进行高层互访和签署合作协议来形成良好的政治和经济联系，为企业参与国际产能合作"牵线搭桥"；同时，在国内加强生产性服务业人才培养和产业发展的政策扶持，为制造业企业获取使用服务要素奠定基础；国家还应加强对非金融企业参与资本市场投资的必要监管和管控，以确保制造业企业资金"蓄水池"在可控范围内，避免实体经济出现"脱实向虚"的不利局面。

8.2.2　加快 OFDI 通过对制造业高质量发展的影响，形成对中国经济增长和全球价值链升级的传导力

（1）依托制造业企业"走出去"，推动制造业服务化转型，实现经济增长"增效提质"。制造业企业 OFDI 的迅速增长是对外经济开放程度不断提升的必然结果，中国经济增长同样离不开企业"走出去"。尤其是近年来世界经济遭遇了逆全球化，国际贸易遭受前所未有的冲击，OFDI 理应成为中国参与国际经济合作的新手段。中国应不遗余力地巩固制造业"走出去"成果，并为其创造良好的外部环境，为国内产业结构升级释放空间。中国应将制造业服务化转型作为供给侧结构性改革的主要内容之一，大力培育生产性服务业，为制造业企业形成高附加值服务供给模式提供政策优惠，出台相应产业政策合理引导制造业企业形成制造与服务高度融合的新供给模式。随着加工制造业的日渐式微，其对就业和投资的吸纳能力也开始下降，服务型制造业应发挥支柱产业的作用，吸收社会闲置劳动力和资本，实现"调结构、稳增长、提质量"并举。OFDI 应持续发挥国内外要素和市场的衔接作用，为制造业结构向服务化方向调整"添砖加瓦"，制造业服务化要促进企业增加产出规模，为中国经济高质量增长注入必要动力。

（2）依托制造业企业"走出去"，发挥制造业高质量发展对中国GVCs"稳中求进"的促进作用。制造业企业要重视资本输出与内部资本配置

之间的平衡性，在通过 OFDI 实现自身的全球化目标时，也要优化内部资本配置，切勿形成资本输出所引起的主营业务"青黄不接"现象。尽管没有直接证据表明，OFDI 会造成当前中国制造业空心化，但一些"空壳"企业、"僵尸"企业的出现已经成为不可争议的事实，这些企业通过 OFDI 将主营业务转移出去之后，却热衷于金融资产投资的资本套利行为，脱离了原有的生产职能，由此引起的潜在经济"脱实向虚"风险不容忽视。因此，我国在加大对企业"走出去"的扶持力度时，应甄别企业的投资动机，加强金融市场监管，建立企业运营风险预警机制，杜绝制造业企业将过多的生产性资金用于理财产品、金融衍生品和房地产等领域投资，所造成的过度金融对 GVCs 分工的不利影响。我国要始终坚持将 OFDI 作为国内制造业服务化转型的重要手段，在政策层面形成有效的激励机制，服务于制造业结构升级。要将制造业服务化转型用于实现我国创新驱动式发展，以构建内外互促的开放型经济新体制。在"双循环"新经济发展格局下，国内循环和国际循环已经成为了不可分割的统一体，国外循环升级以国内循环升级为基础，这使培育服务型制造业作为当前我国供给侧结构性改革的重点，也是我国抢占高附加值制造业 GVCs 分工的必由之路。为此，我国应坚定不移地发展技术密集型制造行业，制定相关政策引导服务型制造企业通过水平或垂直一体化参与 GVCs 分工，鼓励其将自身的经营目标与全球市场对接，实现由"微笑曲线"的中端向两端攀升。

8.3　研究展望

本书对于中国 OFDI 对制造业高质量发展的影响效应及其对国内经济增长、GVCs 的传导作用从数理分析和实证检验方面做了尝试性和探索性的研究，得到了丰富而有意义的结论，但由于数据和理论模型的限制，本书还存在很多不足和有待进一步研究的问题。

（1）研究问题受到数据限制。囿于数据的限制，本书现阶段尚无法对企业层面的 OFDI 金额、对外产业转移和 GVCs 参与问题进行研究。基于企业 OFDI 金额数据能够分析 OFDI 的"集约边际"对制造业高质量发展的影响效应问题；现有研究多采用贸易结构等方式对对外产业转移指标进行间接测度，基于网络分析法或空间分析法构建对外产业转移指标是可行的思路，有助于从微观层面分析中国通过 OFDI 进行国际产能合作与制造业高质量发展的关系。另外，受到企业数据指标的年份限制，本书研究未能结合考虑中美贸易摩擦、新冠肺炎疫情等国际、国内最新的重大事件以来的制造业企业"走出去"与制造业高质量发展新趋势展开前瞻性的分析。

（2）研究深度受到理论限制。由于制造业服务化和金融化是工业化特定时期一国产业结构演变的特定现象，目前尚未有理论模型对此现象进行系统刻画。传统的国际直接投资理论主要关注的是企业 OFDI 动机、区位选择等问题，近年来虽然有部分研究开始分析 OFDI 的母国产业结构效应，但大多均为实证研究，理论贡献还比较匮乏，这使本书研究基本上没有成熟的理论模型可借鉴，对于 OFDI 影响制造业高质量发展效应的分析也主要从对外产业转移和汇率波动的机制层面进行。同时，目前经济增长理论属于宏观经济学范畴，关于企业转型策略选择如何影响经济增长的理论模型推导暂未取得突破，这也是目前宏观问题微观化时遇到的普遍问题，未来可考虑在动态一般均衡（DSGE）模型内予以解决。微观企业层面的价值链模型仍然较为匮乏，且考虑到制造业高质量发展这一较为前沿的研究课题，将这两个因素纳入到一个框架中的理论研究更为稀缺，因此，本书尚未从理论模型的角度提出制造业高质量发展影响企业参与 GVCs 位置的内在框架。

相信随着数据可获得性的增强、相关指标测度方法的不断突破以及国际贸易前沿理论模型的演进，后续更为深入的研究将得以在以上两个方面实现进一步的突破。

参考文献

［1］安磊，沈悦.企业"走出去"能否抑制经济"脱实向虚"——来自中国上市企业海外并购的经验证据［J］.国际贸易问题，2020（12）：100-116.

［2］包群，赖明勇.中国外商直接投资与技术进步的实证研究［J］.经济评论，2002（6）：63-66.

［3］陈建军.中国现阶段的产业区域转移及其动力机制［J］.中国工业经济，2002（8）：37-44.

［4］陈启斐，张为付，张群.逆全球化、去规则化与全球价值链服务化［J］.南开经济研究，2019（3）：3-26.

［5］陈培如，冼国明，马骆茹.制度环境与中国对外直接投资——基于扩展边际的分析视角［J］.世界经济研究，2017（2）：50-61.

［6］陈虹，陈韬.金砖国家与发达国家对外直接投资经济增长效应比较研究——基于动态面板工具变量法的分析［J］.国际贸易问题，2018（4）：72-89.

［7］陈晓光，龚六堂.经济结构变化与经济增长［J］.经济学（季刊），2005（3）：583-604.

［8］陈洁雄.制造业服务化与经营绩效的实证检验——基于中美上市公司的比较［J］.商业经济与管理，2010（4）：33-41.

［9］钞小静，任保平.中国经济增长质量的时序变化与地区差异分析［J］.经济研究，2011（4）：26-40.

［10］程惠芳，朱一鸣，潘奇，姚遥.中国的资本账户开放、汇率制度改革与货币危机风险［J］.国际贸易问题，2016（11）：165-176.

［11］程惠芳，成蓉.全球价值链中的汇率价格传递效应、生产率调节效应与贸易增长——基于 WIOD 和 PWT 匹配数据的研究［J］.国际贸易问题，2018（5）：78-91.

［12］蔡昉，王德文.外商直接投资与就业——一个人力资本分析框架［J］.

财经论丛，2004（1）：1-14.

［13］曹伟，倪克勤.人民币汇率变动的不完全传递——基于非对称性视角的研究［J］.数量经济技术经济研究，2010（7）：105-118.

［14］杜凯，周勤.中国对外直接投资：贸易壁垒诱发的跨越行为［J］.南开经济研究，2010（2）：44-63.

［15］杜新建.制造业服务化对全球价值链升级的影响［J］.中国科技论坛，2019（12）：75-82.

［16］杜勇，张欢，陈建英.金融化对实体企业未来主业发展的影响：促进还是抑制［J］.中国工业经济，2017（12）：113-131.

［17］杜运苏.人民币汇率变动的进口价格传递效应——基于贸易方式的实证研究［J］.世界经济研究，2010（5）：27-32.

［18］戴翔.中国制造业出口内涵服务价值演进及因素决定［J］.经济研究，2016（9）：44-57+174.

［19］戴翔，李洲.服务出口能否成为"稳增长"的动力源——基于增加值测算的比较研究［J］.国际经贸探索，2017（11）：4-18.

［20］段军山，庄旭东.金融投资行为与企业技术创新——动机分析与经验证据［J］.中国工业经济，2021（1）：155-173.

［21］刁莉，朱琦.生产性服务进口贸易对中国制造业服务化的影响［J］.中国软科学，2018（8）：49-57.

［22］冯文娜，姜梦娜，孙梦婷.市场响应、资源拼凑与制造企业服务化转型绩效［J］.南开管理评论，2020（4）：84-95.

［23］冯春晓.我国对外直接投资与产业结构优化的实证研究［J］.国际贸易问题，2009（8）：97-103.

［24］范小云，孙大超.实体产业空心化导致发达国家的高主权杠杆？——基于发达国家主权债务危机的实证分析［J］.财经研究，2013（3）：112-122.

［25］范志勇，向弟海.汇率和国际市场价格冲击对国内价格波动的影响［J］.金融研究，2006（2）：36-43.

［26］郭继强，蔡媛媛，林平.论工业化过程中劳动收入份额的"羹匙曲线"［J］.中国人口科学，2018（6）：17-29+126.

［27］高伟刚，盛斌.人民币汇率变动对中国贸易价格的影响研究［J］.世界经济研究，2016（9）：73-85.

［28］高传胜，汪德华，李善同. 经济服务化的世界趋势与中国悖论：基于 WDI 数据的现代实证研究［J］. 财贸经济，2008（3）：110-116+128.

［29］高敬峰，王彬. 进口价值链质量促进了国内价值链质量提升吗？［J］. 世界经济研究，2019（12）：77-88+132-133.

［30］巩娜. 企业金融化、股权激励与公司绩效［J］. 经济管理，2021（1）：156-174.

［31］胡立君，薛福根，王宇. 后工业化阶段的产业空心化机理及治理——以日本和美国为例［J］. 中国工业经济，2013（8）：122-134.

［32］胡昭玲，夏秋，孙广宇. 制造业服务化、技术创新与产业结构转型升级——基于 WIOD 跨国面板数据的实证研究［J］. 国际经贸探索，2017（12）：4-21.

［33］胡昭玲，宋佳. 基于出口价格的中国国际分工地位研究［J］. 国际贸易问题，2013（3）：15-25.

［34］胡冬梅，潘世明. 我国进口汇率传递的商品异质性［J］. 南方经济，2013（2）：24-40.

［35］胡查平，汪涛，胡琴芳. 制造业服务化战略生成逻辑与作用机制——基于制造业的多案例研究［J］. 科研管理，2019（8）：71-81.

［36］黄群慧，黄阳华，贺俊，江飞涛. 面向中上等收入阶段的中国工业化战略研究［J］. 中国社会科学，2017（12）：94-116+207.

［37］黄贤环，吴秋生，王瑶. 金融资产配置与企业财务风险："未雨绸缪"还是"舍本逐末"［J］. 财经研究，2018（12）：100-112+125.

［38］黄贤环，王瑶. 实体企业资金"脱实向虚"与全要素生产率提升："抑制"还是"促进"［J］. 山西财经大学学报，2019（10）：55-69.

［39］黄永春，郑江淮，杨以文，祝吕静. 中国"去工业化"与美国"再工业化"冲突之谜解析——来自服务业与制造业交互外部性的分析［J］. 中国工业经济，2013（3）：7-19.

［40］黄范章. 从世界的视野看我国新型工业化道路［J］. 中国工业经济，2003（6）：50-54.

［41］黄繁华，徐国庆. 基于全球价值链视角的中美制造业实际有效汇率研究［J］. 国际贸易问题，2017（8）：73-83.

［42］何德旭，王朝阳. 中国金融业高增长：成因与风险［J］. 财贸经济，

2017（7）：16-32.

［43］何蓉.外汇超额供给的原因及对人民币升值压力的解释［J］.经济评论，2006（1）：76-82.

［44］韩剑，王灿.自由贸易协定与全球价值链嵌入：对FTA深度作用的考察［J］.国际贸易问题，2019（2）：54-67.

［45］江飞涛，李晓萍.直接干预市场与限制竞争：中国产业政策的取向与根本缺陷［J］.中国工业经济，2010（9）：26-36.

［46］纪敏.本轮国内价格波动的外部冲击因素考察［J］.金融研究，2009（6）：31-43.

［47］蒋冠宏，蒋殿春.中国企业对外直接投资的"出口效应"［J］.经济研究，2014（5）：160-173.

［48］孔群喜，王紫绮，蔡梦.对外直接投资提高了中国经济增长质量吗［J］.财贸经济，2019（5）：96-111.

［49］刘斌，王乃嘉，魏倩.中间品关税减让与企业价值链参与［J］.中国软科学，2015（8）：34-44.

［50］刘斌，魏倩，吕越，祝坤福.制造业服务化与价值链升级［J］.经济研究，2016（3）：151-162.

［51］吕越，李小萌，吕云龙.全球价值链中的制造业服务化与企业全要素生产率［J］.南开经济研究，2017（3）：88-110.

［52］吕越，陆毅，吴嵩博，王勇."一带一路"倡议的对外投资促进效应——基于2005—2016年中国企业绿地投资的双重差分检验［J］.经济研究，2019（9）：187-202.

［53］吕炜，刘晨晖，陈长石.游资变化、财政投资与房地产投机［J］.经济学动态，2014（1）：63-72.

［54］刘英，范黎波，金祖本.中国开放经济空心化倾向——基于人民币汇率变动视角［J］.数量经济技术经济研究，2016（7）：77-95.

［55］刘英，吴军.我国外向型行业中"小微型"企业空心化影响因素的实证研究［J］.管理评论，2015（4）：66-75.

［56］刘伟，曹瑜强.机构投资者驱动实体经济"脱实向虚"了吗［J］.财贸经济，2018（12）：80-94.

［57］刘凯，陈秀英.财税体制变迁、地方政府策略性行为与产业空心化［J］.

云南社会科学, 2015 (1): 53-57.

[58] 刘鹏. 中国制造业企业 OFDI 会造成国内 "产业空心化" 吗? ——基于异质性企业投资动机的视角 [J]. 财经论丛, 2017 (10): 3-10.

[59] 刘海云, 喻蕾. 中国对外直接投资的产业空心化效应研究——基于东部地区工业数据的实证分析 [J]. 经济与管理研究, 2014 (9): 77-83.

[60] 刘贯春. 金融资产配置与企业研发创新: "挤出" 还是 "挤入" [J]. 统计研究, 2017 (7): 49-61.

[61] 刘贯春, 刘媛媛, 张军. 经济政策不确定性与中国上市公司的资产组合配置——兼论实体企业的 "金融化" 趋势 [J]. 经济学 (季刊), 2020, 20 (5): 65-86.

[62] 李树祯, 张峰. FDI 会促进制造业服务化转型吗? [J]. 经济问题探索, 2020 (7): 110-122.

[63] 李秋梅, 梁权熙. 企业 "脱实向虚" 如何传染? ——基于同群效应的视角 [J]. 财经研究, 2020 (8): 140-155.

[64] 李梅, 柳士昌. 对外直接投资逆向技术溢出的地区差异和门槛效应——基于中国省际面板数据的门槛回归分析 [J]. 管理世界, 2012 (1): 21-32.

[65] 李广众, 任佳慧, 王立立. 实际汇率变动对商品国内价格的影响研究 [J]. 经济学 (季刊), 2008 (4): 1221-1230.

[66] 李军, 甘劲燕, 杨学儒. "一带一路" 倡议如何影响中国企业转型升级 [J]. 南方经济, 2019 (4): 1-22.

[67] 李平, 田朔. 出口贸易对技术创新影响的研究: 水平溢出与垂直溢出——基于动态面板数据模型的实证分析 [J]. 世界经济研究, 2010 (2): 44-48+88.

[68] 李超, 张诚. 中国对外直接投资与制造业全球价值链升级 [J]. 经济问题探索, 2017 (11): 114-126.

[69] 李新功. 人民币升值与我国制造业升级实证研究 [J]. 中国软科学, 2017 (5): 38-46.

[70] 李磊, 白道欢, 冼国明. 对外直接投资如何影响了母国就业? ——基于中国微观企业数据的研究 [J]. 经济研究, 2016 (8): 144-158.

[71] 李磊, 刘斌, 王小霞. 外资溢出效应与中国全球价值链参与 [J]. 世界经济研究, 2017 (4): 43-58+135.

［72］梁文泉，陆铭．后工业化时代的城市：城市规模影响服务业人力资本外部性的微观证据［J］．经济研究，2016（12）：90-103.

［73］林凤霞．企业家精神对制造业服务化的影响研究［J］．经营与管理，2019（12）：70-74.

［74］凌丹，张玉玲，徐迅捷．制造业服务化对全球价值链升级的影响——基于跨国面板数据的分析［J］．武汉理工大学学报（社会科学版），2021（3）：86-93.

［75］卢向前，戴国强．人民币实际汇率波动对我国进出口的影响：1994—2003［J］．经济研究，2005（5）：31-39.

［76］逯宇铎，宋倩倩，陈阵．汇率变动对中国企业全球价值链嵌入程度的影响——基于中国电子及通信设备制造业的实证研究［J］．国际经贸探索，2017（6）：69-84.

［77］龙飞扬，殷凤．制造业投入服务化与出口产品质量升级——来自中国制造企业的微观证据［J］．国际经贸探索，2019（11）：19-35.

［78］毛日昇，高凌云，郑建明．人民币实际汇率变化对出口转换的影响研究［J］．管理世界，2017（3）：9-28+187.

［79］毛海欧，刘海云．中国 OFDI 如何影响出口技术含量——基于世界投入产出数据的研究［J］．数量经济技术经济研究，2018（7）：97-113.

［80］马盈盈，盛斌．制造业服务化与出口技术复杂度：基于贸易增加值视角的研究［J］．产业经济研究，2018（4）：1-13.

［81］孟寒，李平．发展中国家对外直接投资的经济增长效应研究——基于金融发展门槛的实证分析［J］．产业经济评论（山东大学），2016（1）：98-111.

［82］欧阳峣，刘智勇．发展中大国人力资本综合优势与经济增长——基于异质性与适应性视角的研究［J］．中国工业经济，2010（11）：26-35.

［83］彭俞超，倪骁然，沈吉．企业"脱实向虚"与金融市场稳定——基于股价崩盘风险的视角［J］．经济研究，2018（10）：50-66.

［84］潘素昆，袁然．不同投资动机 OFDI 促进产业升级的理论与实证研究［J］．经济学家，2014（9）：69-76.

［85］彭支伟，张伯伟．中间品贸易、价值链嵌入与国际分工收益：基于中国的分析［J］．世界经济，2017（10）：23-47.

［86］钱学锋，范冬梅，黄汉民．进口竞争与中国制造业企业的成本加成［J］．世界经济，2016（3）：71-94.

[87] 桑百川，杨立卓，郑伟.中国对外直接投资扩张背景下的产业空心化倾向防范——基于英、美、日三国的经验分析 [J].国际贸易，2016（2）：8-12.

[88] 孙晓华，杨彬，张国峰."市场换技术"与产业空心化：一个研究述评 [J].科学学与科学技术管理，2009（1）：125-130.

[89] 宋泓.国际产业格局的变化和调整 [J].国际经济评论，2013（2）：9-20+4.

[90] 宋超，谢一青.人民币汇率对中国企业出口的影响：加工贸易与一般贸易 [J].世界经济，2017（8）：78-102.

[91] 石柳，张捷.广东省对外直接投资与产业"空心化"的相关性研究——基于灰色关联度的分析 [J].国际商务（对外经济贸易大学学报），2013（2）：52-64.

[92] 宿玉海，姜明蕾，刘海莹.短期资本流动、人民币国际化与汇率变动关系研究 [J].经济与管理评论，2018（2）：109-118.

[93] 单元媛，郭雯青.制造业出口服务化对中国参与全球价值链分工的影响——基于参与全球生产网络分工视角的分析 [J].价格理论与实践，2019（7）：136-139.

[94] 史恩义，张瀚文.OFDI 动机、金融发展差异与出口贸易 [J].世界经济研究，2018（8）：74-87+136.

[95] 隋月红，赵振华.我国 OFDI 对贸易结构影响的机理与实证——兼论我国 OFDI 动机的拓展 [J].财贸经济，2012（4）：81-89.

[96] 佟家栋，许家云，毛其淋.人民币汇率、企业出口边际与出口动态 [J].世界经济研究，2016（3）：70-85+135.

[97] 田巍，余淼杰.企业出口强度与进口中间品贸易自由化：来自中国企业的实证研究 [J].管理世界，2013（1）：28-44.

[98] 唐爱迪，陆毅，杜清源.我国外汇储备的溢出效应研究——基于引力模型的分析 [J].金融研究，2019（4）：1-19.

[99] 吴海民.资产价格波动、通货膨胀与产业"空心化"——基于我国沿海地区民营工业面板数据的实证研究 [J].中国工业经济，2012（1）：46-56.

[100] 汪增洋，张学良.后工业化时期中国小城镇高质量发展的路径选择 [J].中国工业经济，2019（1）：62-80.

[101] 王秋石，王一新.去工业化、经济发展与中国产业路径选择 [J].当

代财经，2014（3）：14-20.

［102］王勋，Anders Johansson. 金融抑制与经济结构转型［J］. 经济研究，2013（1）：54-67.

［103］王文，孙早. 产业结构转型升级意味着去工业化吗［J］. 经济学家，2017（3）：55-62.

［104］王玉宝. 关于我国中小企业对外直接投资的思考［J］. 经济问题，2008（3）：108-110.

［105］王永钦，杜巨澜，王凯. 中国对外直接投资区位选择的决定因素：制度、税负和资源禀赋［J］. 经济研究，2014（12）：126-142.

［106］王展祥，魏琳. 去工业化及其在中国的适应性研究——基于结构失衡视角［J］. 当代财经，2012（6）：16-25.

［107］王振国，张亚斌，单敬，黄跃. 中国嵌入全球价值链位置及变动研究［J］. 数量经济技术经济研究，2019（10）：77-95.

［108］王胜，伯雯，李保霞. 人民币汇率、市场份额与出口价格［J］. 世界经济研究，2018（11）：65-77+136.

［109］王直，魏尚进，祝坤福. 总贸易核算法：官方贸易统计与全球价值链的度量［J］. 中国社会科学，2015（9）：108-127.

［110］王聪，林桂军. "双反"调查与上市公司全球价值链参与——来自美国对华"双反"调查的经验证据［J］. 国际金融研究，2019（12）：85-93.

［111］王杰，段瑞珍，孙学敏. 对外直接投资与中国企业的全球价值链升级［J］. 西安交通大学学报（社会科学版），2019（2）：43-50.

［112］王思语，郑乐凯. 制造业服务化是否促进了出口产品升级［J］. 国际贸易问题，2019（11）：45-60.

［113］吴意云，朱希伟. 中国为何过早进入再分散：产业政策与经济地理［J］. 世界经济，2015（2）：140-166.

［114］吴丽华，傅广敏. 人民币汇率、短期资本与股价互动［J］. 经济研究，2014（11）：72-86.

［115］吴金燕，滕建州. 经济金融化对实体经济影响的区域差异研究——基于省级面板数据的空间计量研究［J］. 经济问题探索，2020（7）：15-27.

［116］吴永亮，王恕立. 增加值视角下的中国制造业服务化再测算：兼论参与 GVC 的影响［J］. 世界经济研究，2018（11）：99-115.

［117］魏后凯．产业转移的发展趋势及其对竞争力的影响［J］．福建论坛（经济社会版），2003（4）：11-15.

［118］魏巧琴，杨大楷．对外直接投资与经济增长的关系研究［J］．数量经济技术经济研究，2003（1）：93-97.

［119］伍戈，殷斯霞．经济结构扭曲与信贷市场动态——基于中国的简明框架［J］．金融发展评论，2015（11）：30-46.

［120］谢家智，江源，王文涛．什么驱动了制造业金融化投资行为——基于A股上市公司的经验证据［J］．湖南大学学报（社会科学版），2014（4）：23-29.

［121］谢富胜，匡晓璐．制造业企业扩大金融活动能够提升利润率吗？——以中国A股上市制造业企业为例［J］．管理世界，2020（12）：13-28.

［122］徐超，庞保庆，张充．降低实体税负能否遏制制造业企业"脱实向虚"［J］．统计研究，2019（6）：42-53.

［123］徐雪，谢玉鹏．我国对外直接投资区位选择影响因素的实证分析［J］．管理世界，2008（4）：167-168.

［124］徐建炜，杨盼盼．理解中国的实际汇率：一价定律偏离还是相对价格变动？［J］．经济研究，2011（7）：78-90.

［125］徐朝阳，林毅夫．发展战略与经济增长［J］．中国社会科学，2010（3）：94-108.

［126］肖忠意，林琳．企业金融化、生命周期与持续性创新［J］．财经研究，2019（8）：43-57.

［127］邢孝兵，徐洁香，王阳．进口贸易的技术创新效应：抑制还是促进［J］．国际贸易问题，2018（6）：11-26.

［128］邰鹿峰，徐洁香．服务贸易出口净技术复杂度对产业结构服务化转型的影响——基于跨国面板模型的实证检验［J］．国际商务（对外经济贸易大学学报），2017（4）：49-59.

［129］叶娇，赵云鹏．对外直接投资与逆向技术溢出——基于企业微观特征的分析［J］．国际贸易问题，2016（1）：134-144.

［130］叶凡，邹东涛，苑西恒．经济金融化对我国城乡收入差距的差异化影响——基于1978—2013年省级面板数据的分析［J］．当代经济科学，2015（6）：61-67.

［131］杨亚平，吴祝红．中国制造业企业OFDI带来"去制造业"吗——基于

微观数据和投资动机的实证研究［J］.国际贸易问题，2016（8）：154-164.

［132］杨亚平，高玥."一带一路"沿线国家的投资选址——制度距离与海外华人网络的视角［J］.经济学动态，2017（4）：41-52.

［133］杨胜刚，阳旸.资产短缺与实体经济发展——基于中国区域视角［J］.中国社会科学，2018（7）：59-80+205-206.

［134］杨筝，王红建，戴静，许传华.放松利率管制、利润率均等化与实体企业"脱实向虚"［J］.金融研究，2019（6）：20-38.

［135］杨巧，陈虹.产业协同集聚对经济增长质量影响的实证［J］.统计与决策，2021（19）：98-102.

［136］杨子帆.全球价值链模式下我国产业对外转移的影响分析［J］.统计与决策，2016（14）：142-144.

［137］杨玲.生产性服务进口贸易促进制造业服务化效应研究［J］.数量经济技术经济研究，2015（5）：37-53.

［138］杨健全，杨晓武，王洁.我国对外直接投资的实证研究：IDP检验与趋势分析［J］.国际贸易问题，2006（8）：76-81.

［139］严冰，张相文.进口竞争与中国制造业企业产品创新研究［J］.经济经纬，2015（5）：91-95.

［140］严成樑.现代经济增长理论的发展脉络与未来展望——兼从中国经济增长看现代经济增长理论的缺陷［J］.经济研究，2020（7）：191-208.

［141］张成思，张步昙.中国实业投资率下降之谜：经济金融化视角［J］.经济研究，2016（12）：32-46.

［142］张慕濒，孙亚琼.金融资源配置效率与经济金融化的成因——基于中国上市公司的经验分析［J］.经济学家，2014（4）：81-90.

［143］张其仔，李蕾.制造业转型升级与地区经济增长［J］.经济与管理研究，2017（2）：97-111.

［144］张彬，桑百川.中国制造业参与国际分工对升级的影响与升级路径选择——基于出口垂直专业化视角的研究［J］.产业经济研究，2015（5）：12-20.

［145］张会清，唐海燕.人民币升值、企业行为与出口贸易——基于大样本企业数据的实证研究：2005～2009［J］.管理世界，2012（12）：23-34+45+187.

［146］张涛，严肃，陈体标.汇率波动对企业生产率的影响——基于中国工业企业数据的实证分析［J］.华东师范大学学报（哲学社会科学版），2015（3）：

110–118+170–171.

［147］张宇，蒋殿春. FDI 技术外溢的地区差异与门槛效应——基于 DEA 与中国省际面板数据的实证检验［J］. 当代经济科学，2007（5）：101–111+128.

［148］张莹，朱小明. 经济政策不确定性对出口质量和价格的影响研究［J］. 国际贸易问题，2018（5）：12–25.

［149］张伟如，韩斌，胡冰. 中国对外直接投资绩效与经济增长——基于省级面板数据的实证分析［J］. 经济问题，2012（11）：54–56.

［150］赵昌文，许召元，朱鸿鸣. 工业化后期的中国经济增长新动力［J］. 中国工业经济，2015（6）：44–54.

［151］赵云鹏，叶娇. 对外直接投资对中国产业结构影响研究［J］. 数量经济技术经济研究，2018（3）：78–95.

［152］曾繁华，李坚. "以市场换技术"制度安排问题研究［J］. 管理世界，2000（5）：191–192+203.

［153］邹国伟，纪祥裕，胡晓丹，胡品平. 服务贸易开放能否带来制造业服务化水平的提升？［J］. 产业经济研究，2018（6）：62–74.

［154］周伯乐，葛鹏飞，武宵旭. "一带一路"倡议能否抑制实体企业"脱实向虚"［J］. 贵州财经大学学报，2020（5）：34–45.

［155］朱孟楠，刘林. 短期国际资本流动、汇率与资产价格——基于汇改后数据的实证研究［J］. 财贸经济，2010（5）：5–13.

［156］朱华. 投资发展周期理论与中国 FDI 发展阶段定位研究［J］. 经济学动态，2012（5）：37–42.

［157］翟光宇，姜美君，段秋爽. 实体企业金融化与实物资本投资——基于 2009—2018 年制造业上市公司的实证分析［J］. 经济学动态，2021（1）：85–104.

［158］章志华，唐礼智. 空间溢出视角下的对外直接投资与母国产业结构升级［J］. 统计研究，2019（4）：29–38.

［159］宗芳宇，路江涌，武常岐. 双边投资协定、制度环境和企业对外直接投资区位选择［J］. 经济研究，2012（5）：71–82.

［160］郑丹青. 对外直接投资与全球价值链分工地位——来自中国微观企业的经验证据［J］. 国际贸易问题，2019（8）：109–123.

［161］Antràs P, Desai M A, Foley C F. Multinational Firms, FDI Flows, and Imperfect Capital Markets［J］. The Quarterly Journal of Economics, 2009, 124（3）：

1171–1219.

［162］Antràs P, Chor D, Fally T, Hillberry R. Measuring the Upstreamness of Production and Trade Flows［J］. American Economic Review, 2012, 102（3）: 412–416.

［163］Anderson J E. A Theoretical Foundation for the Gravity Equation［J］. American Economic Review, 1979, 69（1）: 106–116.

［164］Akamatsu K. A Historical Pattern of Economic Growth in Developing Countries［J］. The Developing Economies, 1962（1）: 3–25.

［165］Amiti M, Itskhoki O, Konings J. Importers, Exporters, and Exchange Rate Disconnect［J］. American Economic Review, 2014, 104（7）: 1942–1978.

［166］Arrow K J. The Economic Implications of Learning by Doing［M］. London: Palgrave Macmillan, 1971.

［167］Aharoni Y, Hirsch S. The Competitive Potential of Technology—Intensive Industries in Developing Countries［M］. London: Palgrave Macmillan, 1996.

［168］Alvarez I. Financialization, Non-financial Corporations and Income Inequality: The Case of France［J］. Socio-Economic Review, 2015, 13（3）: 449–475.

［169］Assa J. Financialization and Its Consequences: The OECD Experience［J］. Finance Research, 2012, 1（1）: 35–39.

［170］Buckley P J, Casson M. A Long-run Theory of the Multinational Enterprise［M］. London: Palgrave Macmillan, 1976.

［171］Baldwin R, Robert-Nicoud F. The Impact of Trade on Intra-industry Reallocation and Aggregate Industry Productivity: A Comment［R］. Available at SSRN 621546, 2004.

［172］Baines T, Lightfoot H. Made to Serve: How Manufacturers Can Compete through Servitization and Product Service Systems［M］. New York: John Wiley & Sons, 2013.

［173］Bluestone B, Bluestone I, Harrison B. Deindustrialization Amer［M］. New York: Basic Books, 1982.

［174］Becker J, Jäger J, Leubolt B, Weissenbacher R. Peripheral Financialization and Vulnerability to Crisis: A Regulationist Perspective［J］. Competition & Change, 2010, 14（3–4）: 225–247.

［175］Bos H C, Sanders M, Secchi C. Private Foreign Investment in Developing Countries: A Quantitative Study on the Evaluation of the Macro-economic Effects［M］. Berlin: Springer Science & Business Media, 2013.

［176］Balassa B. Trade Liberalisation and "Revealed" Comparative Advantage 1［J］. The Manchester School, 1965, 33（2）: 99-123.

［177］Baron R M, Kenny D A. The Moderator - mediator Variable Distinction in Social Psychological Research: Conceptual, Strategic, and Statistical Considerations［J］. Journal of Personality and Social Psychology, 1986, 51（6）: 1173-1182.

［178］Cantwell J, Tolentino P E E. Technological Accumulation and Third World Multinationals［M］. Reading, UK: University of Reading, Department of Economics, 1990.

［179］Copeland B R. Tourism, Welfare and Deindustrialization in a Small Open Economy［J］. Economica, 1991（2）: 515-529.

［180］Christopherson S. How Does Financialization Affect Manufacturing Investment? Preliminary Evidence from the US and UK［M］. London: Edward Elgar Publishing, 2015.

［181］Cozza C, Rabellotti R, Sanfilippo M. The Impact of Outward FDI on the Performance of Chinese Firms［J］. China Economic Review, 2015（36）: 42-57.

［182］Cowling K, Tomlinson P R. The Japanese Model in Retrospective: Industrial Strategies, Corporate Japan and the "Hollowing Out" of Japanese Industry［J］. Policy Studies, 2011, 32（6）: 569-583.

［183］Caves R E. International Corporations: The Industrial Economics of Foreign Investment［J］. Economica, 1971, 38（149）: 1-27.

［184］Clark M P B, MacDonald M R. Exchange Rates and Economic Fundamentals: A Methodological Comparison of BEERs and FEERs［M］. Washington: International Monetary Fund, 1998.

［185］Cui L, Xu Y. Outward FDI and Profitability of Emerging Economy Firms: Diversifying from Home Resource Dependence in Early Stage Internationalization［J］. Journal of World Business, 2019, 54（4）: 372-386.

［186］Cainelli G, Ganau R, Giunta A. Spatial Agglomeration, Global Value Chains, and Productivity. Micro-evidence from Italy and Spain［J］. Economics

Letters, 2018（169）: 43-46.

[187] Conconi P, Sapir A, Zanardi M. The Internationalization Process of Firms: From Exports to FDI [J]. Journal of International Economics, 2016（99）: 16-30.

[188] Davis G F, Kim S. Financialization of the Economy [J]. Annual Review of Sociology, 2015（41）: 203-221.

[189] Dunning J H. Trade, Location of Economic Activity and the MNE: A Search for an Eclectic Approach [M]. London: Palgrave Macmillan, 1977.

[190] Dunning J H. Explaining the International Direct Investment Position of Countries: Towards a Dynamic or Developmental Approach [M]. London: Palgrave Macmillan, 1982.

[191] Dunning J H, Lundan S M. Institutions and the OLI Paradigm of the Multinational Enterprise [J]. Asia Pacific Journal of Management, 2008, 25（4）: 573-593.

[192] Davidson W H. The Location of Foreign Direct Investment Activity: Country Characteristics and Experience Effects [J]. Journal of International Business Studies, 1980, 11（2）: 9-22.

[193] Domar E D. Capital Expansion, Rate of Growth, and Employment [J]. Econometrica, Journal of the Econometric Society, 1946（2）: 137-147.

[194] Dornbusch R. Collapsing Exchange Rate Regimes [J]. Journal of Development Economics, 1987, 27（1-2）: 71-83.

[195] Debaere P, Lee H, Lee J. It Matters Where You Go: Outward Foreign Direct Investment and Multinational Employment Growth at Home [J]. Journal of Development Economics, 2010, 91（2）: 301-309.

[196] Dai M, Xu J. Firm-specific Exchange Rate Shocks and Employment Adjustment: Evidence from China [J]. Journal of International Economics, 2017（108）: 54-66.

[197] Epstein G A. Financialization and the World Economy [M]. London: Edward Elgar Publishing, 2005.

[198] Eloranta V, Turunen T. Platforms in Service-driven Manufacturing: Leveraging Complexity by Connecting, Sharing, and Integrating [J]. Industrial Marketing Management, 2016（55）: 178-186.

［199］Elia S, Mariotti I, Piscitello L. The Impact of Outward FDI on the Home Country's Labour Demand and Skill Composition ［J］. International Business Review, 2009, 19（4）: 357-372.

［200］Edwards S. Exchange Rate Misalignment in Developing Countries ［J］. The World Bank Research Observer, 1989, 4（1）: 3-21.

［201］Edmond C, Midrigan V, Xu D Y. Competition, Markups, and the Gains from International Trade ［J］. American Economic Review, 2015, 105（10）: 3183-3221.

［202］Froot K A, Klemperer P D. Exchange Rate Pass-through When Market Share Matters ［J］. American Economic Review, 1989, 79（4）: 637-654.

［203］Fitzgerald D, Haller S. Pricing-to-market: Evidence from Plant-level Prices ［J］. Review of Economic Studies, 2014, 81（2）: 761-786.

［204］Friedman D, Vandersteel S. Short-run Fluctuations in Foreign Exchange Rates: Evidence from the Data 1973-1979 ［J］. Journal of International Economics, 1982, 13（1-2）: 171-186.

［205］Glass A J, Saggi K. Licensing versus Direct Investment: Implications for Economic Growth ［J］. Journal of International Economics, 2002, 56（1）: 131-153.

［206］Ghosh S, Reitz S. Capital Flows, Financial Asset Prices and Real Financial Market Exchange Rate: A Case Study for an Emerging Market, India ［R］. Kiel Advanced Studies Working Papers, 2012.

［207］Gereffi G. A Commodity Chains Framework for Analyzing Global Industries ［J］. Institute of Development Studies, 1999, 8（12）: 1-9.

［208］Gereffi G, Humphrey J, Sturgeon T. The Governance of Global Value Chains ［J］. Review of International Political Economy, 2005, 12（1）: 78-104.

［209］Gilbert B A, McDougall P P, Audretsch D B. New Venture Growth: A Review and Extension ［J］. Journal of Management, 2006, 32（6）: 926-950.

［210］Hayakawa K, Kim H, Lee H. Determinants on Utilization of the Korea-ASEAN Free Trade Agreement: Margin Effect, Scale Effect, and ROO Effect ［J］. World Trade Review, 2014, 13（3）: 499-515.

［211］Helpman E, Melitz M J, Yeaple S R. Export versus FDI with Heterogeneous Firms ［J］. American Economic Review, 2004, 94（1）: 300-316.

［212］Huang Y，Wang B. Investing Overseas without Moving Factories Abroad：The Case of Chinese Outward Direct Investment［J］. Asian Development Review，2013，30（1）：85–107.

［213］Hymer S H. The International Operations of National Firms，A Study of Direct Foreign Investment［D］. Cambridge：Massachusetts Institute of Technology，1960.

［214］Harrod R F . Modern Population Trends［J］. The Manchester School，1939，10（1）：1–20.

［215］Howitt P，Aghion P. Capital Accumulation and Innovation as Complementary Factors in Long–run Growth［J］. Journal of Economic Growth，1998，3（2）：111–130.

［216］Hummels D，Ishii J，Yi K M. The Nature and Growth of Vertical Specialization in World Trade［J］. Journal of International Economics，2001，54（1）：75–96.

［217］Hansen H，Rand J. On the Causal Links between FDI and Growth in Developing Countries［J］. World Economy，2006，29（1）：21–41.

［218］Herzer D. The Long–run Relationship between Outward FDI and Domestic Output：Evidence from Panel Data［J］. Economics Letters，2008，100（1）：146–149.

［219］Humphrey J，Schmitz H. How Does Insertion in Global Value Chains Affect Upgrading in Industrial Clusters?［J］. Regional Studies，2002，36（9）：1017–1027.

［220］Johnson R C，Noguera G. Accounting for Intermediates：Production Sharing and Trade in Value Added［J］. Journal of International Economics，2012，86（2）：224–236.

［221］Kojima K. Direct Foreign Investment：A Japanese Model of Multinational Business Operations［M］. London：Croom Helm，1978.

［222］Krugman P R. Increasing Returns，Monopolistic Competition，and International Trade［J］. Journal of International Economics，1979，9（4）：469–479.

［223］Krugman P. Increasing Returns and Economic Geography［J］. Journal of Political Economy，1991，99（3）：483–499.

［224］Kim E，Hewings G J D，Amir H. Economic Evaluation of Transportation Projects：An Application of Financial Computable General Equilibrium Model［J］. Research in Transportation Economics，2017（61）：44–55.

［225］Kindleberger C P. Measuring Equilibrium in the Balance of Payments［J］.

Journal of Political Economy, 1969, 77 (6): 873-891.

[226] Koopman R, Powers W, Wang Z, Wei S J. Give Credit Where Credit Is Due: Tracing Value Added in Global Production Chains [R]. National Bureau of Economic Research, 2010.

[227] Koopman R, Wang Z, Wei S J. Estimating Domestic Content in Exports When Processing Trade Is Pervasive [J]. Journal of Development Economics, 2012, 99 (1): 178-189.

[228] Kee H L, Tang H. Domestic Value Added in Exports: Theory and Firm Evidence from China [J]. American Economic Review, 2016, 106 (6): 1402-1436.

[229] Kosteletou N, Liargovas P. Foreign Direct Investment and Real Exchange Rate Interlinkages [J]. Open Economies Review, 2000, 11 (2): 135-148.

[230] Lay G. Servitization in Industry [M]. Berlin: Springer, 2014.

[231] Lexutt E. Different Roads to Servitization Success-A Configurational Analysis of Financial and Non-financial Service Performance [J]. Industrial Marketing Management, 2020 (84): 105-125.

[232] Lee C G. Outward Foreign Direct Investment and Economic Growth: Evidence from Japan [J]. Global Economic Review, 2010, 39 (3): 317-326.

[233] Lin K H, Tomaskovic-Devey D. Financialization and US Income Inequality, 1970-2008 [J]. American Journal of Sociology, 2013, 118 (5): 1284-1329.

[234] Lall S, Mohammad S. Multinationals in Indian Big Business: Industrial Characteristic of Foreign Investment in a Heavily Regulated Economy [J]. Journal of Development Economics, 1983, 13 (1-2): 143-157.

[235] Lall S. The Technological Structure and Performance of Developing Country Manufactured Exports, 1985-1998 [J]. Oxford Development Studies, 2000, 28 (3): 337-369.

[236] Lewis T J. Adam Smith: The Labor Market as the Basis of Natural Right [J]. Journal of Economic Issues, 1977, 11 (1): 21-50.

[237] Lucas Jr R E. On the Mechanics of Economic Development [J]. Journal of Monetary Economics, 1988, 22 (1): 3-42.

[238] Lu Y, Shi H, Luo W, et al. Productivity, Financial Constraints, and Firms' Global Value Chain Participation: Evidence from China [J]. Economic

Modelling, 2018（73）: 184–194.

[239] Lipsey R E. Home–and Host–country Effects of Foreign Direct Investment [M]. Chicago: University of Chicago Press, 2004.

[240] Mathews J A. Dragon Multinationals: New Players in 21st Century Globalization [J]. Asia Pacific Journal of Management, 2006, 23（1）: 5–27.

[241] Markusen J R, Venables A J. Foreign Direct Investment as a Catalyst for Industrial Development [J]. European Economic Review, 1999, 43（2）: 335–356.

[242] Macher J T, Mowery D C, Di Minin A. The "Non–globalization" of Innovation in the Semiconductor Industry [J]. California Management Review, 2007, 50（1）: 217–242.

[243] Melitz M. The Impact of Trade on Aggregate Industry Productivity and Intra–industry Reallocations [J]. Econometrica, 2003, 71（6）: 1695–1725.

[244] Mele M, Quarto A. A Gravitational Model for Estimate the Determinants of Outward Foreign Direct Investment of China [J]. International Journal of Economics and Financial Issues, 2017, 7（1）: 1–5.

[245] Mundell R A. International Trade and Factor Mobility [J]. American Economic Review, 1957, 47（3）: 321–335.

[246] Musgrave P B. Direct Investment Abroad and the Multinationals: Effects on the United States Economy [M]. Washington: US Government Printing Office, 1975.

[247] Opresnik D, Taisch M. The Value of Big Data in Servitization [J]. International Journal of Production Economics, 2015（165）: 174–184.

[248] Orhangazi È. Financialization and the US Economy [M]. London: Edward Elgar Publishing, 2008.

[249] Ozawa T. Foreign Direct Investment and Economic Development [J]. Transnational Corporations, 1992, 1（1）: 27–54.

[250] Obstfeld M, Rogoff K. Exchange Rate Dynamics Redux [J]. Journal of Political Economy, 1995, 103（3）: 624–660.

[251] Paiola M, Gebauer H. Internet of Things Technologies, Digital Servitization and Business Model Innovation in BtoB Manufacturing Firms [J]. Industrial Marketing Management, 2020（89）: 245–264.

[252] Pietrobelli C, Rabellotti R. Global Value Chains Meet Innovation Systems:

Are There Learning Opportunities for Developing Countries? [J] . World Development, 2011, 39 (7): 1261-1269.

[253] Porter M E. The Competitive Advantage of Nations [M] . New York: Palgrave Macmillan, 1990.

[254] Ramstetter E D. Is Japanese Manufacturing Really Hollowing Out [R] . Working Paper Series, 2002.

[255] Richardson J D. Theoretical Considerations in the Analysis of Foreign Direct Investment [J] . Economic Inquiry, 1971, 9 (1): 87-98.

[256] Romer P M. Why, Indeed, in America? Theory, History, and the Origins of Modern Economic Growth [R] . National Bureau of Economic Research, 1996.

[257] Rajan R G, Zingales L. The Great Reversals: The Politics of Financial Development in the Twentieth Century [J] . Journal of Financial Economics, 2003, 69 (1): 5-50.

[258] Singh A. Financial Liberalisation, Stockmarkets and Economic Development [J] . The Economic Journal, 1997, 107 (442): 771-782.

[259] Sawyer M. What Is Financialization? [J] . International Journal of Political Economy, 2013, 42 (4): 5-18.

[260] Sklyar A, Kowalkowski C, Tronvoll B, Sörhammar D. Organizing for Digital Servitization: A Service Ecosystem Perspective [J] . Journal of Business Research, 2019 (104): 450-460.

[261] Story V M, Raddats C, Burton J, et al. Capabilities for Advanced Services: A Multi-actor Perspective [J] . Industrial Marketing Management, 2017 (60): 54-68.

[262] Swan T. Longer-run Problems of the Balance of Payments [J] . Journal of Australian Political Economy, 1968 (2): 384-395.

[263] Stein J L. The Natural Real Exchange Rate of the US Dollar and Determinants of Capital Flows [J] . Estimating Equilibrium Exchange Rates, 1994 (2): 133-175.

[264] Solow R M. A Contribution to the Theory of Economic Growth [J] . The Quarterly Journal of Economics, 1956, 70 (1): 65-94.

[265] Shepherd C, Günter H. Measuring Supply Chain Performance: Current

Research and Future Directions [J] . Behavioral Operations in Planning and Scheduling, 2010 (2): 105-121.

[266] Seyoum M, Wu R, Yang L. Technology Spillovers from Chinese Outward Direct Investment: The Case of Ethiopia [J] . China Economic Review, 2015 (33): 35-49.

[267] Stockhammer E, Grafl L. Financial Uncertainty and Business Investment [J] . Review of Political Economy, 2010, 22 (4): 551-568.

[268] Tan K H, Ji G, Chung L, Wang C H, Chiu A, Tseng M L. Riding the Wave of Belt and Road Initiative in Servitization: Lessons from China [J] . International Journal of Production Economics, 2019 (211): 15-21.

[269] Taylor M P, Peel D A. Nonlinear Adjustment, Long-run Equilibrium and Exchange Rate Fundamentals [J] . Journal of International Money and Finance, 2000, 19 (1): 33-53.

[270] Tejima S. Japanese FDI, the Implications of "Hollowing Out" on the Technological Development of Host Countries [J] . International Business Review, 2000, 9 (5): 555-570.

[271] Thorbecke W, Kato A. The Effect of Exchange Rate Changes on Japanese Consumption Exports [J] . Japan and the World Economy, 2012, 24 (1): 64-71.

[272] Uzawa H. Optimum Technical Change in an Aggregative Model of Economic Growth [J] . International Economic Review, 1965, 6 (1): 18-31.

[273] Upward R, Wang Z, Zheng J. Weighing China's Export Basket: The Domestic Content and Technology Intensity of Chinese Exports [J] . Journal of Comparative Economics, 2013, 41 (2): 527-543.

[274] Vandermerwe S, Rada J. Servitization of Business: Adding Value by Adding Services [J] . European Management Journal, 1988, 6 (4): 314-324.

[275] Vernon R A. International Investment and International Trade in the Product Cycle [J] . The Quarterly Journal of Economics, 1966, 80 (2): 190-207.

[276] Wang J, Kosaka K, Xing K. Manufacturing Servitization in the Asia-Pacific [M] . Berlin: Springer, 2016.

[277] Williamson J. The Exchange Rate System [M] . Cambridge: MIT Press, 1983.

［278］Williams K，Williams J，Haslam C. The Hollowing Out of British Manufacturing and Its Implications for Policy［J］. Economy and Society，1990，19（4）：456–490.

［279］Wells L T. Third World Multinationals：The Rise of Foreign Investments from Developing Countries［M］. Cambridge：MIT Press，1983.

［280］Kowalkowski C，Gebauer H，Kamp B，Parry G. Servitization and Deservitization：Overview，Concepts，and Definitions［J］. Industrial Marketing Management，2017（60）：4–10.

［281］Yoshitomi M. On the Changing International Competitiveness of Japanese Manufacturing since 1985［J］. Oxford Review of Economic Policy，1996，12（3）：61–73.

［282］Zhu L，Jeon B N. International R&D Spillovers：Trade，FDI，and Information Technology as Spillover Channels［J］. Review of International Economics，2007，15（5）：955–976.

附录 1　项目在研期间已发表的论文目录

［1］聂飞.自贸区建设促进了制造业结构升级吗？［J］.中南财经政法大学学报，2019（5）：145-156.

［2］聂飞.国家"智慧城市"试点对 FDI 的"二元边际"扩展的影响：理论机制与实证［J］.国际贸易问题，2019（10）：84-99.

［3］聂飞，刘海云.国家创新型城市建设对我国 FDI 质量的影响［J］.经济评论，2019（6）：67-79.

［4］聂飞.自贸区建设抑制了地区制造业空心化吗——来自闽粤自贸区的经验证据［J］.国际经贸探索，2020，36（3）：60-78.

［5］聂飞.制造业服务化抑或空心化——产业政策的去工业化效应研究［J］.经济学家，2020（5）：46-57.

［6］聂飞.中国对外直接投资推动了制造业服务化吗？：基于国际产能合作视角的实证研究［J］.世界经济研究，2020（8）：86-100+137.

［7］聂飞，李磊.制造业企业 OFDI 能否抑制其"脱实向虚"？［J］.财贸研究，2021，32（3）：1-13.

［8］董立，聂飞，高奇正.进口国贸易便利化与中国农产品出口多样化——基于产业及收入异质性的分析［J］.农业技术经济，2022（8）：125-144.

［9］聂飞，李剑，毛海涛.制造业企业服务化能否抑制金融化？［J］.经济评论，2021（6）：3-18.

［10］Nie F，Li J，Bi X，Li G. Agricultural Trade Liberalization and Domestic Fertilizer Use：Evidence from China-ASEAN Free Trade Agreement［J］. Ecological Economics，2022，195（5）：107341.

附录 2 上市公司与 WIOD 数据库行业信息对应代码

行业名称	上市公司行业代码	WIOD 行业代码
农副食品加工业	C13	C10–C12
食品制造业	C14	C10–C12
酒、饮料和精制茶制造业	C15	C10–C12
烟草制品业	C16	C10–C12
纺织业	C17	C13–C15
纺织服装、服饰业	C18	C13–C15
皮革、毛皮、羽毛及其制品和制鞋业	C19	C13–C15
木材加工及木、竹、藤、棕、草制品业	C20	C16
家具制造业	C21	C31–C32
造纸和纸制品业	C22	C17
印刷和记录媒介复制业	C23	C18
文教、工美、体育和娱乐用品制造业	C24	C31–C32
石油加工、炼焦及核燃料加工业	C25	C19
化学原料和化学制品制造业	C26	C20
医药制造业	C27	C21
化学纤维制造业	C28	C20
橡胶和塑料制品业	C29	C22
非金属矿物制品业	C30	C23
黑色金属冶炼和压延加工业	C31	C24
有色金属冶炼和压延加工业	C32	C24
金属制品业	C33	C25
通用设备制造业	C34	C28

续表

行业名称	上市公司行业代码	WIOD 行业代码
专用设备制造业	C35	C28
汽车制造业	C36	C29
铁路、船舶、航空航天和其他运输设备制造业	C37	C30
电气机械和器材制造业	C38	C27
计算机、通信和其他电子设备制造业	C39	C26
仪器仪表制造业	C40	C26
其他制造业	C41	C31–C32
废弃资源综合利用业	C42	C33